기독교문서선교회(Christian Literature Center: 약칭 CLC)는 1941년 영국 콜체스터에서 켄 아담스에 의해 시작되었으며 국제 본부는 미국 필라델피아에 있습니다.
국제 CLC는 약 650여 명의 선교사들이 59개 나라에서 180개의 서점을 운영하며 이동 도서 차량 40대를 이용하여 문서 보급에 힘쓰고 있으며 이메일 주문을 통해 130여 국으로 책을 공급하고 있는 국제적 문서선교 기관입니다.

추천사 1

김 재 성 박사
전, 수도국제대학원대학교 부총장, 현 초빙교수(조직신학)

한국 교회의 근원에 대한 연구

본서는 오늘날 모든 한국 교회가 출범한 배경에 관한 연구서이다. 저자는 복음의 씨앗이 미국 북장로교 선교사들에 의해서 뿌려진 것들에 대해서 깊이 연구하였다. 저자는 오늘날 한국 교회의 모든 부흥과 풍성한 사역들은 모두 다 그 뿌리에서 비롯된 것임을 확실하게 제시해 주고 있다.

한국 교회의 근원에 대한 역사적 고찰을 통해서만이 우리가 어디에서 왔는가를 바르게 파악할 수 있다. 저자는 일반 목회자들과 성도들이 잘 파악할 수 없는 한국 최초의 신학 교육 기관이던 평양신학교의 핵심이 무엇인가를 구체적으로 제시하였다. 조선의 유학 사상이 무너지고, 나라가 일본에 넘어가던 그 비운의 시대에 평양신학교를 통해서 새로운 샘물을 부어주신 역사를 정리한 책이기에, 매우 소중한 연구 성과가 아닐 수 없다.

본서는 그동안 일부 학자의 왜곡된 해석으로 평가절하된 평양신학교의 신학 사상을 다시금 총체적으로 재구성하여 제시함으로써, 한국 교회의 기원과 근원에 대한 새로운 안목을 정립하는데 귀한 공헌을 하였다.

언젠가 다시 한번 평양에 신앙의 자유가 허락되는 날을 기도하면서, 그 날이 오면 평양신학교를 통해서 펼쳐진 새로운 역사가 재현될 것이기에 이 연구서의 출간이 가진 의미가 크다 하겠다.

추천사 2

안 명 준 박사
평택대 명예교수, 한국성서대 초빙교수

한국 교회 초대교회사 전문가인 이금석 교수의 박사학위 논문이 『평양신학교와 미국 북장로교』라는 제목으로 출판되어 세상에 나오게 된 것을 진심으로 축하하며 큰 기쁨으로 생각한다. 본서는 한국 교회와 대한민국의 존재의 시작을 밝히고, 오늘날 한국이라는 나라의 건국 사상에 근본적인 영향을 준 사실들을 다루고 있기 때문이다.

저자는 본서에서 평양신학교 교수들의 뿌리를 탐구하고, 그들이 학문과 경건을 통해 교회에 봉사할 교육자를 양성했다는 사실을 밝히고 있다. 그 신학 교육의 중심은 칼빈주의에 기초한 청교도 개혁주의였다.

저자는 평양신학교가 단순히 선교사들이 세운 학교가 아니라, 정통 칼빈주의 후예들에 의해 세워진 신학교임을 강조한다. 이 학교는 삶의 전 영역에서 신앙을 실천한 청교도 개혁 신학의 전통을 한국에 전해 주었으며, 이를 지키기 위해 당대 최고의 신학자들이 평생 연구하고 가르치며 진리를 이단 세력으로부터 수호했다는 것이다. 이러한 선교사들의 헌신과 가르침 속에서 평양신학교의 정체성이 확립되었고, 그곳에서 훈련받은 초기 사역자들이 한국 교회 부흥의 주춧돌이 되었다고 저자는 주장한다.

그러므로 오늘날 위기 속에 있는 한국 교회는 평양신학교를 통해 하나님이 주신 이 귀한 신앙 유산을 잘 보존해야 하며, 하나님의 불변의 말씀인 성경을 바탕으로 기독교의 발전뿐 아니라 포스트모던 시대에도 참된 진리가 무엇인지 증거함으로써 다시 한번 이 땅에 참된 부흥의 역사가 일어나기를 기대한다.

평양신학교와 미국 북장로교

Theological Heritage Of Old School Presbyterianism in Pyongyang Seminary
Written by Geum Seok Lee
All rights reserved.
Korean Edition Copyright ⓒ 2025 by Christian Literature Center, Seoul, Korea.

평양신학교와 미국 북장로교

2025년 11월 15일 초판 발행

지 은 이 | 이금석

편　　집 | 정희연
디 자 인 | 소신애
펴 낸 곳 | (사)기독교문서선교회
등　　록 | 제16-25호(1980.1.18.)
주　　소 | 서울특별시 동대문구 천호대로71길 39
전　　화 | 02-586-8761-3(본사) 031-942-8761(영업부)
팩　　스 | 02-523-0131(본사) 031-942-8763(영업부)
이 메 일 | clckor@gmail.com
홈페이지 | www.clcbook.com
송금계좌 | 기업은행 073-000308-04-020 (사)기독교문서선교회
일련번호 | 2025-87

ISBN 978-89-341-2880-9(93230)

이 책의 출판권은 (사)기독교문서선교회가 소유합니다.
신저작권법에 의하여 한국 내에서 보호받는 저작물이므로 무단 전재와 무단 복제를 금합니다.

신학박사 논문 시리즈 91

평양신학교 와 미국 북장로교

이 금 석 지음

CLC

목차

추천사 1 **김 재 성 박사** | 전 수도국제대학원대학교 부총장   1
추천사 2 **안 명 준 박사** | 평택대학교 명예교수   3
저자 서문   10

제1장 서론   12

1. 문제 제기   12
2. 연구의 중요성   15
3. 선행 연구   16
4. 연구 방법   22

제2장 평양신학교의 신학적 배경   25

1. 미국 장로교 출신 평양신학교 교수들의 본국의 시대적 상황   26
2. 미국 북장로교 출신 선교사와 선교 정책   30
3. 미국 북장로교의 맥코믹신학교와 주요 선교사들   44
4. 미국 북장로교 신학교인 프린스턴신학교와 신학자 및 주요 선교사들   65
5. 미국 남장로교 출신 선교사와 선교 정책   101
6. 미국 남장로교 신학교와 주요 선교사들   103

제3장 평양신학교의 교육   111

1. 평양신학교의 교육 목적(교훈: 학문과 경건)   111
2. 평양신학교의 교과 과정   116
3. 평양신학교와 장로회 공의회와의 관계   120
4. 평양신학교와 독노회 설립 및 12신조와의 관계   124

제4장 한국 장로교회 형성에 영향을 준 평양신학교의 신학 사상과 신학자   133

  1. 한국 장로교회 형성에 영향을 준 평양신학교의 신학 사상과 신학자   133

제5장 평양신학교의 신학 사상 평가   169

  1. 청교도적 개혁주의 신앙   169
  2. 미국 북장로교 구학파의 신학(Old School)   177
  3. 미국 남장로교 신학(Old School)   188
  4. 구학파(Old School) 신학의 한국 장로교 형성의 효과와 공헌   192

제6장 결론   200

  결론   119

  참고 문헌   204
  국문초록   217
  ABSTRACT   222

저자 서문

이 금 석 박사
수도국제대학원대학교 목회대학원 교수
십자가교회 담임목사

　한국에 개신교가 들어온 지 141년이 다 되어가고 있다. 만약 한국에 참된 복음이 들어오지 않았다면 현재의 대한민국은 어떻게 되었을까 하는 생각이 들곤한다. 지금의 한국이 세계적인 선진국 대열에 선 것은 하나님의 놀라우신 은혜가 아닌가 한다. 그중에서도 평양신학교가 설립되고 그 평양신학교에서 교수 사역을 감당하신 선교사님들의 헌신과 노력이 없었다면 오늘날의 교회가 존재하지 않았을 것이다.
　특히, 한국 장로교회의 형성사에 지대한 영향을 주었다. 선교사님들이 프린스턴신학교나 맥코믹신학교에서 신학 수업을 받을 때는 신앙의 혼란기라고 할 수 있을 정도로 성경을 고등비평하는 유럽의 자유주의자들의 바람이 거세게 미국 땅에 불어오고 있었고, 또한 미국의 성장기에 남북전쟁을 비롯하여 신앙과 신학의 혼란기에 그들은 수업을 받았었다. 그들 역시도 훌륭한 기독교 정통 신학자들에게 성경을 올바르게 배우면서 신앙이 성장하고 성령의 역사 가운데 한국 땅을 밟은 것이다. 복음의 역사는 오직 하나님의 놀라우신 역사이다.

평양신학교에 끼친 미국 장로교회의 신학적 유산은 필자가 국제신학대학원대학교에서(수도국제대학원대학교) 2015년도에 신학박사 학위를 받은 논문이기도 하다. 이제 그 논문을 책으로 편찬한다고 하니 거룩하신 하나님께 감사할 따름이다.

　　더욱더 목회와 신학에 정진하여 하나님의 부르심과 맡긴 사명을 감당하고자 한다. 끝으로 본서가 나오기까지 논문을 지도해주신 김홍만 교수님과 김재성 교수님께 감사를 드리고, 항상 사랑으로 응원해주시고 도와주시는 안명준 교수님께 감사를 드린다. 복된 교회인 십자가교회를 세워주시고 일을 맡겨주신 하나님께 본서를 바치고, 목회와 학문의 길에서 늘 함께 동행해주는 나의 사랑하는 아내 김선미 사모와 아버지의 연구하는 모습을 기도하며 기뻐해주는 딸 온유를 축복하고 사랑한다.

　　물심양면으로 목사님을 지원하며 따르고 함께하는 성도들을 축복한다. 끊임없이 연구하며 기도하는 병현이, 헌신과 기도를 아끼지 않는 이은경 권사님, 이미숙 권사님, 항상 사랑과 헌신으로 섬기는 옥수, 새암, 열정으로 순종하며 헌신하는 김선옥 전도사님, 교회를 사랑하는 이경미 집사님께 감사의 마음과 뜻을 전한다. 끝으로 전문학술논문을 출간할 수 있게 해주신 기독교문서선교회(CLC) 박영호 대표님께 감사드리며, 직원분들께 감사드린다. 본서를 위한 모든 영광과 기쁨은 하나님께 돌려드린다.

제1장 서론

1. 문제 제기

    이 논문은 평양신학교의 신학과 신학적 특징이 무엇인지에 대하여 규명하고, 또한 그러한 신학이 미국 북장로교의 구학파(Old School) 신학의 신학적 유산에 의해 형성되었다는 것을 검증하고자 한다. 그것을 구체적으로 검토함으로써 결과적으로 한국 장로교회의 정체성을 밝히고자 하는 것이다.

    많은 사람이 왜 서울이 아니고 평양에 우리나라 최초의 장로교 신학교가 세워졌을까 하고 한 번쯤은 생각해 볼 것이다. 평양은 지정학적으로도 우리보다 더 먼저 기독교가 전파된 중국과도 가까웠고, 우리나라의 선교에 영향을 준 네비우스와 같은 선교사도 미국 북장로교 중국 선교사로 활약하고 있었다. 그래서 서울 지역이나 다른 지역보다도 활발하게 복음이 전파되고 있었다. 또한, 신학교가 평양에 위치한 것은 평양 지역의 놀라운 교세의 신장과 관련이 있다고 한다. 평양이 복음의 중심지로 떠오른 것은 1894년 동학난과 청일전쟁 이후이다.[1]

---

[1] 박용규, "평양장로회신학교 1901-1910", 「신학지남」 68권 2집 (2001), 31.

당연히 평양이 전쟁터가 되었고 민중들은 도탄과 기아에 빠질 수밖에 없었다. 고난을 통해 많은 사람이 그리스도를 영접하게 된 것이다. 고난 이후 평양과 북부 지방에는 그리스도의 말씀이 더욱더 전파되어 수도인 서울과 남부 지방보다도 교세가 확장되어서 목회자의 수급이 필요했고 신학교가 필요하게 되었다.

평양신학교는 1901년 설립되었으니, 올해로 평양신학교가 설립된 지 113년이 지났다. 그 후로 한국에는 많은 장로교 신학교가 세워졌다. 대부분의 장로교 신학교는 본인들의 신학교가 평양신학교의 전통을 이어가고 있다고 자부한다. 맥코믹신학교를 졸업하여 구학파(Old School)의 전통을 지니고 있는 마포삼열 선교사는 평양신학교를 설립하고 그곳의 초대 교장으로 취임해서 20년을 봉직했다.

마포삼열 선교사는 1899년 1월 18일에 총회에 서류를 제출해서 신학교 설립을 강력하게 촉구한다.

> 교육사업의 필요가 생명과 같으며 그 영향력은 헤아릴 수 없어서 새로운 사역을 위해서 자금을 요청하고 그 자금으로 신학교를 세우고자 한다고 보고 한다.[2]

이에 뉴욕선교부는 마포삼열 선교사의 제안을 받아들이고 또한 자금지원과 함께 그 임무까지 맡긴다. 그래서 설립된 학교가 평양신학교이다.

초기 한국에 기독교가 들어오는 방법은 하나님의 놀라운 역사이다. 천주교가 처음에 들어와서 많은 순교자들을 배출했지만, 우리 기독교는 주님께서 주신 지혜와 인도하심을 통해서 한국 땅에 복된 일들을 가지고 들

---

[2] Samuel A. Moffett, 『마포삼열 목사의 선교편지(1890-1904)』(*Samuel A. Moffet's Missionary Letters*), 김인수 옮김 (서울: 장신대학교 출판부, 2000), 513.

어오게 된다. 먼저 미국에서 온 선교사들을 통해 문맹 퇴치를 할 수 있는 학교가 세워졌고, 풍토병과 전염병을 퇴치하는 병원들이 세워지게 되었다. 초기 선교사들이 평양신학교를 세우기 전까지 한국의 개화기 때 펼쳤던 많은 훌륭한 일들이 어떻게 해서 이루어지게 되었고 그 신앙의 뿌리가 어디에서 온 것인지가 궁금하지 아니할 수 없다.

선교 초기 한국에 온 선교사들은 누구이며 그들이 한국에 오기 전까지 소속된 교회와 그 신학적 배경이 무엇인가?

홍치모, 한철하, 민경배 등 다수의 학자가 관심을 가지고 평양신학교 설립과 한국 초기 교회의 성장에 관해서 연구했다.[3] 그러나 개혁주의적 관점이나 청교도적 관점에서 검증해야 할 부분들을 밝혀내지 못했다. 미국 구학파(Old School)와의 연계성에 주목하지 않았고, 나다니엘 테일러의 신신학을 근거로 하는 찰스 피니의 잘못된 부흥주의나 알미니안주의 그와 비슷한 복음주의로 연결되는 관점을 취하고 말았다. 신학파(New School) 관점에서 보았던 것이다.

구학파(Old School)의 올바른 관점으로 보지 못하고 또한 미국 북장로교의 객관적인 역사 자료로 연구하지 못했던 것 같다. 김재성[4]은 "한국의 개혁 신학, 그 근원과 초기정착"에서, 김홍만[5]은 『초기 한국 장로교회의 청교도 신학』에서 구학파(Old School) 신학에 대해서 서술함으로써 한국 교회가 초기 북장로교 선교사들을 통해서 정통 신학을 받아들였다는 것을 제시한 바 있다.

그런데도 오늘날 한국 교회가 바른 초기 장로교회의 유산을 받지 못한 교회처럼 행동하고 있으며, 진정한 교회 역사를 알지 못하고 잘못된 교회

---

3 홍치모, "초기 미국 선교사들의 신앙과 신학", 「신학지남」 51호 (1984년 3월); 박용규, "한국 장로교회의 뿌리", 「신학지남」 통권268호 (2001년 가을).
4 김재성, "한국의 개혁 신학, 그 근원과 초기정착", 「Icrefc」(2013. 5), 189-194.
5 김홍만, 『초기 한국 장로교회의 청교도 신학』 (서울: 옛적길, 2003), 20-30.

의 교리를 올바른 것으로 생각하여 그와 같은 방식으로 세상 문화와 세상 학문을 받아들이게 된다.

그러나 초기의 평양신학교는 구학파(Old School) 청교도 사상을 가진 선교사들이 세운 학교이며 그때의 사회에 대한 영향력은 이루 말할 수 없었다. 오늘날 교회들이 다시금 그때의 평양신학교 연구를 통해, 가르치셨던 하나님의 말씀을 다시 깨닫고 주님의 이름으로 세운 교회들이 바로 세워져야 한다. 그래서 본 논문에서는 평양신학교를 세운 선교사들의 나라인 미국의 장로교와 장로교 신학 사상과 그 신학적 뿌리와 배경을 알아보고, 그곳에서 배출된 신학자들과 그곳에서 파견된 선교사들에 대해서 구체적으로 검토해 보고자 한다.

2. 연구의 중요성

우리는 평양신학교의 연구를 통해서 많은 한국 교회의 정체성과 역사적인 진실들을 알 수 있을 것이다.

첫째, 평양신학교 연구의 중요성을 통해 초기 선교사들이 전달했던 복음의 진리가 무엇이었으며, 오늘날의 교회와 신학교들이 하나님께서 선교사들을 통해서 주신 진리의 길로 제대로 걸어가고 있는지, 아니면 전혀 다른 복음의 길로 가고 있는지 연구해 보고자 한다. 평양신학교의 연구를 통해서 하나님께서 세우신 교회의 모습을 찾아보고자 한다.

둘째, 평양신학교의 중요성을 통해서 현시대 교회의 문제점을 살피고, 초기 한국 장로교회의 정통성을 회복하지 못한다면 교회의 교리가 사라지고 경건함이 사라진 교회들이 자꾸 생김으로서 타락할 수밖에 없다는 사실을 알게 하고자 한다.

진리가 무너지는 곳에는 자유주의와 같은 잘못된 신학 사상과 신학의 조류들이 끊임없이 몰려올 수밖에 없다. 그러한 영향을 받은 교회들이 한국 교회를 이끌고 있는 실정이다. 경건을 이야기 하자면 청교도 사상을 이야기 하지 아니할 수 없다. 평양신학교는 경건한 청교도 사상을 배우고 실천했던 미국 장로교회의 선교사들이 세운 학교였다. 김홍만은 "초기 한국 장로교회는 분명 청교도 신앙에 철두철미한 교회였음에 틀림이 없다"고 말했다.[6] 이러한 청교도 신학은 미국의 북장로교를 통해서 들어왔다. 올바른 기독교 진리를 변증하며 성경의 말씀을 목숨을 걸고 지켰던 청교도 사상을 가진 선교사들이 들어왔다는 것은, 한국 교회에 엄청난 축복과 은혜가 아닐 수 없다.

　　청교도들은 철저히 하나님 말씀의 중심에 섰던 사람들이다. 청교도들은 삶에 관련된 모든 것을 하나님 말씀으로부터 가르쳤다.[7] 모든 일은 하나님의 말씀을 통해서 이루어져야 하고 청교도들이 그랬듯이 우리도 그와 같아야 된다.

3. 선행 연구

　　평양신학교는 그 당시에 한국 장로교회의 첫 신학교였다. 그와 같은 평양신학교를 연구하는 것은 중요하고도 필요한 일이 아닐 수 없다. 그와같이 중요한 일이므로 여러 신학자에 의해서 평양신학교의 신학과 사상에 대한 연구가 이루어져 왔다. 평양신학교는 선교사들이 세운 학교이다. 그래서 선교사들의 신학과 신학 사상이 중요하지 않을 수 없다.

---

[6] 김홍만, 『초기 한국 장로교회의 청교도 신학』, 5.
[7] 김홍만, 『청교도 열전』 (서울: 솔로몬, 2009), 15.

평양신학교에서 가르친 선교사들의 출신 대학교는 미국 북장로교 소속의 프린스턴신학교와 맥코믹신학교이다. 이 신학교들의 신학은 19세기 미국 장로교회의 구학파(Old School) 신학이다. 그러나 오늘날 학계에서는 구학파의 사상이 미국 장로교의 신파(New Side)가 신학파(New School)이고 구파(Old Side)가 구학파(Old School)임을 주장하는 학자들도 있다.

또한, 부흥적인 관점에서 구학파(Old School)가 부흥에 소극적이거나 반대했다고 말하기도 한다. 김홍만은 이러한 혼동이 오는 것을 진정한 부흥과(Genuine Revival)과 부흥주의(Revivalism)를 구별하지 못한 데에서 온 것이라 주장한다.[8]

평양신학교 선교사들의 신학인 구학파(Old School) 신학에 대한 정통적인 입장과 다른 내용을 주장하는 학자가 있는데 크게 네 가지로 밝히고자 한다.

첫째, 한철하의 견해가 있다. 한철하는 "보수주의 신학의 어제와 오늘"에서 한국 교회의 신앙을 신파(New Side)와 신학파(New School)로 본다.[9] 그 이유는 부흥관에 대한 잘못된 이해와 혼동에서 오는 것 같다. 한철하는 신파(New Side)와 신학파(New School)를 연속성을 가지고 있다고 하였다. 그러나 이것이 잘못된 점은 구파(Old Side)는 부흥을 반대하면서 청교도의 언약신학과 회심 신학을 반대하였다. 한철하가 생각하는 것처럼 구파(Old Side)는 정통적 칼빈주의가 아니며, 신파는 부흥을 지지했던 뉴저지대학을 세우기도 하였다.[10]

---

8   김홍만, 『초기 한국 장로교회의 청교도 신학』, 21.
9   한철하, "보수주의 신학의 어제와 오늘", 「기독교 사상」(1970년7월호): 99.
10   김홍만, "한국 장로교회의 신학적 뿌리에 대한 논쟁들", 「개혁논총」Vol. 22 (2012): 209.

그리고 프린스턴신학교의 전신이기도 한 대학교이다. 결국 구학파(Old School)의 뿌리는 신파(New Side)에 있는 것이라고 할 수 있다.

미국은 제1차 영적 대각성 때(1730-1747) 신파(New Side)가 부흥운동을 주도했다. 미국 장로교는 부흥에 대한 이해로 1741년에 신파(New Side)와 구파(Old Side)로 갈라졌다.[11] 신파(New Side)가 영적 대각성을 지지했고 구파(Old Side)는 반대했다.[12] 구학파(Old School)는 신파(New Side)의 신학적 유산 가운데 칼빈주의를 따르고, 신학파(New School)는 펠라기우스 사상으로 기울어진 신학이다. 결국 구학파(Old School)의 뿌리는 신파에 있다.

둘째, 홍치모의 견해가 있다. 홍치모는 "초기 미국 선교사들의 신앙과 신학"에서 신학파(New School)적인 구학파(Old School)라는 용어를 사용하였다. 구학파(Old School)의 특징을 "심오한 칼빈주의 신학과 철저한 장로교회의 정치 원리에 있다"고 하고 신학파(New School)의 특징을 "부흥운동과 전도에 역점을 두었다는 것"으로 보았다.[13] 구학파(Old School)와 신학파(New School)의 전통이 동시에 조화를 이루었다고 말한다.[14] 김홍만이 말했듯이 그것은 구학파(Old School)의 진정한 부흥과 신학파(New School)의 부흥주의를 잘못 이해하고 있는 것이다.

셋째, 이호우의 견해가 있다. 이호우는 "맥코믹 출신 선교사와 한국 장로교회 연구"에서 맥코믹신학교 출신들의 영향으로 한국 장로교회의 신학은 구학파(Old School)적이지만 신학파(New School)적인 요소를 가지고 있는 것으로 주장한다. 선교사들이 본국에서 공부할 때 진보적인 교수들 수업과 구학파(Old School)의 수업을 같이 들었다는 논리이다.[15] 그러나 이 부

---

[11] 김재성, "1884년, 미국 북장로회 한국 선교와 그 역사적 의미", 「개혁주의 선교신학」 (2014년 8월호): 422.
[12] 김홍만, 『초기 한국 장로교회의 청교도 신학』, 22.
[13] 홍치모, "초기 미국 선교사들의 신앙과 신학", 「신학지남」 51 (1984년 6월): 132.
[14] 홍치모, "초기 미국 선교사들의 신앙과 신학", 132.
[15] 이호우, "맥코믹 출신 선교사와 한국 장로교회 연구", 「개혁논총」 2권 (2004): 91.

분에서 그 당시의 논점은 신학파와 구학파의 논점이 아닌 자유주의 사상과 그것에 대항하는 구학파(Old School)의 보수성이었다. 만약 그렇지 않으면 신학파(New School)가 자유주의라는 논리가 형성되기 때문이다.[16]

넷째, 홍철의 견해가 있다. 홍철은 "한국 장로교 초기 미국 선교사들의 신학적 성격"에서 구학파(Old School)와 신학파(New School)의 차이를 부흥운동에서 찾는다. 미국 제2차 대각성운동 때 구학파(Old School) 측은 반대하였고, 신학파(New School) 측은 찬성하였다고 보았다.[17]

제2차 대각성운동의 중심에 신학파(New School)가 있었다는 것과 그들의 설교가 신학적으로 알미니우스주의이며, 찰스 피니의 신학을 지지한 신학파(New School)의 신학이라고 말하기도 했다.[18] 이렇게 한국 장로교회의 신학이 신학파(New School)와 구학파(Old School)가 혼합되었다고 말했다. 그러나 구학파(Old School)는 부흥을 반대한 것이 아니라, 찰스 피니의 부흥 방법을 반대한 것이었다.

이와 같은 내용들에 대해서 김홍만은 구학파(Old School)가 부흥을 반대한 것이 아니라 찰스 피니식 부흥을 반대한 것이며, 신학파(New School)는 부흥에 적극적이며 부흥을 추구했다고 주장한다. 그러한 일들은 구학파(Old School) 신학에 대한 역사적 자료들을 근거로 하지 못해서 발생한 일이라고 말한다. 구학파(Old School)의 사상은 철저하게 신파(New Side)의 신학에 뿌리를 두고 있다는 것이다.[19] 존 로드(John Lord)는 구학파(Old School)와 신학파(New School)의 차이는 부흥의 사실에 대한 것이 아니라 참된 증

16　김홍만, "한국 장로교회의 신학적 뿌리에 대한 논쟁들",「개혁논총」22권 (2012): 211.
17　홍철, "한국 장로교 초기 미국 선교사들의 신학적 성격",「개혁논총」11권 (2009): 289.
18　홍철, "한국 장로교 초기 미국 선교사들의 신학적 성격", 289.
19　김홍만, "한국 장로교회의 신학적 뿌리에 대한 논쟁들", 212.

거들이라고 하였다.[20]

　이러한 사실들을 확인할 수 있는 것은 선교사들의 선교와 평양신학교를 통한 자취와 글(『신학지남』)을 통해서이다. 그들의 선교 정책과 전도방식은 『한국 교회와 네비우스의 선교 정책』에서 자세히 설명되어있다.[21] 한국 장로교회에서 구학파(Old School) 출신의 북장로교 선교사들의 부흥에 대한 것은 개혁 신학에 근거한 부흥의 원리를 선교 방법에서 설명하고 있다.[22]

　평양 장로회신학교 교수단을 중심으로 쓰여진 『초기 한국 장로교 신학 사상』을 쓴 조경현은 평양신학교의 신학이 미국 보수 신학의 연장선상에 있었음을 밝히고 있다.[23] 또한, 김홍만의 『초기 한국 장로교회의 청교도 신학』은 평양신학교가 미국 장로교의 청교도 사상에 바탕을 두었다고 한다. 이 책에서는 전도에서 나타나는 신학이 청교도 신학에 바탕을 두었음을 강조한다.

　미국 장로교 신학 사상의 근본을 이루고 있는 것은 칼빈주의 신학 사상이다. 김재성은 『칼빈과 개혁 신학의 기초』[24], 『개혁 신학의 전통과 유산: 개혁 신학 광맥』[25]에서 칼빈신학의 근원과 구조를 살피고 있다. 김재성은 <한국의 개혁 신학, 그 근원과 초기 정착>에서 한국 초기 선교사들이 입국하게 된 이면에는 무디라는 복음 전도자가 있음을 말한다. 무디 또한 칼빈주의 개혁 신앙을 지켜나가던 구학파(Old School)의 신앙 유산을 공유하고 있었다고 밝혔다.[26]

20　John Lord, *Difference Between Old and New School Presbyterians* (Rochester: Eratus Darrow, 1848), 150.
21　곽안련, 『한국 교회와 네비우스의 선교 정책』 (서울: 대한기독교서회, 1994).
22　김홍만, "한국 장로교회의 신학적 뿌리에 대한 논쟁들", 216.
23　조경현, 『초기 한국 장로교회의 신학 사상』 (서울: 그리심, 2011).
24　김재성, 『칼빈과 개혁 신학의 기초』 (수원: 합동신학대학원출판부, 2003).
25　김재성, 『개혁 신학 광맥: 개혁 신학의 전통과 유산』 (용인: 킹덤북스, 2012).
26　김재성, "한국의 개혁 신학, 그 근원과 초기 정착", 191.

당시 미국과 영국의 강력한 부흥 전도를 이끌었던 것은 칼빈의 신학이었고, 칼빈의 신학은 개혁 신학의 기초이며 청교도 신학의 기초였다는 것을 밝히고 있다. 결국 칼빈주의는 청교도 사상에 영향을 끼쳤고 더 나아가 미국 장로교 신학 사상과 미국 장로교의 근본적인 신학을 형성했다.

그와 같은 신학 사상을 프린스턴신학교와 맥코믹신학교 출신이 주축이었던 선교사들을 통하여 평양신학교까지 그 신학 사상이 전파되었던 것을 확인할 수 있다.

이상의 연구들은 미국 장로교 선교사들이 미국의 신학교에서 교육받은 내용들을 증거하는 것이다. 선교사들은 그들이 본국에서 배운 대로 한국에서 가르쳤다. 평양신학교에 영향을 끼친 미국 장로교에 대한 연구로 먼저 평양신학교 교수들의 신학 사상과 신앙이 어떻게 형성되었는지를 알 수 있다. 또한, 평양신학교를 통해 배출된 평양신학교를 대표할 수 있는 청교도적 개혁주의 사상을 가지고 있는 평양신학교 한국 교수들에 대하여 알 수 있다.[27]

초기 한국 장로교회에 대한 단편적이거나 아니면 신학 논쟁적인 연구는 많이 있었다. 하지만, 대부분 논쟁으로 끝나거나 자기의 입장 발표에 머무르고 마는 것이 많았다. 소모적인 논쟁은 법원에서의 법리 논쟁과 같이 진리를 밝히는데 중점을 두지 않고 이기기 위해서 유리한 증거를 찾는데 급급한 것과 다르지 않다. 그러므로 정확한 자료들이 필요하다. 그와 같은 자료들을 통해 평양신학교에 대한 기계적인 나열이 아닌 진정한 미국 장로교회와의 연결점을 볼 수 있다.

---

[27] 김의환, "메이첸과 한국 보수 신학의 형성", 「칼빈논단」 1-12 (2004); 김길성, 『메이첸 박사 전집』 (서울: 총신대학교출판부, 2003).

4. 연구 방법

본 논문의 목적은 평양신학교에 대한 미국 장로교의 영향에 대한 것을 자세히 아는 것이 목적이다. 그리고 그 영향을 통하여 초기 한국 장로교가 어떻게 성장되고 부흥되었는지에 대해서 다룬다. 필자는 연구 방법을 일곱 가지 범주로 나누어 보고자 한다.

첫째, 미국 장로교회의 형성 과정이다.[28] 그 당시 미국에서 벌어졌던 신학 논쟁인 신파(New Side)와 구파(Old Side)와 또 이어지는 구학파(Old School)와 신학파(New School)의 정확한 연결점과 차이에 대해서 김홍만의 『초기 한국 장로교회의 청교도 신학』을 중심으로 밝혀져 있다.[29] 미국 장로교회의 역사적인 사실들은 브래들리 J. 롱필드의 『미국 장로교회 논쟁』[30], 존 피츠미어의 『미국 장로교회사』[31]에서 그 당시의 미국 장로교회의 논쟁들에 대해서 살펴볼 수 있다. 특히, 북장로교와 남장로교를 중심으로 설명 되어져 있다.

둘째, 한국에 선교사를 가장 많이 파견한 맥코믹신학교와 대표하는 신학자와 신학 사상, 프린스턴신학교와 대표하는 신학자와 신학 사상에 대한 연구한 내용들이다. 앤드루 호페커(W. Andrew Hoffecker)의 『프린스턴 신학 사상』, 데이비드 웰스(David Wells)의 『프린스턴 신학』은 그 당시 프린스턴 신학을 이끌었던 아치볼드 알렉산더의 사상과 그의 제자인 찰스 핫지, 그의 제자인 벤자민 워필드의 신학적인 체계를 알 수 있는 연구 서

---

[28] W. Andrew. Hoffecker, 『프린스턴 신학 사상』 (서울: 한국로고스연구원, 1991).
[29] 김홍만, 『초기 한국 장로교회의 청교도 신학』 (서울: 옛적길, 2003).
[30] Bradley J. Longfield, 『미국 장로교회 논쟁』 (서울: 아가페문화사, 1992).
[31] John R. Fitzmier, 『미국 장로교회사』 (서울: 기독교문서선교회, 2004).

적이다.[32] 프린스턴의 위대한 사상가들의 연구는 평양신학교의 신학 사상을 알 수 있는 핵심 부분이다. 특히, 찰스 핫지(Charles Hodge)의 『조직신학』(Systematic Theology)은 그로 말미암아 프린스턴 신학이라고 불려지게 된 명작이다. 프린스턴 신학은 핫지가 속한 구학파(Old School) 장로교파뿐 아니라 다른 교회들에도 강력한 영향을 주었다. 그의 제자가 벤자민 워필드였다. 그리고 한국의 위대한 신학자인 박형룡 박사를 가르쳤던 메이첸의 신학은 스톤하우스의 『메이첸의 생애와 사상』에 자세히 나와 있다.[33] 그의 그러한 사상은 그의 제자들인 박형룡 박사와 박윤선 박사를 통해 한국 장로교회의 성장까지 이루어지게 된다.

셋째, 평양신학교의 교육에 관한 연구들이다. 평양신학교의 교육이 한국 사람들에게 이루어진 것이 아니고 초기 북장로교 선교사들에 의해서 이루어졌으므로 그들의 본국 신학교의 교육 과정을 알아야 한다. 그들의 본국 신학교와 평양신학교의 교육이 신학적인 면과 과목적인 면에서 많이 같음을 평가할 수 있다. 그리고 평양신학교 설립자인 마포삼열과[34] 그의 동료들인 맥코믹신학교 출신 선교사들에 대한 내용들이다.

평양신학교 제2대 교장인 라부열과 그의 동료 선교사인 프린스턴 출신의 선교사들이 평양신학교를 이끌었고 복음을 전파했다. 프린스턴과 맥코믹은 아니지만 남장로교 선교사들의 모교인 이눌서와 구례인을 배출한 리치몬드의 유니온신학교도 구학파(Old School) 사상과 청교도 사상을 가지고 있었음을 알 수 있다.

넷째, 그들에게 영향받은 평양신학교의 교육이 어떻게 진행되었는지를 교육 목적과 교과목, 선교 정책, 장로회 공의회를 통하여 알아보기로 한다. 초기 북장로교 선교사들의 선교 정책은 네비우스 선교 정책을 따랐고,

---

32　David F. Wells, 『프린스턴 신학』, 박용규 옮김, (서울: 엠마오, 1992).
33　Ned B. Stonehouse, 『메이첸의 생애와 사상』, 홍치모 옮김, (서울: 그리심, 2003).
34　대한예수교장로회 총회교육부, 『마포삼열 박사 전기』 (서울: 교문사, 1973).

네비우스 선교 정책에 따라서 선교가 되었다. 늘어나는 세례 교인과 교회를 감당할 수 있도록 처음에 맞춘 선교 방법이라는 것이다. 선교지에서 청교도 교리를 전파했다는 것을 보게 된다.

다섯째, 한국 출신 평양신학교 교수에게 영향을 끼친 메이첸과 그 제자인 박형룡 박사에 대한 내용들이다. 박형룡 박사의 <한국 장로교회의 신학적 전통>에서는 장로교회의 신학을 정의했는데 유럽대륙의 칼빈 개혁주의에 영미의 청교도 사상을 가미하여 웨스트민스터 표준에 구현된 신학이라고 밝히고 있다.[35] 박아론 박사가 쓴 <박형룡의 신학 사상>은 박형룡 박사의 83년 생애의 정통 보수 신학에 입각한 신학에 대해서 설명했다.[36] 그러한 사상을 프린스턴신학교에서 찰스 핫지와 메이첸을 통해서 배웠다. 박형룡 박사의 생애와 과정, 미국에서의 생활과 그의 신학 사상에 영향을 끼쳤던 메이첸과의 관계에 대해서는 총신대학교출판부에서 펴낸 『메이첸 박사 저작 선집』[37]이 있고 그 내용 중 제8장은 메이첸의 기독교에 대한 생각들이 투쟁하는 기독교를 통해서 그의 기독교 사상을 알 수 있다.

여섯째, 초기 한국 장로교회에 미친 구학파(Old School) 사상과 그 구학파 사상의 핵심인 청교도 신학에 대한 자료들과, 청교도 신학의 계승에서 연결선상에 있는 신학자들에 대해서 정리한 문서들을 보고 그 사상을 알아본다. 그 문서들은 청교도 사상의 기초인 칼빈에 대해서도 자세히 나와 있다. 청교도 사상으로 전도를 한 자료와 청교도의 교리를 통한 부흥의 역사에 대하여도 자료에 나와 있다.

일곱째, 앞으로 한국 교회가 어떻게 신학을 공부하고 전도하며 무엇을 배워야 하는지를 청교도 신학을 통해서 나아갈 바를 알아본다.

---

35 박형룡, "한국 장로교회의 신학적 전통", 「신학지남」43호 (1976년 9월), 11.
36 박아론, "박형룡의 신학 사상", 「신학 사상」vol. 25No (1979), 14.
37 김길성, 『메이첸 박사 저작 선집』, 289-319.

제2장
평양신학교의 신학적 배경

본 장에서는 초기 평양신학교 교수들의 본국의 시대적 신학 상황을 연구함으로서 그들이 속했던 신학교의 신학 상황을 살펴보고, 그것을 토대로 한 미국 장로교단의 신학적 방향과 영적 흐름, 평양신학교 교수들이 배웠던 신학교의 이해와 배경, 그 신학교 교수들의 신학과 사상에 대해서, 평양신학교 교수들이 속해 있던 미국 선교부에 대한 이해, 평양신학교 교수들의 프로필과 그들이 누구인가에 대해서 분석하고 제시하겠다.

미국 장로교 출신 교수들의 본국의 신학적 배경이 고스란히 평양신학교에 영향을 미쳤고 우리나라 초기 장로교에 지대한 영향을 끼쳤기 때문이다. 평양신학교는 그만큼 한국교회사에 중요한 자리를 차지하고 있다. 어느덧 한국 장로교회의 총회 설립이 113주년을 맞이했다. 한국 장로교회의 신학이 평양신학교 신학을 통하여 이루어졌다고 해도 과언이 아닐 것이다. 또한, 초기 한국 교회의 신학과 뿌리를 이해하는데 있어서 평양신학교와 그 교수들에 대해 잘 알아야 한다.

이러한 작업을 위해 필자는 다음과 같이 알아볼 것이다.

첫째, 미국 장로교 출신 교수들의 본국의 신학적 시대 상황을 알아본다.

둘째, 미국 북장로교 출신 선교사들의 소속된 선교부와 그들이 공부했던 프린스턴신학교와 맥코믹신학교와 주요 신학자들, 그리고 그 출신 평양신학교 교수들에 대해서 알아본다.

셋째, 미국 남장로교 출신 선교사들이 소속된 선교부와 그들이 공부했던 버지니아 유니온신학교와 주요 신학자와 그 신학교 출신 선교사들에 대해서 연구한다.

1. 미국 장로교 출신 평양신학교 교수들의 본국의 시대적 상황

미국 선교사들이 공부했던 19세기의 미국의 시대적 상황은 어떠했을까? 그 당시의 미국 사회는 급속하고도 전반적인 변화의 시대였다. 과학기술의 발전으로 미국인들의 삶의 가치관이나 윤리, 사상들이 변화되고 있었다. 실용주의가 등장했고 신학에서는 자유주의 사상이 등장했다. 그 자유주의 사상은 독일 자유주의 신학자들에 의해 미국으로 건너왔고, 자유주의 사상은 성경을 고등비평하고 프로테스탄트 종교개혁 이후 기독교회가 전통적으로 고백해 온 성경의 영감과 무오교리를 부정한다.

자유주의의 미국내 대표적인 학자는 뉴욕 유니온신학교(Union Theological Seminary)의 찰스 브릭스(Charles A. Briggs, 1841-1913) 교수이다. 그는 1891년 1월 행한 유니온신학교의 성경교수 취임 강의로 성경의 권위라는 강의를 했는데, 기독교가 성경의 권위에 기초하고 있다고 하지만 교회사를 통해 볼 때 아니라고 부인하였다.[1]

그 당시 미국 교회의 몰락은 진화론과도 관계가 많다. 진화론은 기독교의 근본 신앙인 창조론을 거부하게 함으로서 미국 장로교회의 기초를 흔들었다. 진화론의 대표적인 학자는 허버트 스펜서(Herbert Spencer)와 토마

---

[1] 오덕교, 『장로교회사』 (수원: 합동신학대학원출판부, 2006), 318.

스 헉슬리(Thomas Huxley)이다. 또한, 진화론은 1870-1880년대의 자유주의 신학자에 의해 받아들여졌다. 진화론을 부정하는 무리와 찬성하는 무리로 나뉘어지게 되었다. 진화론을 부정하는 신학자는 드와이트 탈마게(Dewitt Talmage)와 찰스 핫지(Charles Hodge) 등이 있었다. 진화론을 지지하는 신학자로는 프린스턴대학교의 총장이었던 제임스 맥코쉬(James McCosh)와 헤리 워드 비쳐(Herry Ward Beecher), 리먼 애봇(Lyman Abbott) 등이 있다.

과학에서는 찰스 다윈의 진화론 책인 『종의 기원』(The Origin of Species)이 출간되어서 하나님의 창조에 대한 의구심을 많은 사람에게서 일어나게 하였다.[2] 잘못된 신학인 자유주의 신학에 날개를 달아주는 격이었다. 전통적인 기독교 가치관과 절대적인 신관이 깨지게 되었고, 기독교 안에서도 생각들이 갈리게 되었다.[3]

또한, 그 시대에 정통주의 장로교 신학에 강력한 도전은 자유주의 신학과 알미니안주의 신학이었다.

그러면 정통주의 장로교 신학이란 무엇인가?

그것은 미국 장로교의 형성 근거인 청교도 신학이라고 말할 수 있다. 청교도 신학은 신학적으로는 칼빈주의 사상에 근거를 두고 있다.[4] 정통 장로교회 신학은 유럽의 칼빈주의 정통 보수 신학과 생활화의 신학을 주장하는 영국의 청교도 사상[5]이다.

이러한 사상은 웨스트민스트 신앙고백에서 잘 표현되고 있다.[6] 평양신학교 교수들도 청교도 사상을 배운 분들이다. 그러므로 한국 장로교회 신학적 전통도 영미 장로교회의 청교도 개혁주의 신학에서 전래되고 성장해

---

2 오덕교, 『장로교회사』, 316.
3 조경현, 『초기 한국 장로교 신학 사상』, 42.
4 김홍만, 『초기 한국 장로교회의 청교도 신학』, 40.
5 Peter Toon, *Puritans and Calvinism* (Swengel, Pa : Reiner Publications, 1973), 20.
6 James Heron, D.D., 『청교도 역사』, 박영호 옮김 (서울: 기독교문서선교회, 2005), 3.

온 것이라고 말할 수 있다. 원래 미국 장로교는 1706년 맥케미(Makemie) 목사의 지도력 아래 6명의 장로교 목사에 의해 노회로 형성되었고, 이들 중 3명은 뉴잉글랜드에서 온 청교도들이었다.

청교도들의 신대륙 이주는 1625년부터 시작되었다. 이들이 영국을 포기한 이유는 본국에서의 핍박 때문이었다. 그 당시 영국 국왕이었던 찰스 1세와 알미니안주의자로서 주교였던 윌리엄 라우드(William Laud)의 핍박이 결정적인 원인이었다. 청교도들의 뉴잉글랜드로의 이민은 계속되었고 그들의 최고의 목표는 뉴잉글랜드에 그리스도의 교회를 세우는 일이었다.[7] 청교도 사상이야말로 이 당시의 미국 교회와 미국을 움직였던 사상이었던 것이다. 미국 장로교는 처음부터 청교도 신학에 그 근거를 두고 있었다.

19세기는 평양신학교 교수들이 태어나고 신학을 공부했던 시대이다. 이 때의 상황들은 18세기에 장로교가 청교도 사상의 영향 아래 형성되었고, 그 배경으로 18-19세기의 제1차 영적 대각성이다.

제1차 영적 대각성의 배경에는 그 당시 사회 경건의 몰락과 부도덕, 교회에서의 배교, 안식일을 어기고 도박과 술 취함, 거짓 맹세, 간음이 넘치었다. 경건한 목회자들은 영적으로 사람들이 무너지는 것은 구원에 대한 잘못된 확신과 무지라고 생각했다. 그래서 17세기에 영국에서 강조된 청교도 회심 신학을 회복하려는 운동을 일으켰다. 조나단 에드워즈, 길버트 테넌트, 조지 휫필드 등이 영적 대각성의 중심 인물이다. 청교도 구원론이 핵심 사상이다. 길버트 테넌트는 로마서 8장 15절의 "종의 영"(Bondage of Spirit)을 통하여 구원받지 못한 영혼에게 율법이 성령의 역사로 죄의 질책을 이루어서 회심시킨다는 청교도 신학을 강조했다.[8]

7　김홍만, 『초기 한국 장로교 신학 사상』, 38.
8　김홍만, "초기 한국 장로교회의 청교도 신학", 39-52.

제2차 영적 대각성은 청교도 신학이 미국 장로교회에 교단 신학으로 확고히 세워지도록 하는데 기여했다. 하나님의 주권, 유효한 부르심, 인간의 전적 부패 강조, 성령에 의한 거듭남을 강조했다. 프린스턴신학교의 초대 교장인 아치볼드 알렉산더도 이때 회심을 체험한다.[9] 에드워드 그리핀은 죄인들이 죄의 질책 속에서 육적인 마음의 부패성을 깨달아 낮아지고 깨어져서 복음의 확신을 가지고 구원을 간절히 소망하고 거룩해지려고 애쓰며 하나님을 섬기며 영광을 하나님께 돌리려는 것이 나타나야 한다고 했다.[10]

제3차 영적 대각성이라고 불리는 1857-1858년의 대부흥이 있었다. 이 부흥은 구학파로 하여금 청교도 신학이 참된 부흥을 가져다주는 것임을 확인시키고 더욱 청교도 신학과 부흥 신학을 확고히 하게 된 계기가 되었다.[11]

또한, 제2차 영적 대각성 때 한편으로 잘못된 부흥 신학이 출현했다. 그것은 찰스 피니의 인간적 부흥 신학이다. 찰스 피니의 부흥론은 신학적으로는 뉴해븐 신학(New Haven Theology)과 나다니엘 테일러(Nathaniel W. Taylor, 1786-1856) 신학에 물들은 것이었다. 뉴헤이븐 신학은 뉴잉글랜드 신학 속에 잠재해 있던 합리주의 내지 도덕주의이다. 나다니엘 테일러에 의해 계승되었다. 구학파(Old School)와 신학파(New School)의 사상적 대립에 결정적인 역할을 했던 알버트 반즈(Albert Barnes, 1798-1870)가 강력하게 지지했다. 뉴헤이븐 교리에 따르면 사람이 죄를 짓기 때문에 죄악 되지, 죄악 되기 때문에 죄를 짓는 것이 아니라고 한다. 나중에 신학파의 사상이 되었다. 인간의 전적 부패 교리를 부정했고, 인간의 의지로 거듭남의 가능성을

---

9 김홍만, "초기 한국 장로교회의 청교도 신학", 52-62.
10 Edward D. Griffin, *Letter to the Rev. Ansel D. Eddy of Canandaigua*, N. Y. on the narrative of the Late Revival of Religion in the Presbytery of Geneva(1832), 4-8.
11 김홍만, "초기 한국 장로교회의 청교도 신학", 63-64.

주장했다.[12]

2. 미국 북장로교 출신 선교사와 선교 정책

1) 미국 북장로교 출신 선교사

한국에서 전도 사업을 개시한 최초의 프로테스탄트선교회는 미합중국 장로교 외국선교본부와 감리교 외국선교회였다.[13] 그러나 평양신학교는 미국 북장로교 선교부와 남장로교 선교부의 영향을 가장 많이 받았다. 호주 장로교 선교부와 캐나다 장로교회 선교부도 한국 선교에 영향을 끼친 것은 사실이지만 평양신학교에서만큼은 미국 북장로교 선교부와 미국 남장로교 선교부만큼은 아니었다. 그중에서도 북장로교 선교부가 주도적인 역할을 하였다. 그 이유는 홍철에 의하면, 북장로교 선교부의 선교사들의 숫자가 다른 장로교 선교부보다 많았으므로, 그들의 사역의 범위가 넓었기 때문이다.[14]

미국 북장로교는 한국에 가장 많은 선교사를 파송한 교단이다. 1945년 해방 이전까지 총 339명을 파송했으며, 이 숫자는 각 교파 전체 파송 인원인 1530명의 22.1%에 해당되는 숫자이다.[15] 북장로교 선교 25주년을 맞은 1909년 당시 안수 받은 선교사는 40명이었다. 그리고 40명 가운데 16명은 프린스턴신학교 출신이었으며, 맥코믹신학교 출신은 11명이었다.[16]

---

12 김홍만, 『초기 한국 장로교회의 청교도 신학』, 60-61.
13 백낙준, 『한국 개신교사』 (서울: 연세대출판부, 1973), 96.
14 홍철, "한국 장로교회 초기 미국 선교사들의 신학적 성격", 「개혁논총」 11권 (2009년 9월): 283.
15 김승태·박혜진 편, 『내한선교사총람: 1884-1984』 (서울: 한국기독교역사연구소, 1993), 5.
16 이호우, "맥코믹 출신 선교사와 한국 장로교회의 연", 「개혁논총」 2권 (2004): 136-139.

구체적으로 1888년에서부터 1902년까지 맥코믹신학교 출신 선교사들은 14명이었다.[17] 미국 북장로교 선교사의 명단을 보면, 1984년부터 1910년까지 166명의 선교사들이 내한하였다.[18] 북장로교 선교사들은 주로 맥코믹신학교와 프린스턴신학교 출신이 주류를 이루고 있었다.

미국 북장로교(The Presbyterian of United States in America) 선교부에서 가장 최초로 파송된 선교사는 의료 선교사인 알렌(Horace N. Allen)이다.[19] 알렌은 1884년 9월 20일에 한국에 입국하였다. 알렌은 서울에 첫 번째 병원인 광혜원을 세워 의료 선교사로서 그 사역을 감당했다.[20] 이와 같이 미국 북장로교 선교부는 순수 복음 선교사, 의료 선교사, 여성 선교사 그리고 선교사 부인들로 1884년부터 1910년까지 166명 파송했다. 이 가운데 목사는 52명이었다.

알렌 이후 1885년에 언더우드(H.G. Underwood)와 헤론(J. W. Heron) 그리고 1890년 마펫(Samuel A. Moffett) 등을 파송했고 많은 평양신학교 교수를 배출했다.[21] 그 당시 미국 장로교회 안에서는 보수파인 구학파(Old school)와 진보파인 신학파(New School)가 서로 대립적 관계에 있었다. 구학파(Old school)와 신학파(New School)의 중요한 차이는 부흥관의 차이다. 진정한 부흥이냐 인위적인 부흥이냐와, 칼빈주의이냐 아니면 펠라기우스적이고 알미니안주의적이냐의 차이이다. 그중에서도 웨스터민스터 신앙고백에 대한 실천적이며 교리에 대한 충성도라고 볼 수 있다. 또한, 미국 북장로교의 선교사들은 복음을 전하는데 있어서 청교도 신학과 영적 대각성의 유

---

17 박용규, 『한국 기독교회사1』 (서울: 생명의말씀사, 2005), 469.
18 Harry a. Rhodes, ed., *History of the Korean Mission, Presbyterian Church, U.S.A.,* 1884-1934 (Chosen Mission, Presbyterian Church, U.S.A. 1934), 625-629.
19 *Quarto Centennial Papers Read Before The Korea Missionof the Prebyterian Church in U.S.A. at The Annual Meeting in Pyeng Yang,* 1909, 136-139.
20 *Quarto Centennial Papers,* 14-15.
21 한국교회100주년준비위원회사료분과위원회 편, 『대한예수교장로회 백년사』 (서울: 대한예수교장로회 총회교육부, 1984), 60-64.

산을 그대로 이어받은 사람들이었다.[22] 북장로교 선교사들은 성경의 진리들이 그 심령 속에서 얼마나 깊이 자리 잡고 있는가를 살폈다.[23] 그들이 인도하던 성경 공부 시간에는 영적인 지식과 체험에 대하여 가르쳤으며, 학생들 간의 대화와 주된 주제도 성경과 그리스도인의 개인적 체험이었다. 또한, 매우 교리적이었다.

2) 미국 북장로교 선교부의 선교 정책

(1) 미국 북장로교의 한국 선교 배경과 초기 과정

조선에서 개신교인 미국 북장로교가 들어오기 전 17세기 초부터 조선의 깨어있는 사람들에게는 중국을 통해서 천주교가 먼저 알려져 있었고, 미국 북장로교 선교사들이 들어올 즈음에는 이미 많은 천주교인이 박해와 순교를 당한 후였다. 천주교는 1839년의 기해사옥, 1866년의 병인사옥 등의 큰 박해를 받았다.[24] 그 당시의 조선을 이끌어왔던 사상은 주자학이라는 유교 사상이었다.

그러나 천주교 박해와 계속되는 도전을 통해서 절대적이었던 주자학 사상이 흔들리게 되었고, 조선이라는 나라의 변화의 시기가 무르익게 되었다. 또한, 대원군의 쇄국 정책으로 굳건히 닫혔던 조선은 서구 열강의 조선에 대한 문호 개방에 대한 압력 때문에 서서히 문호 개방을 해야만 하는 상황으로 가고 있었다. 이미 이웃인 일본은 1868년에 메이지 유신이 이루어져 근대화의 길로 들어서게 되었고, 불과 8년 만에 조선과 강화도 조약을 체결하여 식민지의 발판을 마련하게 된다. 메이지 유신이란 1845년 미국의 페리 제독에 의해 서양 열강들의 군사적 위력을 느낀 일본인 하층 무

---

22 김홍만, 『초기 한국 장로교회의 청교도 신학』, 81.
23 김홍만, 『초기 한국 장로교회의 청교도 신학』, 82.
24 이만열, 『한국 기독교 수용사 연구』 (서울: 두레시대, 1998), 32-35.

사들을 중심으로 막부를 타도하고 국왕 중심의 새 정권이 성립되고 1868년 개혁안을 발표한 일을 말한다.

한국이 개신교와 접촉한 시기는 대체로 1880년대 초반으로 인식된다. 1884년 6월 24일에 미국 북감리교 로버트 매클레이(Robert S. Maclay) 목사가 입국한 것과, 미국 북장로교 호러스 알렌(Horace N. Allen) 의료 선교사가 같은 해 9월 20일에 입국했기 때문이다. 그러나 이것으로 그때가 한국과 개신교가 처음으로 접한 것은 아니다. 1832년부터 1860년대에 이미 유럽 개신교와의 몇 차례의 접촉이 있었던 것이다.[25]

1832년 충남 원산도를 찾은 독일인 칼 귀츨라프(Karl Gützlaff, 1803-1852) 목사와 1865년과 1866년의 영국인 로버트 토마스(Robert Jermain Thomas, 1840-1866) 목사 등이 그들이다. 서양 열강은 일본을 통하여 한국에 개항 압력을 가중시키고 있었다. 일본과의 강화도 조약이 1876년 2월 26일 체결되자 곧이어 세계 열강인 미국, 영국, 독일, 프랑스, 러시아 등의 서구 열강 등과 수호 조약을 체결해야 했다.[26]

1876년 개항할 즈음에 한국의 주변에서 선교 사업을 하던 외국인 선교사들을 통해 조선의 복음 전파가 시도되고 있었다. 그 지역은 중국 만주 지역이었다. 중국에 개신교는 19세기 초 중국의 개화기에 맞물려 들어오기 시작했으며, 청나라 말기에 역사적 상황과 종교의 자유 정책 등과 맞물려 개신교 선교사들이 중국에 대거 입국하여 전면적인 선교를 실시함으로써 중국 전역으로 확장되어 나갔다.[27]

만주 지역을 중심으로 개신교 선교사들과 접촉이 이루어지고 있었고, 그때의 선교사들 중 귀츨라프와 알렉산더 윌리암슨(Alexander Williamson) 그

---

[25] 이만열, 『한국 기독교 수용사 연구』, 14-15.
[26] 김남식, 간하배, 『한국 장로교 신학 사상사』 (서울: 도서출판 베다니, 1997), 제1권, 42.
[27] 김학관, 『중국교회사』, (서울: 도서출판 이레서원, 2005), 41.

리고 토마스 등은 한국 선교에 관심을 갖고 있었다. 이들의 활동의 결실은 만주 선교를 담당했던 존 로스(John Ross)와 존 매킨타이어(John MacIntyre)가 성경을 한글로 번역하였고 권서를 파견하여 번역된 성경을 배포하였다. 그러므로 한국에 전도의 문을 열게 되었다.[28]

이와 같은 성경 번역 작업은 쇄국 정책으로 인해 복음이 들어갈 수 없는 상황에서 일어난 일이기 때문에 더욱더 의미가 큰 것이다. 이는 하나님께서 한국의 복음을 위해서 예비하신 것이다. 미국 북장로교 선교사들이 들어오기 전에 주님의 역사하심으로 말미암아 미리 성경의 반포를 통해서 기독교 신앙이 자리 잡고 있었다. 그러므로 한국의 복음 전파에 유리한 상황이 펼쳐졌던 것 같다.

중국의 제1차 아편전쟁(1839-1842)과 제2차 아편전쟁(1856-1858)으로 난징 조약과 톈진 조약이 체결되었고, 또한 제3차 아편전쟁(1858-1860)으로 서구 열강의 여러 가지 특권으로 인하여 미국도 중국에 더욱더 가까이하게 되었고, 태평양에서의 우위를 확보하기 위해서 일본도 개화시키게 된 것이다. 미국은 1886년 제너럴셔먼호 사건 이후 조선이 일본과 강화도 조약을 체결하자 대원군이 실각하여 민영익을 중심으로 하는 조선 개화파의 도움으로 구미 여러 나라 가운데 제일 먼저 조선과 수교하게 된다. 미국 정부는 1883년 3월 9일 루시어스 푸트(Lucius H. Foote)를 초대 주한 미국 전권 공사에 임명함으로 공식적으로 조선과 미국의 관계가 이루어지게 되었다.[29]

그 당시에 미국 교회들은 조선에 관한 정보가 많이 부족했다. 의주 출신 백홍준과 서상륜이 만주에서 중국어 성경을 한글로 번역하여 국내에 쪽

---

28 한국기독교역사연구소, 『한국 기독교의 역사』 (서울: 기독교문사, 1996), 제1권, 127-128.
29 김원모, "한미외교사 연구: 민영익의 대미자주외교와 세계일주 여행", 이현희 외 『한국사의 이해』 (서울: 도서출판 신서원, 1991), 51-87.

복음서를 전파하고 있을 때 일본에서는 이수정이 성경을 한글로 번역하고 있었다.[30] 이수정이 성경을 번역한 목적은 한국에 성경을 전하여 동족의 죄와 사망에서 구원하는 데 있었다. 그는 마가복음의 초고를 탈고하자 루미스 목사와 녹스 목사에게 한국에 선교사를 파견해줄 것을 청원했다.[31] 일본에 유학가서 기독교 세례를 받은 이수정이 계기가 되어서 일본 주재 미국 장로교 선교사들이 선교 기관지에 조선에 대해 소개하였고, 조선에 기독교를 전해야 한다는 이수정의 요청도 전달하여서 미국 장로교 선교부에 조선 선교의 당위성을 알렸다.[32]

조선은 그 당시 상황이 너무 가난하고 자원도 없고, 백성들의 의식도 낙후되고 폐쇄적인 사고방식을 가지고 있었다. 그것은 유교 사상과 미신, 그리고 대원군의 쇄국 정책의 영향이기도 하였다. 그만큼 조선은 선교사들이 꺼리고 불편하며 매력적이지 못한 나라였던 것이다. 그러한 나라에 하나님의 은혜의 계획이 서서히 싹트고 있었다. 전혀 상상할 수도 없는 일들이 미국의 신학교들과 신학생들에게서 일어나고 있었던 것이다.

조선에 대한 미국 선교가 미루어지고 있는 사이 일본에서는 이수정, 박영선, 이경필 등 7-8명이 세례를 받았다. 이수정은 일본 교회가 조선을 선교하는 것을 원하지 않았고, 또 중국 선교사가 선교하는 것도 원하지 않았다. 오직 미국 선교사들이 와서 전도해주기를 바랬던 것이다.[33] 아마도 일본의 침략 속성을 알았던 것 같다.

---

30 대한예수교장로회 총회, 『대한예수교장로회 총회백년사』(서울: 대한예수교장로회 총회출판부, 2006), 1권, 82.
31 대한예수교장로회 총회, 『대한예수교장로회 총회백년사』, 84.
32 류대영, 『개화기 조선과 미국 선교사: 제국주의 침략, 개화자강, 그리고 미국 선교사』(서울: 한국기독교역사연구소, 2004), 35-36.
33 류대영, 『개화기 조선과 미국 선교사: 제국주의 침략, 개화자강, 그리고 미국 선교사』, 184.

유럽 교회들 또한 한국 선교에는 부적절한 대상이었는데, 그것은 유럽 교회들이 식민지 확장과 선교를 병행하였기 때문이다. 미국 장로교 선교부는 이수정의 요청을 받아들여 1884년 9월에 조선에 선교사를 파송할 것을 결정하였다.[34] 미국 장로교회는 남북전쟁 이후 남북으로 갈라져 소위 북장로교회와 남장로교회라는 명칭으로 행정을 달리하기까지 하나의 장로교회로 발전하여 왔다.[35]

1796년에 장로교인들이 뉴욕선교회(The New York Missionary Society)라는 독립 선교 단체를 조직했는데 장로교회의 통제를 받지는 않았다. 1800년에 장로회 총회는 비로소 선교 사업에 착수하여 사업기금을 모집하였고, 1818년 연합외국선교회가 조직될 때까지 장로회 총회는 아메리카 인디언 선교 사업을 계속하고 있었다.[36] 미국 장로교회가 외국 선교에 적극적으로 관심을 갖게 된 것은 1810년 미국 회중교회에 의하여 설립된 미국외지선교재단(American Board of Commissioners For Foreign Mission)의 출현 때문이었다.[37] 미국 장로교선교재단은 총회의 지휘를 받았다. 1837년 신학파(New School)와 구학파(Old School)로 분열되었지만, 선교 사업에 더 열심을 낸 것은 구학파(Old School)였다. 구학파(Old School)는 해외선교부를 설치해서 시암(1840), 중국(1843), 콜롬비아(1853), 일본(1859), 멕시코(1872)에 선교사를 파송했다.[38]

1870년부터 1899년까지 미국 북장로교와 남장로교는 제각기 성장하고 있었다. 선교 행정 실무는 주로 총무가 관장하고 있었으며, 해외 선교는 무디 부흥으로 더욱 활발하게 진행되었다. 북미에서 일어난 장로교 선교

---

34 허순길, 『한국 장로교회사: 장로교회(고신) 50주년 희년 기념』 (서울: 대한예수교 장로회 총회).
35 대한예수교장로회 총회, 『대한예수교장로회 총회백년사』, 70.
36 백낙준, 『한국 개신교사』, 97-98.
37 대한예수교장로회 총회, 『대한예수교장로회 총회백년사』, 70.
38 김홍만, 『초기 한국 장로교회의 청교도 신학』, 30.

운동은 한국 장로교 선교에 중요한 영향을 끼쳤고 당시 영국과 미국에서 일어난 부흥운동과 해외 선교운동에 많은 영향을 받게 되었다. 한국에 파송된 선교사들의 선조들은 상당수가 스코틀랜드 및 아일랜드 장로교 출신이었다.[39] 그들의 신학 사상은 청교도 신학, 부흥, 선교 정신이었다.[40]

미국 북장로교의 한국 선교 입국은 1884년 9월 20일 중국에서 북장로교 선교사로 활동하던 호러스 알렌(Horace Newton Allen)의 입국으로 시작된다. 호러스 알렌은 1858년 4월 23일 미국 오하이오주 델라웨어에서 출생하였다. 독실한 기독교 가정에서 출생하고 성장한 알렌은 1881년 오하이오주 웨슬리언대학교 신학부를 졸업하고 마이애미의과대학에 진학하여 1883년 의학박사 학위를 취득했다. 비록 알렌보다 7개월 늦게 한국에 입국(1885.4.5)했지만 언더우드(Horace G. Underwood, 1859-1916)는 한국 개신교의 개척 선교사라고 할 수 있다.[41]

이때부터 1907년 8월 30일 로버트(S. L. Roberts) 부부에 이르기까지 총 81명을 파송하였다. 미국 선교사들 가운데 북장로교는 가장 많은 선교사를 한국에 파송하였고 그만큼 한국 장로교와 평양신학교에 지대한 영향을 끼쳤다.

(2) 미국 북장로교의 한국 선교 정책

① 네비우스 선교 정책

미국 북장로교 선교회 총무 아서 브라운 박사가 지적한 것처럼 한국에 파송된 선교사들은 세계적으로 탁월한 선교사들이었고, 신학적으로도 개

---

[39] 대한예수교장로회 총회, 『대한예수교장로회 총회백년사』, 71.
[40] 김홍만, 『초기한국 장로교회의 청교도 신학』, 33-34.
[41] 대한예수교장로회 총회, 『대한예수교장로회 총회백년사』, 98.

혁주의 청교도 신앙의 건전하고 경건한 선교사들이었다.[42] 이들은 젊었고 열정이 있었고, 언어적으로도 뛰어난 재능이 있어서 한국어도 빨리 습득할 수 있었다. 또한, 이들은 모두 20대의 젊은 선교사들이었기 때문에 선교 경험이 부족했다.

그래서 선교 경험이 부족한 초기 선교사들은 경험이 풍부한 선교사들을 파송해 달라고 기도하였고, 선교 경험이 풍부한 선교사가 입국해 부족한 부분을 채워 주기를 바랐다. 그러던 중 중국 집에서 활동하던 존 리빙스턴 네비우스(John Livingston Nevius) 선교사가 선교 경험이 풍부하고 그것을 이론적으로 정리하였다는 소식을 듣고, 1890년 6월에 7명의 북장로교 선교사들이 중심이 되어 그를 초청했다.[43]

네비우스는 1829년 3월 4일 뉴저지에서 태어났고, 유니온신학교를 졸업하고 프린스턴신학교에 진학하여 3년간의 신학 교육을 받았다. 그는 장로교 해외선교부로부터 선교사로 임명받고 처음에는 중국 영파에서 7년간 사역한 후 산동성으로 거점을 옮겨 사역하면서 자신의 선교 경험을 이론으로 정립했다. 네비우스 박사는 1895년에 상하이의 『차이니즈 레코더』에서 자신의 정책에 관한 글을 출간하였다.[44]

네비우스의 선교 정책은 먼저 그의 청교도 신학에서 나온 것이라 할 수 있다.[45] 그 증거로는 네비우스가 말한 바로서 "나는 실제적인 종교를 다룬 청교도들의 작품인 리처드 백스터의 『성도의 안식』과 필립 도드르지의 『영혼의 일어남과 회심 과정』 그리고 존 플라벨의 작품들을 성경 다음으로 중요하게 여깁니다"라고 말했다.[46]

---

42 대한예수교장로회 총회,『대한예수교장로회 총회백년사』, 150.
43 대한예수교장로회 총회,『대한예수교장로회 총회백년사』, 150.
44 Charles. Allen. Clark,『한국 교회와 네비우스 선교 정책』(The Nevius Plan for Mission Work), 박용규, 김춘섭 역 (서울: 대한기독교서회, 1994), 16.
45 김홍만,『초기 한국 장로교회의 청교도 신학』, 74.
46 Helen Nevius, The life of John Livingston Levius (Revell, 1895), 89. - 김홍만,『초기 한국

또한, 네비우스가 그의 독창적인 작품이라기보다는 헨리 벤(Henry Venn)과 루퍼스 앤더슨(Rufus Anderson)의 선교 이론에서 유래를 찾을 수 있다. 그 둘의 삼자 원리(Three-self formula)는 네비우스 선교 정책의 근간과 유사한 것이 많았다. 네비우스 선교 이론은 이들의 이론을 아시아의 현장에서 사용할 수 있도록 만들어진 것이다.[47] 주한 장로교 선교부는 1891년에 7단 60조로 된 북장로교 선교회 규칙을 선교부의 규칙과 내규로 정하여 선교 정책의 기초로 삼았다.[48]

선교사들은 네비우스 선교 방법을 한국의 상황과 현실에 따라 적용을 하였다. 그 당시에 한국에 파송된 선교사들은 누구나 도착한 후 네비우스 선교 정책에 관한 책을 받아 첫 해 말에는 언어에 대한 시험을 합격해야 함과 동시에 네비우스 원리를 완전히 터득하였음을 보여주어야 했다. 이것은 입국하는 모든 장로교 선교사들에게 요구되는 필수적인 사항이 되었다.[49]

미국 북장로교 해외선교부 총무인 스피어(Robert E. Speer)는 네비우스 선교 방법론이 한국 선교 정책에 깊이 뿌리를 내리는 것을 예측했다.[50] 1909년 북장로교 선교 25주년 기념식에서 개척 선교사 가운데 한 사람이었던 마펫은 네비우스 선교 정책이 한국 교회에 어떤 역할을 했는지를 다음과 같이 밝혔다.

장로교회의 청교도 신학』, 74에서 재인용.
[47] 대한예수교장로회 총회, 『대한예수교장로회 총회백년사』, 151
[48] 김민영, 『한국 초대교회사: 한국 초기 선교사들의 활동과 선교 정책』 (서울: 쿰란출판사, 1998), 55.
[49] 박용규, 『한국 기독교회사』, 611.
[50] Robert E. Speer, *Report on the Mission in Korea* (The Board of Foreign Mission of the Presbyterian Church in the U.S.A, 1897), 10.

> 25년간의 선교 경험을 토대로 젊은 우리에게 하는 그의 강의는 우리의 마음속에 선교의 기본 원리에 대한 씨앗을 심어주었다. … 그의 강의와 그의 저서 『선교 사업의 방법』에서 한국 선교를 위한 더할 나위 없는 유익을 얻었다. 강의와 책이 제시하는 이론을 발전시켜 지역 사정에 적용시킴으로서 유익을 얻을 수 있다.[51]

네비우스 정책의 핵심은 자립이다. 네비우스 원리를 통상적으로 요약할 때 자립, 자치, 자전 정책이라고 부르는데, 이것은 클락이 이렇게 분류함으로써 부르게 된 것이다. 네비우스는 자립이라는 단어만을 사용했다.[52]

통상적으로 사용하는 세 가지는 자립(Self-Support), 자치(Self-Government) 그리고 자전(Self-Propagation)이다. 네비우스가 강의한 내용은 약 10가지로 요약할 수 있다.

1. 선교사가 개인적으로 널리 순회하여 전도한다.
2. 사역의 모든 분야에서 성경이 중심이 된다.
3. 자전은 모든 신자는 다른 사람을 가르치는 자가 되며, 동시에 자기보다 나은 사람들로부터 배우는 자가 된다.
4. 자치는 모든 그룹은 선임된 무보수 영수의 관할을 받는다.
5. 자립은 신자들이 스스로 마련한 예배당을 소유한다. 각 그룹은 창립하자마자 순회 조사의 봉급을 지불하기 시작한다. 학교조차도 부분적인 보조금을 받도록 한다. 개교회의 목사에게 주는 사례는 외국의 자금으로 지불하지 않는다.

---

51 *Quarter Centennial Report, Korea Mission*, PCUSA, 1909, 18.
52 김홍만, "존 네비우스 선교 정책의 신학적 재평가", 「개혁주의 선교신학회」(2014. 8), 378.

6. 모든 신자는 그룹영수와 순회 조사 아래서 조직적인 성경을 공부한다.
7. 성경적 형벌을 통해 엄격한 징계를 실시한다.
8. 다른 선교 단체와 협력하고 연합한다.
9. 법정 소송 사건이나 그와 유사한 문제에 대해서 간섭하지 않는다.
10. 민중의 경제 문제에서 가능할 경우 일반적인 도움을 준다.[53]

네비우스 정책의 내용을 분석해 보면 모든 선교 정책에 있어서 핵심은 성경이다.[54] 또 중요한 사항은 초기 장로교 선교사들이 수행했던 순회 전도는 네비우스 선교 정책에 있어서도 여전히 가장 우선순위에 두었고, 성경 공부의 중요성을 매우 강조하였다. 일단 전도를 통하여 신자가 되면 조직적인 성경 공부에 참여하여야 하는 정책이었다. 그리고 서로 연합하는 정신을 강조하였다. 미국 북장로교 선교부 선교사들은 네비우스 선교 정책을 자신들의 효과적인 선교 사역을 위해 채택하였고, 그 방법을 시행함에 있어서도 매우 성공적이었다.[55]

네비우스 방법의 효과는 한국 교회의 선교와 성장에 큰 기여를 했다. 네비우스 선교 정책이 중요한 것은 평양신학교 교과목 중의 하나였으므로 중요하게 취급되었다. 그러나 단점도 없지는 않았다. 그것은 신학자 양성에 미흡하였다는 점과 이로 인해 수준 높은 신학 교육이 실시 되지 못하였다는 점이다. 신학 교육을 발전시키는 것보다는 목회자 양성에 더 큰 무게를 둔 것 같다.

---

53 Charles. A. Clark, *The Nevius Plan for Mission Work*, 44-45.
54 Charles. A. Clark, *The Nevius Plan for Mission Work*, 320.
55 조경현, 『초기 한국 장로교 신학 사상』, 178-179.

② 선교지 분할 정책

지금의 교회 교단들의 신학 현실을 보았을 때에는 선교지 분할 정책은 다시 생각해야만 할 것 같다. 특히, 감리교나 장로교 일부 교단들이 WCC(세계교회협의회)에 가입되어 있고, 구원이 그리스도에게만 있지 않다고 말하고 있는 실정에서는 더더욱 찬성할 수 없는 정책이다. 그러나 미국 북장로교 선교부에서는 그 당시 상황에서 선교의 방식으로서 채택한 것 같다. 그러한 상황 중의 하나는 일제의 한국 침략으로 위기의식이 있었던 것 같다. 만일 같은 경우이고 다시 그 당시로 돌아간다면 정통 개신교라 할 수 있고, 청교도 개혁 신앙을 가지고 있는 장로교 정통 교단의 입장이라면 선교지 분할 정책이라는 것은 찬성할 수 없을 것 같다.

1934년 한국 개신교 선교 희년 기념식에서 북장로교 선교사 휘트모어(N. C. Whittemore)가 지적한 것처럼 "한국 선교사에 있어서 가장 놀라운 특징 가운데 하나는 6개 선교회로 구성된 장감연합공회 사이에 맺어진 선교지 분할 협정이었다."[56] 1888년 아펜젤러는 한국 선교를 효과적으로 진행하기 위해 장로교와 북감리교 사이에 선교지 분할을 주도했다.[57] 그러다 1892년 1월 처음으로 장로교 선교지 분할위원회가 결성되어[58] 남장로교가 한국 선교를 시작했을 때 북장로교와 남장로교 사이에 선교지 분할 협정이 체결되었다.[59] 그해 5월 하순 감리교 대표들과 2, 3차례 협의를 거쳐 6월 11일 장로교와 감리교 대표들 사이에 다음과 같은 선교지 분할 협정 초안이 작성되었다.

---

56 N. C. Whittemore, "*Fifty Years of Comity and Co-operation in Korea*", The Fiftieth Anniversary Celebration of the Korea Mission, PCUSA, June 30-July 3, 1934., 93.

57 E. M. Cable, "*Beginning of Methodism in Korea*", in Within the Gate, ed. Charles A. Sauer(Seoul: The Korea Methodist News Service, 1934), 25.

58 Sung Chun Chun, "*Schism and Unity in the Protestant Churches of Korea*", Yale University Ph.D. thesis, May, 1955, 86.

59 Harry A. Rhodes, ed., *History of the Korea Mission, Presbyterian Church*, U.S.A., 1884-1934, 440-444.

1. 일반적으로 소도시들과 그 주변 지역들에 대한 공통적 점유는 우리의 각 선교회에 유익한 방법이 아니다. 그러나 5,000명이 넘는 항구도시와 읍들은 공통으로 점유되어야 한다.

2. 5,000명 미만의 읍에 그 지역을 담당하는 선교사에 의해 하나의 선교구가 설치될 때 그곳은 해당 선교회에 의해 점유된 것으로 간주 되어야 한다. 다른 선교회가 그곳에서 사역을 시작하는 것은 권장할 수 없다. 그러나 그곳에서 사역의 공백 기간이 6개월 이상 지속될 경우 그곳은 다른 선교회의 선교가 가능한 개방된 선교지로 간주된다.

3. 사역을 시작하거나 확장시키고 싶어 하는 선교회는 모든 선교지에 신속히 세력을 미치기 위해 점유되지 않은 지역을 우선적으로 고려해야 한다고 강력히 권고하는 바이다.

4. 우리는 각 교회의 신도들이 다른 교단으로 옮길 고유한 권리가 있음을 인정한다. 그러나 한 교회에 교인 혹은 후보자로 이름을 등록한 사람은 그 교회 담당자의 이명서가 없이는 다른 교회로 영입될 수 없다.

5. 여러 교회의 권징에 대해서는 우리가 상호 존중하기로 가결한다.

6. 섬기고 있는 당사자의 이명서가 없을 경우 다른 선교회는 모든 사역 분야의 조사, 학생, 교사, 조력자들을 영입해서는 안 된다.

7. 일반적으로 서적들은 무료로 주지 않고 팔아야 하며 가격이 균일해야 된다.[60]

이러한 잠정적인 협정을 장로교와 감리교 선교회는 존중하고 관례로 여기며 실천하고 있었다. 그 당시 선교지 분할 협정에 적극적인 곳은 장로교 선교부라고 한다. 감리교는 본국의 선교부가 이러한 협정을 맺는 것에 대

---

[60] R. E. Speer, *Report of a Visit to Korea*, 1897, 41 ; C. A. Clark, 『한국 교회와 네비우스 선교 정책』, 154-155.

해서 반대의 입장이었다. 1897년 한국 선교 현장을 방문한 스피어 박사는 선교지 분할을 이루기 위해서 노력했으나 감리교의 소극적 태도로 원하는 대로는 성사시키지 못했다.[61]

장로교는 실제적으로 1893년과 1901년 사이 전국적으로 10개의 장로교 선교회 지부가 세워졌다. 이곳들은 한국에서의 전략적인 장소가 되기도 했다. 북쪽 끝부터 남쪽 끝까지 이르는 서반부 지역에는 선천, 평양, 서울, 군산, 전주, 목포 지부가 있었고, 동반부에는 성진, 원산, 대구, 부산 지부가 있었다.[62] 감리교는 제물포, 강화, 서울, 경기, 강원, 충청 등 중부 지방을 선교 구역으로 삼았다. 선교지 분할 협정은 4개의 장로교 선교회와 2개의 감리교 선교회 사이에 이루어졌다. 선교지 분할 정책으로 지방색을 가속시켰고 다른 교단들은 협의 과정에서 배제되었다.

3. 미국 북장로교의 맥코믹신학교와 주요 선교사들

1) 맥코믹신학교

미국 북장로교를 통틀어 그 안에 있는 신학교 중 한국 선교 초기에 한국 장로교회와 평양신학교에 가장 많은 영향력을 행사하고 도움을 준 신학교를 뽑는다면 당연히 맥코믹신학교라 할 수 있다. 또한, 1924년까지 한국의 평양신학교 초기 교수단에서도 맥코믹 출신의 교수들은 압도적이다.

크로우 목사에 의해서 개인 신학교로 시작한 맥코믹신학교는 1829년 하노버학원으로 합병되었고, 1833년 인디애나신학교로 불렸다. 나중에는

---

61 R. E. Speer, 『한국 교회와 네비우스 선교 정책』, 154.
62 R. E. Speer, 『한국 교회와 네비우스 선교 정책』, 156.

뉴알바니신학교, 노스웨스트신학교로 불리다가 1886년에야 맥코믹신학교로 불리게 된 것이다. 장소는 한때는 인디애나 뉴알바니에 있었으나 1859년 일리노이 시카고에 정착하였다. 학교가 설립된 1830년대부터 1884년까지 54년 동안 오직 17명의 졸업생만 선교사가 되었다. 그러다 1885년부터 1888년까지 짧은 3년 동안 17명의 선교사가 헌신하다가 1885년부터 1929년까지 무려 235명의 졸업생이 세계 각지에서 선교사로 일했다.[63]

1816년 프린스턴신학교를 졸업한 크로우(John Finley Crowe) 목사에 의해서 1827년에 설립되었다. 이 신학교의 설립자 존 크로우는 "인디애나주에서 태어나 성장한 젊은 그리스도인에게 목회 정신을 심어주고, 나아가 중서부 개척 지역 생활을 극복해 나갈 수 있는 강인한 정신력, 체력, 그리고 영성을 준비하기 위하여"라는 말로 이 학교 출발의 의미를 명료하게 밝혔다.[64] 설립 시부터 이름이 맥코믹은 아니었지만 이 학교가 발전되어 하노버대학 안에 신학부가 되었고 나중인 1886년도에 맥코믹장로회신학교로 확정되었다. 한국에 입국한 선교사들은 맥코믹이라는 이름의 신학교를 졸업한 것이다.[65] 맥코믹신학교는 뛰어난 학문성을 추구하면서 동시에 불타오르는 가슴을 가지고 복음대로 살며 전도할 것을 학생들에게 요구하였다.[66]

맥코믹신학교 학생들에게 선교 정신과 꿈을 심어준 핵심적인 일은 1886년에 발생한 "학생자원운동"(Student Volunteer Movement)이었다. 기독청년회와 여성기독청년회(YWCA)의 지지 속에서 1886년 여름에 매사추세츠(Massachusetts)주 마운트 헤르몬(Mt. Hermon)에서 개최된 기독청년사경회에

---

[63] 이재근, 「한국기독교와 역사」, 제35호(2011. 9. 25), 16-17.
[64] Samuel H. Moffett, "*1829-1954: McComick and Missions-Then and Now*", McCormick Speaking 8(December 1954): 12.
[65] 조경현, 『초기 한국 장로교 신학 사상』, 61-62.
[66] James Gore King. *McClure, Presbyterian Theological Seminary, Chicago*, 83.

서 출발하였다. 이 사경회는 당시 미국 기독교계에 전도의 열정을 새롭게 부각시킨 위대한 부흥사 드와이트 무디(Dwigh L. Moody, 1837-1899)의 후원 속에 개최된 것이었다. 이 운동은 2년 후에 <해외 선교를 위한 학생자원운동>(Student Volunteer Movement for Foreign Missions)이라는 공식적인 선교기구로 발전하였다. 이 기구가 주장한 대표적인 슬로건은 "이 세대 안에서 세계 복음화"였다. 이 학생자원운동은 맥코믹신학교 학생들에게도 큰 영향을 주었다. 그로 인해서 많은 수의 학생이 선교지로 갈 수 있었고 한국에도 올 수 있었던 것이다.[67] 맥코믹신학교를 1888년에 함께 졸업한 사무엘 마펫과 윌리엄 베어드(William Baird, 1862-1931)는 학생자원운동 집회에 여러 번 참석한 선교사들이었다.

초기 맥코믹신학교 출신의 선교사는 1888년부터 1902년까지 14명이 한국에 입국했다. 19세기 후반 복음주의 부흥운동이 미국에서 일어났을 때 선교운동 또한 각 신학교에 불게 되었는데 맥코믹신학교도 이 선교 열정에 불타오르는 신학교였다. 맥코믹신학교 출신들이 한국에 오게 된 이유 중에 또 하나는 맥코믹신학교의 크레이그 교수의 영향이 컸다. 그는 학생들에게 한국 선교를 권장했고 그 영향으로 많은 선교사가 한국에 선교를 오게 되었다. 한국 교회 초기 형성기인 1885-1910년 시기에 한국에서 일한 안수 받은 미국 장로교 교단 소속 선교사 70명 중 17명이 맥코믹신학교 출신이고, 프린스턴출신은 16명, 남장로교 소속의 버지니아 유니온신학교 9명, 오번신학교 4명, 켄터키 4명, 네브라스카주 오마하 3명, 샌프란시스코 3명, 이외 학교 출신이 8명이었다.[68]

---

[67] Speer, "*The Contribution of the Seminnary to Foreign Mission*", 150; Robert C. Mc-Caughey, "*A Survey of the Literary Output of McCormick Alumni in Chosen*" (B. D. thesis, McCormick Theological Seminary, 1940), 31.

[68] Sung Deuk Oak, *Sources of Korean Christianity 1832-1945* (서울: 한국기독교역사연구소, 2004), 54.

프린스턴신학교와 맥코믹신학교의 차이가 없는 것 같으나 초기만 따지고 보면 맥코믹 영향력이 더 크다고 말할 수 있다. 프린스턴신학교 출신으로 한국에 가장 먼저 들어온 윌리엄 헌트(W. B Hunt, 한위렴) 선교사는 첫 맥코믹 출신 선교사 대니엘 기포드(D. L. Gifford)보다 9년이나 늦은 1897년에 한국에 들어왔다.[69] 맥코믹신학교는 원래 1829년 미국 서부 개척에 필요한 설교자 양성을 위해 설립된 학교였다. 맥코믹은 미국 북장로교회의 교단 신학교로서 미국 중부의 프린스턴이라고 불렸다.[70]

맥코믹신학교의 설립 반경의 미국 장로교는 구학파와 신학파로 대립이 심했는데 맥코믹신학교는 구학파(Old School)의 사상을 따르고 있었다. 설립자인 크로위(John F. Crowe)는 엄격한 구학파 목사이었으며, 또한 이 학교의 강력한 재정지원자인 맥코믹(Cyrus H. Mccormick)이 구학파 사상을 가지고 있었다.[71]

맥코믹신학교 출신의 평양신학교 교수단에 포함된 사람은 마포삼열(S. A. Moffett)과 소안론(W. L. Swallen), 곽안련(C. A. Clark), 편하설(C. F. Bernheisel), 배위량(William M. Baird) 등이다. 초기 한국 장로교회를 위한 맥코믹 출신 선교사들은 평양 지역을 중심으로 한 목회 사역과 신학 교육, 그리고 개혁 신학의 기초를 놓았다. 평양에 교회가 세워지고 선교사가 늘어나면서 평양공의회가 조직되었다. 마포삼열이 그 공의회 회장이 되었다. 맥코믹신학교 출신 선교사들의 뛰어난 공헌 중에 제일 빛나는 일은 아마도 평양신학교의 설립일 것이다. 평양신학교를 통해 정통 신학 교육의 길을 열었고, 평양신학교를 운영하고 교수하고 건물의 건축에 이르기까지 맥코믹

---

[69] 대한예수교장로회 총회, 『대한예수교장로회 총회백년사』, 198-199.
[70] 나용화, "칼빈주의적 복음주의 신학과 한국 장로교회", 「신학지남」 통권268호 (2001년 가을호), 119.
[71] 이호우, "맥코믹 출신 선교사와 한국 장로교회 연구", 「개혁논총」 2권 (2005년), 90.

신학교 선교사들은 평양신학교와 밀접한 관계를 유지했다.[72]

특히, 마포삼열과 곽안련은 맥코믹 출신 교수들 중에서 가장 공로가 큰 사람들이었다. 마포삼열은 1901년부터 1934년까지 33년간을 평양신학교 교수로 봉직했고, 곽안련은 1908년부터 1939년까지 31년간 평양신학교 교수로 헌신했다.

맥코믹 출신 선교사들은 개혁주의 전통과 웨스트민스터 신앙고백에 충실한 사람들이었다. 마포삼열은 성경 전부가 하나님의 성령에 영감 된 말씀이며 신앙 행위의 유일무오한 법칙이라고 믿었고, 무오설과 축자영감설을 따르는 성경관을 피력했다.[73] 곽안련 선교사 또한 성경 원본 무오 사상을 강력하게 주장했던 분이다.[74]

이와 같은 점을 보았을 때 맥코믹신학교 출신 선교사들은 웨스트민스터 신앙고백서를 바탕으로 세워진 개혁주의 청교도 신학을 한국 장로교회와 평양신학교에 전수해 주었던 것 같다. 또한, 그들이 본국에서 공부했을 때의 맥코믹신학교 전통이 구학파 신학의 영향을 받았다. 이들 선교사들이 맥코믹신학교 재학 당시 1888년 신학교 교수진들은 보수주의 신학을 견지한 학자들이 대부분이었다. 그러나 다른 신학을 견지하는 교수들이 있었기 때문에 두 부류의 교수진이었다고 말할 수 있다.

진보적인 그룹에는 존슨(Herrick Johnson, 수사학과 목회신학), 스티븐슨(J. ross Stevenson, 교회사), 제노스(Andrew C. Zenos, 교회사), 로빈슨(George L. Robinson, 구약학)이 있었다. 보수적인 그룹으로는 스키너(Thomas H. Skinner, 조직신학), 그레이그(Willis G. Craig, 성경역사및 교회사), 말퀴스(David C. Marquis,

---

[72] 대한예수교장로회 총회, 『대한예수교장로회 총회백년사』, 236.
[73] 마포삼열(곽안련), "서문," 욥기-시편: 표준주석성경 (서울: 조선예수교장로회 총회종교교육부, 1937), N.
[74] 곽안련, "영감," 마가복음: 표준 성경 주석 (서울: 대한예수교장로회 총회종교교육부, 1958), 46.

신약문헌)로 나눴다.[75]

　이중 가장 진보적인 교수는 존슨이었는데 1903년 웨스트민스터 신앙고백 개정운동에 참여했고, 구학파(Old School)를 대항하는 인물로 1889년에 「프레스비터리언」(The Presbyterian)지에 실렸었다. 스티븐슨과 제노스 역시 비평신학을 견지한 인물들이다. 제노스는 신구약의 비평신학을 가르쳤고, 이사야의 문제를 독일 고등비평 관점에서 소개하였다.[76] 그러나 존슨은 1888년에 교수진에 포함되지 않았고, 스티븐슨은 1897부터 1902년까지 그리고 제노스는 1895년부터 교수했으므로 한국 선교 초기에 입국한 마포삼열과 소안론, 배위량 등은 영향을 직접적으로는 받지 않았다. 그러나 대부분의 교수는 구학파의 전통에 우뚝 서 있었다.[77]

　할세이는 자신의 저서 『살아있는 기독교인』(Living Christian)이란 책에서 성경적이며 실제적인 답을 기독교인들에게 주고자 했다. 스키너는 조직신학 교수이자 구학파 학자로서 그의 책 『노스웨스트신학교 강의에서 질문들』(Questions in Theological Course of the Seminary of the Northwest)에서 1102개의 문제를 핫지의 조직신학과 웨스트민스터 신앙고백의 기초 위에서 전부 다루고 있다.[78] 그레이그(Willis G. Craig)는 스키너의 뒤를 이어 조직신학을 가르쳤는데 모세오경의 저작권이 모세임을 주장했을 뿐만 아니라 웨스트민스터 신앙고백 개정에 있어서도 강하게 반대했던 학자이었다.[79]

　그레이그 교수는 <도시선교위원회>(The City Mission Committee of the Seminary)를 세웠는데 이 기관이 선교 활동을 장려한 직접적인 창구 역할을 하

75　Howoo Lee, *Charles Allen Clark(1878-1961): His Contribution to The Theological Formation of the Korean Presbyterian Church,* P 36.
76　Howoo Lee, *Charles Allen Clark(1878-1961),* 37-39.
77　이호우, 『초기 내한 선교사 곽안련의 신학과 사상』, 54-66.
78　Le Roy J. Halsey, *A History of the McCormick Theological Seminary of the Presbyterian Church* (Chicago: Pub. of by the Seminary, 1893), 474.
79　Howoo Lee, *Charles Allen Clark(1878-1961),* 39-40.

였다. 이러한 교수들에게 배운 선교사들은 한국에 와서 배운 대로 개혁 신학을 가르쳤고 성경을 위주로 한 교육으로 한국 장로교회와 평양신학교에 영향력을 끼칠 수 있었다. 나중에 프린스턴신학교 출신들이 평양신학교의 중심 인물들로 등장했을 때에도 평양신학교의 신학 사상은 계속 같은 신학을 공유한 선교사들로 인하여 그 맥락을 유지할 수 있었던 것이다.

2) 주요 맥코믹 출신의 선교사들

(1) 마포삼열(Samuel A. Moffett, 1864-1939)

마포삼열은 1864년 1월 25일, 미국 인디아나 매디슨에서 태어났다. 그의 부모는 스코틀랜드 장로교 배경을 가진 신실한 기독교 신자였다. 그는 15세에 하노버고등학교를 졸업하고, 곧바로 하노버대학교에 입학하여 화학을 전공한다. 1884년 20세 되던 해에 고향의 하노버대학교에서 이학사 학위를 받고 맥코믹신학교에 입학했다. 매코믹신학교에 입학하게 된 동기는 대학 시절 베어드(숭실학교 초대교장)의 형 존 베어드 교수의 영향을 받아 신학교에 입학하게 된다.[80]

그는 4년 후인 1888년에 신학교를 졸업하고 하노버대학교에서 문학사(M.A.) 학위를 받고 그해 뉴올버니노회에서 강도사 자격을 따고 안수를 받았다. 미주리 애플턴과 몬트르즈에서 약 1년의 준비기간을 거친 후 1889년 4월에 북장로교 선교부로부터 한국 선교사로 임명을 받고 다음 해 1890년 1월 25일 한국에 입국한다.[81] 그는 한국에 입국한 지 10년 만에 1898년 의료 선교사로 내한했던 엘리스 휘시와 그다음 해인 1899년 결혼했다.

---

[80] 조경현, 『초기 한국 장로교 신학 사상』, 103.
[81] 대한예수교장로회 총회, 『대한예수교장로회 총회백년사』, 178.

마포삼열은 1901년 설립된 평양신학교의 설립자이면서 초대 교장(1902-1924)이었던 분이다. 그는 학자이기보다는 선교사이었지만 평양신학교를 통하여 수백 명에 이르는 제자들을 길러내었다. 마포삼열이 한국에 온 지 얼마 되지 않은 1895년 청일전쟁이 일어났는데 특히 평양의 사정은 전쟁의 장소였기 때문에 말이 아니었다. 사람들은 외국인들을 극도로 경계했지만, 그러한 평양에서 각고의 수고와 헌신으로 사람들의 뇌리 속에 좋은 이미지를 심어준 선교사가 마포삼열이다.

전쟁 중 잠시 평양을 떠났었지만 다시 돌아와 평양을 중심으로 순회 전도하며 사경회를 통해 교인들을 모으고, 성경을 교인들에게 가르치기 시작하였다. 이때에 평양에 중앙교회가 조직되어 마포삼열이 담임하였다. 그뿐만 아니라 봉산군의 머동교회, 재령군의 신환포교회, 평원군의 자덕교회, 평원군의 한천교회 등 수많은 교회를 설립하였다. 그 이후에 평양이 한국 교회의 중심지가 되기 시작한다. 그의 선교에 대한 헌신과 열정은 평양을 선교의 중심지로 만들었다. 그는 1893년부터 1924년까지 장대현교회와 제5 장로교회를 맡았으며, 평양신학교 교장과 평양숭실대학 교장을 지냈다.

1901년 평양에 세워진 평양신학교는 마포삼열이 한국에 도착한 후 평양을 중심으로 순회 전도를 하면서 평양을 선교 거점으로 삼고, 신학교를 세워 교회 지도자를 양성해야 할 강력한 계획을 세웠다. 그래서 마포삼열은 평양공의회에 자신의 신학교 설립 계획서를 제출하였고, 미국 북장로교 총회 선교부의 허락을 받아 평양신학교가 설립된 것이다. 또한, 한국에 선교사를 파송한 미국 북장로교, 미국 남장로교, 호주 장로교, 캐나다 장로교 선교부와 협력하여 신학교를 성장시켜 나갔다.

마포삼열의 신학은 말씀 중심적이었고, 보수적이며 복음 중심적이었다. 그가 졸업한 맥코믹신학교가 보수적이었듯이 그도 보수주의자이었던 것이다. 결국은 그의 사상이 한국 장로교의 신앙과 신학의 형태를 특징지어 주었다고 말할 수 있다.⁸² 평양신학교는 우리나라 최초의 장로교 신학교였다. 마포삼열은 성경의 권위에 대한 확신과 신념이 확실한 선교사이었다. 평양신학교의 신학 교육 이념이나 『표준 성경 주석』 서문, 또는 「신학지남」에 나타난 그의 신학 사상은 매우 보수적이었다. 그는 『표준 성경 주석』 서문에서 "성경 전체는 영감 된 하나님의 말씀이며 신앙과 행위의 정확무오한 법칙"이라는 선명한 장로교 성경관을 가지고 있었다.⁸³

그는 "우리는 원저자들이 쓴 대로 모든 부분이 다 참되며, 모든 부분이 다 신께서 자기 인간에게 주고자 하신 대로 바라고 믿는다"는 분명한 입장이었다. 한국 장로교회는 마포삼열의 철저한 보수 신학에 근거하여 세워진 교회이었으며 신학교였다. 그는 평양신학교를 보수적인 학교로 유지하기 위해 교수들도 선별하여 세웠으며 성경신학과 조직신학 교수진은 프린스턴신학교나 맥코믹신학교 출신이 아니면 안 되었다. 그는 20년 이상을 평양신학교 교장으로 재직하면서 그와 같은 입장에서 신학 교육을 실시했고, 또한 그와 같은 신학적 입장을 한국 교회가 가지고 그것을 지켜가기를 원했다.

마포삼열은 한국에서의 모든 사역을 마치고, 1934년 1월 25일, 그의 나이 70세에 은퇴를 선언했다. 그리고 그는 1936년 10월에 다시 한국으로 돌아올 것을 약속하고 요양하기 위해 미국으로 떠나갔지만 1939년 10월 24일, 그의 나이 75세의 일기로 캘리포니아 몬로비아에서 소천하였다.⁸⁴

(2) 소안론(William L. Swallen, 1859-1954)

우리가 자주 부르는 찬송가 가운데 하나인 <하늘 가는 밝은 길이>를 비롯한 수많은 아름다운 찬송가를 작사했던 분이 바로 소안론 선교사이다.

---

82 박용규, 『한국 장로교 사상사』, 74.
83 대한예수교장로회 총회, 『대한예수교장로회 총회백년사』, 180.
84 조경현, 『초기 한국 장로교 신학 사상』, 106.

소안론의 아버지는 스위스에서 미국으로 이민 온 이민 1세대였다. 9남매 중 막내로 태어났으며 부모님은 오하이오주에서 농업에 종사하시는 분들이었다. 역시 그의 가정은 독실한 크리스천 가정이었고 그의 어머니는 소안론이 어릴 때부터 기도하는 법과 하나님을 사랑하는 법을 실천적으로 가르쳤다. 소안론은 1889년 울스터대학교를 졸업하고 맥코믹신학교에 입학했다. 1892년 소안론은 졸업과 함께 샐리 윌슨(Sallie Willison)과 결혼하였고, 그해 9월에 선교사로 한국에 입국하게 된다.

샐리 또한 농부의 딸로 태어나 10남매 가운데 9번째로 났다. 그녀는 어려운 환경 가운데서도 웨슬리안대학교를 졸업했다. 그들은 함께 교제할 때 선교에 관심이 있었다. 그들은 같이 하나님께 헌신하고 주님을 위해 땅 끝까지 복음을 전파할 생각이었다. 서로를 주님 안에서 격려하고 서로를 사랑했던 소안론 부부는 부부가 함께 선교사로 올 수 있었다. 소안론 선교사 부부는 한국에 1892년에 입국하였다. 한국에 도착하여서 서울과 다른 지역에서 사역을 하였고[85], 처음에 한국에 도착하여서는 한국어를 2년 가까이 공부했다.

소안론 부부는 순회 전도를 하기 시작했는데 그들의 순회 전도의 방법은 선교지를 확인하고 선교지에서 같은 믿음의 형제들과 교제를 하고 전도하면서 세례를 베풀었다. 그 가운데에는 이기풍, 김익두 같은 초기 한국 교회 지도자들도 있었다. 소안론 부부는 평양을 첫 번째로 방문하였다. 1894년 봄, 소안론은 선교부를 통해 기일 부부와 함께 함경도 원산 지역에 임명을 받았다. 소안론은 한국인들과 동화되는 방법으로 가까워졌고, 한국인들을 사랑했고 그러한 가운데 너무 무리해서 건강을 잃은 적도 많았다. 그와 같은 일이 있을 때마다 주님의 도우심과 사랑하는 아내의 지극 정성의 간호로 다시 건강해질 수 있었다. 소안론 부부는 한국에 온 지 거

---

[85] 대한예수교장로회 총회, 『대한예수교장로회 총회백년사』, 185.

의 10년 만인 1901년 평양으로 거점을 옮겼다.[86]

이때 선교지가 원산에서 평양으로 바뀌었고, 평양에서 소안론 부부는 어릴 때 부친에게서 배운 농사 기술들을 농사를 경작하면서 한국인들에게 알려주었다. 소안론은 평양 지역에서 40년 동안 60여 개의 교회를 개척하고 관리하였다.[87]

소안론은 한국에서 문서 선교와 신학교 사역, 그리고 방통강좌[88] 등 가르치는 사역에 집중했었던 것 같다. 신학교에서는 성경신학을 주로 가르쳤고 초기에는 실천신학도 담당했었다. 그가 집필한 책은 『구약사』, 『그리스도인의 삶』, 『우리 주의 삶』, 『복음의 조화』 등이 있었고, 번역서로는 토레이의 『성경이 가르치는 것이 무엇인가?』 등 다양한 번역서를 출간하였다. 특히, 그가 신학지남에 남긴 글은 <기술적 강도>, <종자와 우와의 복>, <성경통신과>, <성경공부를 향상할 것>, <선미하게 창조된 세계>, <선미하게 창조된 세계(속)>, <과학은 성경을 증명한다>이다. 그중에서 <성경통신과> 하나 중 일부의 작품을 알아보겠다.

雜著

성경통신과

반도강산에널녀잇논각쳐밋논형뎨주미들의게성경말숨을공부ᄒ기에뎨일됴흔긔회가되고젼국에셔슈고ᄒ시논각목ᄉ들의환영홀만흔됴흔긔관이되논성경통신과논반도신쟈의힝복이오졔위목ᄉ들의환영홀만흔됴흔긔관이되논성경통신과논반도신쟈의힝복이오졔위목ᄉ들이교인을셩경말숨으로교훈ᄒ논듸미우요긴흔긔관이라각목ᄉ들은니긔관을흔번사용ᄒ시기를ᄇᆞ르이다이통신과논모든졔직원들노셩경말숨을

---

[86] 대한예수교장로회 총회, 『대한예수교장로회 총회백년사』, 185.
[87] 조경현, 『초기 한국 장로교 신학 사상』, 114.
[88] 현재 총회 성경통신대학의 시초가 소안론이었다. 이때 소안론은 성경통신 강좌를 시작했다. 통신 강좌를 통해서는 성경신학(구약과 신약)을 가르쳤다.

더잘찌돗게홀수도잇고쥬일학교반쟝들노셩경리치를잘찌드라즈그직무를더잘감당
케홀수잇슴니다이통신과를공부ᄒᆞ는방법은뭇는말을주 어혼자디답ᄒᆞ게훈거신디
셩경에오묘훈리치를혼자연구ᄒᆞ야참리치를혼자찌돗는거신즉션싱압헤셔공부ᄒᆞ는
것보다비곱이나유익훈줄노아ᄂᆞ이다이통신과는신약젼셔를다쥰비ᄒᆞ엿고ᄎᆞᄎᆞ원ᄒᆞ
는대로구약젼셔를마련ᄒᆞ겟ᄂᆞ이다.[89]

그의 초기 사역은 선교사로서 전도하고 교회를 개척하는 일이 주였다면 그의 후기 사역은 가르치는 사역과 집필하는 사역이었다. 그의 가르치는 사역 중에 평양신학교 제1회 졸업생 가운데 이기풍 선교사가 있었는데 그가 전도했었고 가르치기까지 하였다. 이기풍은 믿음을 얻기 전 선교사인 마포삼열에게 돌을 던진 사람인데, 그러한 그가 제주도의 첫 선교사로 파송된 것이니 소안론 선교사가 큰 열매를 맺은 거나 다름없는 일이었다.

또한, 평양 주재 선교사로 있을 때 안악 출신 김익두를 만나 그를 교육시켜서 초기 한국의 대표적인 부흥사로 활약하게 하는 데 큰일을 했다. 그는 생의 절반인 40년을 한국에서 보냈고 그가 한 업적은 오늘날까지도 한국 교회사와 선교사에 남아있다. 소안론 선교사는 은퇴 후에도 성경 번역 작업에 참여하는 등 만 80세가 될 때까지도 한국의 선교지에 남아서 활동했다.[90]

(3) 이길함(Graham Lee, 1861-1916)

이길함 선교사는 한국 교회 대부흥운동의 역사에 가장 크게 기여한 선교사이다. 그가 한국에 와서 이룩한 업적은 놀라운 역사였다. 그는 평양신학교 교수로서 장대현교회 담임목사로서 1907년 평양대부흥의 지도자로

89　소안론, "성경통신과", 「신학지남」, 17권 5-1호 (1923년 1월), 164.
90　대한예수교장로회 총회, 『대한예수교장로회 총회백년사』, 185.

서 활약한 한국 선교 역사에서 가장 위대한 인물 중 한 사람이었다. 그는 1861년 6월 2일 일리노이주 록아일랜드에서 출생했다. 그의 가족으로는 아버지 마이로 리, 어머니 마가렛 콘클린 리의 6남매 가운데 한 명이었다. 그의 선조들은 유럽에서 미국으로 이민 온 초기 미국 정착자들 가운데 하나이었으며 미국에서 농장을 경영하였다.

그러나 이길함은 아버지의 바램인 사업가로서의 재능도 출중했으며 장사꾼으로서도 경험을 가졌었다. 누구나 주님에게 부르심을 받는 계기가 있듯이 이길함도 인생의 전환점을 맞이하였는데 그 일은 브로드웨이장로교회 말커스 목사를 만남으로 바뀌게 된다. 그 이후부터 그는 선교사로 부름을 받고 복음을 전파하는 일에 자신의 인생을 매진하게 된다. 이길함은 레이크포리스트대학과 1889년 뉴저지대학(프린스턴대학)에서 수학하고 코네티커 하트퍼드의 플럼하트퍼드신학교로 진학했다. 그는 1년을 그곳에서 수학한 후 시카고의 맥코믹으로 적을 옮겨 1892년 마지막 2년을 공부하고 1892년에 신학교를 졸업했다. 졸업하던 바로 그해 일리노이 록리버노회에서 안수를 받고 9월에 한국으로 입국하여 평양에 도착한다.

이길함은 서울에서 약 2년 동안 체류하다가 자신을 후원하는 교회에서 한 자매와 사귀게 되고 그녀와 함께 미국으로 귀국하여 1894년 1월 그녀와 결혼하고, 아내와 장모님과 함께 그해 5월에 다시 한국으로 입국하였다. 한국에 도착한 후 마포삼열과 함께 평양 거점 선교사로 발령을 받는다. 그는 교회를 개척하는 일에 항상 헌신했다. 그의 사역에 가장 잊을 수 없는 일을 뽑으라면 1907년 평양대부흥의 일을 뽑을 것이라 생각한다. 1906년 8월 말과 9월 초 평양 주재 선교사를 위한 사경회가 열렸을 때 강사 하디를 통해 놀라운 일과 성령의 일하심을 체험한 이길함은 자신이 담임하고 있던 평양 장대현교회로 돌아와서 요한일서를 본문으로 삼아 1주간의 재직 사경회를 열었다. 드디어 1907년 1월 2일부터 평양 장대현교회를 시작으로 부흥의 불길이 붙기 시작한 것이다.

이와 같은 역사를 통해 그는 그 당시의 평양을 동방의 예루살렘 같은 곳으로 만드는 데 헌신했고 또한 동방의 예루살렘을 만들었다. 1907년 평양대부흥은 1903년 원산 기도회로부터 시작됐다. 기도회가 더욱더 강력해짐으로 그 성령의 역사가 결국 1907년 1월 6일부터 시작된 평양 장대현교회 집회로 이어졌고, 이 운동은 평양을 중심으로 서울, 광주, 대구 등 전국적으로 확대되기 시작했다. 회개를 통한 성령의 임재를 경험한 성도들은 한국 기독교를 이끌어 갈 수 있는 인재들이 되어가고 있었다. 그와 같은 역사로 인하여 그해 9월에 독노회가 설립되었고, 평양신학교 출신의 7명이 한국인 최초로 목사 안수를 받았다. 이러한 역사의 중심에 이길함이 있었던 것이다. 한국 교회의 초기 지도자들이었던 길선주, 김선도, 이택명에게 세례를 베풀었던 선교사도 이길함이었다.

몸을 돌보지 않고 주님의 일에 헌신을 한 이길함은 1912년 병을 얻었고 결국 선교사직을 사임하고 미국으로 돌아가 요양을 하였다. 잠시 건강을 회복하는 듯하여서 1913부터 1915년까지 캘리포니아 콘코드에서 목회 활동을 하였으나 결국 1916년 12월 2일 캘리포니아 길로이에서 향년 55세의 일기로 하나님의 품으로 돌아갔다. 마포삼열은 그의 장례식에서 "한국 교회는 가장 위대한 선교사를 잃었다"고 말했고, 미국 북장로교 선교부는 "그의 선교 20년의 사역에 헌신한 것만큼 어디서도 그 같은 사역자를 얻을 수 없다"고 말했다.[91]

그는 한국을 사랑했고 한국인들을 사랑했던 선교사였다. 그의 장례식장에는 그를 애도하기 위하여 수많은 믿음의 형제들이 참석했고, 그의 천국 가는 길을 배웅했다. 1903년 원산부흥운동, 1907년 평양대부흥운동, 1909년 백만인구령운동에 이르기까지 한국 교회 대부흥의 역사를 현장에서 함께 한 그 부흥의 도구로 쓰인 하나님의 종 이길함은 그의 아름다운 생애를

---

[91] 조경현, 『초기 한국 장로교 신학 사상』, 118-119.

맞이하였다.⁹²

(4) 곽안련(Charles Allen Clark, 1878-1961)

곽안련 선교사는 한국 장로교회에 가장 중요한 인물 중에 한 분이시고 한국 장로교회에 기초를 놓으신 매우 훌륭한 선교사님이시다. 그는 신학자로서 집필가로서 때로는 감동 깊은 설교가로서 한국 교회에 영향을 미치셨던 분이다. 초기 한국 교회의 성장과 발전 과정에서 목회와 신학이라는 명제에 기본적 토대를 만드셨던 분이시고, 신학의 장소가 되는 교회 현장에 함께함으로써 한국 장로교회의 신학을 교회를 위한 신학으로 발전시킨 분이시다.

곽안련은 1878년 5월 14일 미네소타주 스프링 벨리라는 작은 시골 마을에서 태어났다. 그의 부계(父系) 선조들은 1700년대 말 뉴잉글랜드에 정착했고, 그의 모계(母系) 선조들은 1600년대 초 메이플라워호의 제2차 항해를 통해 역시 뉴잉글랜드에 정착했던 분들이다.⁹³ 그는 그들의 영향으로 청교도적 혈통을 가지고 있었다. 곽안련의 아버지는 윌리엄 클락(William Clark, 1850-1921)이었으며 건축업자였고, 그의 어머니는 릴리아 알렌(Lillian C. Allen, 1848-1888)이다. 그는 1876년 2월 28일에 태어난 일생의 동반자인 아내 마벨 크레프트(Mabel Northrup Craft)를 만나서 1902년 6월 17일 뉴욕 브룩클린에서 결혼한다. 결혼한 지 2개월 후 곽안련은 아내와 함께 선교지 한국으로 떠난다.

곽안련은 어린 시절 독립성과 근면성이 강했고 공부에도 재능이 뛰어났다. 곽안련은 어린 시절 미네아폴리스에 있는 올리버장로교회에 출석하였는데 이 교회 내에 있는 면려회(Christian Endeavor Society) 해외선교부 활동

---

92 대한예수교장로회 총회, 『대한예수교장로회 총회백년사』, 184.
93 Allen D. Clark, ed., *All Our Family in the House* (Minneapolis, MN: Privately typewritten, 1975), 1-3.

에 적극적으로 참여하였는데 이 모임을 통하여 성경 공부와 기도 모임을 했고, 경건 훈련도 하였다. 이때부터 전도와 선교운동에 적극적인 관심을 가졌던 것 같다.[94] 곽안련은 미네아폴리스에 있는 센트럴고등학교를 우등생으로 졸업한 후 1895년 미네소타대학교(University of Minnesota)에 입학하였다. 이 대학에서 2년간의 수업을 마친 후 미네소타주 세인트폴에 위치한 맥칼레스터대학교에 3학년으로 편입하였다. 그 후 2년간의 수업을 마치고 맥칼레스터대학을 졸업한다. 주목할 점은 이 대학교의 신앙적인 분위기는 대단하여 1853년부터 1909년까지 졸업한 203명의 졸업생들 중에서 128명의 학생이 목회 사역에 헌신하였다는 것이다.

그는 신학교를 졸업하기도 전에 1901년 11월에 선교사로 임명을 받았다. 그가 한국에 선교사로 가기로 결심한 것은 신학교 졸업반 때였다. 그의 회고록인 「60년의 나의 회고록」에 의하면 맥코믹신학교 졸업반 44명 중에서 해외 선교를 자원한 사람이 18명이었는데 그들 모두가 한국을 지원했다는 것이다. 곽안련 선교사는 당시의 상황을 이렇게 말했다.

> 신학교를 졸업하기 4개월 전에 나는 모든 것을 버리고 항복하였다. 사랑하는 주님, 주님이 가시라면 어디든지 가오리이다. 교단의 해외선교부는 나에게 신청서를 보내왔다. 독자들이 믿지 않을지는 모르겠지만 당시 우리는 이렇게 말을 해야 했다.
> 부디 청하건대 나도 선교사가 될 수 있을까?
> 그런데 나는 이를 피하기 위해 무진 애를 써왔던 것이다. 해외선교부는 나에게 이 신청서에 어느 선교지로 가고 싶은지 물었다. 나는 차례로 한국 (한 친구가 그곳에 다녀온 적이 있는데 밤낮으로 그곳에 대해 이야기해 주었다), 중국, 일

---

[94] Maurice D. Edwards, *History of the Synod of Minnesota, Presbyterian Church U. S. A.* (n.p : Synod of Minnesota, PCUSA, 1927), 240-241.

본이라고 썼다. 그러나 공란에 또 하나의 질문이 있었다.

선교부가 이러한 곳들 중 어느 곳에라도 보낼 수 있다면 그대는 선교부가 보내는 세계 어느 곳에라도 기꺼이 가겠는가?

오, 여기에 서명하기를 얼마나 싫어했던가. 나는 두 주간을 기도한 후 마침내 서명할 수 있었다. 나는 오늘날도 거기에 서명할 수 있게 해주신 주님께 감사를 드리고 싶다. 누리반의 급우 44명 가운데 18명이 해외 선교지에 나가겠다고 자원하였다. 그 당시 한국은 하찮은 존재였고 그 나라가 어디에 있는지를 아는 사람도 없었지만 모든 사람이 한국을 원하였다. 18명이 모두 한국에 가기를 자원하였지만 나의 단짝인 커언스만이 나와 그곳으로 갔다. 커언스는 얼마 전에 소천했다.[95]

이것은 한국과 우리들을 향한 하나님의 놀라운 은혜가 아닐 수 없다. 1902년 신학교를 졸업한 그는 미니애폴리스노회에서 안수를 받고 1902년 8월에 선교지 한국으로 출발해서 1902년 9월 22일 드디어 미지의 땅 한국에 첫발을 내딛었다. 18대 2라는 엄청난 경쟁률을 뚫고 왔던 한국 선교의 길은 순탄치 않았다. 한국에 온 지 1년도 안 되어서 사랑하는 첫째 아들, 둘째 아들을 잃었다. 그러나 그는 전쟁에 나간 장수가 오직 국가를 위한 것만을 생각하듯이, 하나님의 사역에 모든 것을 다 받쳤다. 그는 슬픔 가운데에서도 이렇게 말했다.

"선교사가 되면 때론 이런 대가를 치러야 한다."

두 아이를 잃은 슬픔보다는 자신을 통해 하나님께서 하실 원대한 일을 바라볼 수 있는 믿음의 눈을 가진 것이다.[96]

---

[95] 대한예수교장로회 총회, 『대한예수교장로회 총회백년사』, 189-190.
[96] 대한예수교장로회 총회, 『대한예수교장로회 총회백년사』, 191.

1902년 9월 22일에 한국에 도착한 이후 40년간의 한국 사역 가운데 20년은 서울에서, 20년은 평양에서 활동적으로 사역을 하였다. 이때는 이미 마포삼열은 평양신학교를 설립하여 운영하고 있었고, 정치적으로는 청일 전쟁이 일어날 상황이었다. 이때 곽안련은 선배 무어 선교사가 1893년 6월에 설립했던 승동교회에 1905년 8월에 부임하였다. 이 당시 큰 사건이 하나 일어났었는데 그 사건은 백정 사건이었다. 백정들에게 갓을 씌우고, 양반들과 함께 예배할 수 없다는 이유로 분열된 사건이었다. 아무튼 승동교회는 곽안련 목사가 시무하면서 부흥되기 시작했다. 선교부는 그에게 계속 지역을 확장하기를 원했고 양주와 양평, 강원도 강릉까지 선교지를 개척하기를 희망했다.

그 결과 그의 목회 20년간 약 150개 교회를 설립했으며, 많은 교회를 건축하는 방법을 알고 있어서 많은 도움을 주었다. 하나님께서는 선교사들의 어린 시절 경험과 훈련을 다 선교지에서 쓸 수 있도록 준비하신 것이다. 그 당시 한국의 건축 기술은 서양식 건물을 짓는 것이 어려웠다. 곽안련은 1922년 평양신학교 교수의 부름을 받고 시무하였던 승동교회를 떠나게 된다. 그는 한국말로 설교할 수 있었다고 한다.

곽안련 선교사는 한국에서 사역하는 동안 많은 책을 저술하였다. 특별히 표준 성경을 비롯하여 성경주석, 평양신학교 교재,「신학지남」에 남긴 주옥같은 여러 편의 논문들이 있다. 그중에 하나를 소개 한다.

青年의 最高理想(說敎)
요八〇二十九下半
引導 예수 - 말삼하시기를「내가 항상 하나님을 기쁘시게한다」하셨으니 사람치고는 이런 말을 할 사람이 없을 것입니다. 人生이 아모리 自矜心이 많다 해도 그 良心이 自己를 罪人으로 認證하는데야 어찌합니까 儒家에서도 말하기를 人誰無過리요 하였습니다. 그러나 예수님은 가장 自然한 態度로「내

> 가 항상 하나님의 뜻대로 행한다」하셨습니다. 人生으로는 그러한 말삼을 敢하못한다 할지라도 靑年마다 그標準을 自己의 理想으로 삼고 거기에 到達하도록 努力할 것입니다.
> 一, 예수께서 이 理想을 어떻게 完成하셨나뇨 하는대對 하여 三方面으로 생각할 수 있습니다. (一) 自己의 私生活中에서 – 예수는 神格을 가지신同時에 人格을 가지셨는데 人格的으로 네 가지 生活을 하셨습니다.....⁹⁷

곽안련의 신학은 구학파(Old School)의 신학을 전형적으로 반영하고 있다. 그는 "웨스트민스터 표준 문서와 장로교 정치 형태를 받아들이는 역사적 칼빈주의 배경의 장로교인들은 옛적부터 성경을 아무런 의심 없이 하나님의 말씀 그 자체로 받아들여 왔다"는 장로교 선교사 허버트 블레어가 주장하는 주장에 공감하고 있는 선교사였다.⁹⁸

성경의 영감에 관한 곽안련 선교사의 생각은 그의 논고인 "영감"에서 잘 나타나 있다. 이 글은 그의 주석 『마가복음: 표준 성경 주석』의 서론적 단락 가운데에 수록되어있다. 이와 같은 성향은 유명한 구학파(Old School)의 장로교 신학자인 프린스턴의 아치볼드 핫지(Archibald A. Hodge, 1823-1886)와 같은 사상을 가지고 있다고 할 수 있다.

곽안련은 구프린스턴이 강조하였던 성경의 영감 교리를 강조하였던 선교사이다. 성경의 완전 영감과 성경의 완전 무오를 철저히 변호하며 지켰던 선교사였다. 현대주의자들이 말했던 "성경 기자들의 영감을 종교적 교훈과 도덕적 진리에만 국한하고 역사의 외부적 사실이나 과학의 견해에는 오류가 있다"는 말들을 일축했다. 성경은 다른 책들과는 달리 오류가 없는 책이라는 사상을 견지했다.

---

[97] 곽안련, "청년의 최고이상(설교)",「신학지남」77권 16-5호 (1934년 9월), 198.
[98] Herbert E. Blair, "*Fifty Years of Development of the Korean Church*", in the Fifty Anniversary Celebration of the Korean Mission, 1934, 120.

곽안련 선교사는 한국에서의 약 40년의 모든 사역을 마치고 1941년 7월 일본 강점기 때 일본인들의 선교사 강제 출국 명령에 의해 한국 땅을 떠났다. 그는 그 후 한국 땅을 다시 돌아보지 못하였고 1961년 5월 26일 86세의 일기로 오클라호마주 머스코기라는 작은 마을에서 소천했다.

(5) 윌리엄 베어드(William Martyn Baird, 1862-1931))

윌리엄 베어드는 1862년 미국의 인디애나주 스코틀랜드-아일랜드계의 장로교 가정에서 태어났다. 처음에는 선조들이 동부의 캐롤라이나에 정착하였으나 나중에는 남부 인디아나로 이주하였고 그곳에서 정착했다. 남부 인디아나 찰스톤에서 배위량은 1862년 6월 16일에 태어났다. 아버지는 방직 기술자였고, 교회에서는 장로였다. 하노버대학을 1885년에 졸업했고, 시카고의 맥코믹신학교를 지원하여 신학 공부를 마친 후 1888년 마포삼열, 기포드 등과 함께 졸업했다.

그가 신학교를 다니던 시절에는 시카고가 부흥운동의 중심이었고, 진원지였다. 당시의 가장 유명한 부흥운동가는 무디였다. 이 부흥운동의 열기에 윌리엄 베어드도 빠져들었으며, 부흥을 경험했고 기도회에 참석하였으며, 선교에 대한 비전도 가질 수 있었다.

그는 1891년 미국 북장로교회의 초기 내한 선교사로 입국했다. 40년간을 한국 선교를 위해 헌신하다 1931년 평양에서 생을 마감했다. 그는 부산선교지부와 대구선교지부를 개척했고, 전국을 순회하면서 선교와 교육에 헌신했다. 특히, 교육 선교 사업에 눈을 떠서 1897년 숭실학당의 전신인 평양학당을 세워 한국의 근대 교육에 한 장을 장식했으며, 1906년에는 한국 최초의 대학인 숭실대학을 설립하였다. 1906년부터 1916년까지 평양 숭실대학에서 교장직을 수행하였다. 문서 선교에도 앞장서서 성서 번

역과 기독교 교리서, 신앙 서적들을 출간하였다.[99]

　베어드는 초기에 내한한 다른 선교사들인 연희전문을 세운 언더우드나 평양신학교를 세운 마포삼열과 YMCA를 설립한 게일 선교사보다 그가 조선선교부 내에서의 그의 역할과 교육 사역에 비해 상대적으로 덜 알려졌다.

　베어드는 어린 시절 부모님으로부터 엄격한 개혁교회 전통의 신앙으로 양육 받았으며, 아버지인 존 마틴 베어드가 장로로 있는 찰스 타운의 장로교회에 다녔다. 베어드는 맥코믹신학교를 졸업하고 그해 5월에 뉴알바니 노회(the Albany Presbytery)에서 목사 안수를 받았다. 그는 선교사로 바로 나가지 못하고 1890년 콜로라도 델 노르트에 있는 작은 교회의 목회자로서 사역하고 있었다. 그 이유는 경제적인 이유였으며, 나중에 한국 최초의 선교사였던 언더우드(Horace Grant. Underwood, 1959-1916)의 형인 존 언더우드가 한국에 선교사로 가면 경제적인 지원을 할 것을 제안해서 응하게 된다. 이 소식을 들은 마포삼열은 미국 북장로교의 선교본부와 베어드에게 편지를 써서 결국 북장로교 선교본부는 베어드를 1890년 여름에 한국 선교사로 명령했다.[100]

　베어드의 초기의 선교 사역은 1891년에서 1896년에 걸쳐서 부산과 대구지부의 설립과 복음 전도에 앞장섰다. 베어드의 중기 선교 사역은 1897에서 1915년 동안 평양의 숭실학당과 숭실대학의 교육 사업에 온 힘을 기울였다. 베어드는 숭실학당의 교육 언어를 조선어로 정하기도 하고, 미국의 중등 교육 교과서를 조선의 실상에 맞게 번역, 편찬하여 출판하기도 했다.[101] 베어드의 후기 선교 사역은 기독교 문서 간행과 성경 번역이었다.

---

[99]　김명배, "윌리엄 베어드의 삶과 사역에 나타난 신학과 사상에 관한 연구",「한국개혁신학」 39 (2013). 57.
[100]　김명배, "윌리엄 베어드의 삶과 사역에 나타난 신학과 사상에 관한 연구", 60.
[101]　김명배, "윌리엄 베어드의 삶과 사역에 나타난 신학과 사상에 관한 연구", 65.

베어드는 「신학지남」의 편집인으로도 활동하였다. 베어드는 1911년부터 성경번역위원회 구약 개역자 회의 개역위원으로 참여하여 구약성경을 번역하기도 했다. 1920년에는 성서공회 성서출판위원으로 성경 번역에 중요한 공헌을 하였다.[102]

그의 신학은 17세기의 스코틀랜드장로교회의 신학과 맥코믹신학교의 구학파(Old School) 전통의 신학이 흐르고 있었고, 영국 잉글랜드의 청교도 신앙을 계승한 신학이기도 했다. 「신학지남」에 나타난 베어드의 저술과 번역에서 알 수 있는 것은, 구학파(Old School) 전통을 잘 따르고 있는 저술과 번역이라는 것이다. 『그리스도의 대속적 죽음』, 『부활, 이신칭의』, 『그리스도의 재림』, 『성경의 권위와 무오성』과 같은 저술은 기독교의 가장 핵심 교리들이다.[103] 곧 구학파(Old School)의 전통을 계승하고 있다고 볼 수 있다.

4. 미국 북장로교 신학교인 프린스턴신학교와 신학자 및 주요 선교사들

1) 프린스턴신학교

왜 한국 장로교회와 평양신학교에 프린스턴신학교가 중요한가?

프린스턴은 19세기 미국 보수주의 신학을 대변하는 역할을 한 신학교였고 사도들의 정통 성경 신학을 변증한 교수들과 신학 사상을 가지고 있었던 신학교였기 때문이다. 프린스턴대학교와 신학대학원의 기원은 1735

---

102 김명배, "윌리엄 베어드의 삶과 사역에 나타난 신학과 사상에 관한 연구", 69.
103 김명배, "윌리엄 베어드의 삶과 사역에 나타난 신학과 사상에 관한 연구", 73.

년으로 거슬러 올라간다. 그해에 윌리엄 테넌트(1673-1746)라는, 유명한 장로교회 목사이자 부흥운동기의 설교자가 자신의 세 아들들을 설교자로 기르기 위해서 통나무학교를 세우고 가르치기 시작하면서부터 시작이 된 것이다.[104] 김재성은 설립 배경과 신학적 특성을 다음과 같이 간추려 제시한다.

> '프린스턴 신학'은 미국 뉴저지주 프린스턴대학교에서 걸출한 신학교수들에 의해서 꽃이 핀 '19세기 칼빈주의'를 일컫는 말이다. 조나단 에드워즈가 학장으로 잠시 재직했다는 것은 프린스턴 신학의 방향이 결정지어져 있음을 의미하는 것이기도 하다. 그의 영향을 반영하듯, 그의 사후에 변화무쌍한 새 이론들이 만개한 뉴잉글랜드 신학계에서 프린스턴은 구학파(Old school)를 대표하는 신학의 보루로서 크나큰 영향력을 발휘하였다. 프린스턴을 형성하는 대표적인 칼빈주의자들은 18세기 대륙에서 각종 인권 혁명이 일어나고 순수한 기독교가 배척을 당하던 시대부터 20세기 초엽 제1차 세계대전이 번지는 시대에 이르기까지 미국 땅에 새로운 기독교 신앙을 세우고 교회 중심의 문화를 형성하는 데 큰 기여를 했다. 1812년에서 1921년까지, 즉 아치볼드 알렉산더부터 워필드와 메이첸 박사에 이르기까지의 신학 사상을 구프린스턴 신학(Old Princeton Theology)이라고 부르는 것이다. 한국 교회의 초석을 놓은 박형룡 박사와 박윤선 박사가 수용한 이 신학의 전통과 공헌과 평가를 통해 오늘의 복음적인 신학이 배워야 할 교훈을 찾아야 할 것이다.[105]

1812년 뉴저지에 프린스턴신학교가 설립되고 1929년 신학교가 교과 과정을 개편할 때까지[106] 프린스턴신학교는 미국 장로교 신학을 대표하고,

---

[104] 김재성, "프린스턴 신학의 유산과 과제", 「신학정론」 21권 2호 (2003), 464.
[105] 김재성, "프린스턴 신학의 유산과 과제", 463-464.
[106] David F. Wells, 『프린스턴 신학』, 박용규 옮김 (서울: 엠마오, 1992), 3.

청교도 개혁 신학을 대표하며 보수주의 신학을 대표하는 신학교였다. 또한, 한국 최초의 신학교인 평양신학교의 신학 사상에 영향을 주었으며 평양신학교의 교수들을 배출한 훌륭하면서도 한국 장로교회에게는 감사하고 은혜로운 신학교이다.

프린스턴신학교는 같은 북장로교 선교부 소속이었던 맥코믹신학교보다 명성 면에서는 더 유명했다. 그러나 초기 한국에 입국한 선교사의 숫자는 맥코믹신학교가 더 우위에 있다. 1911년부터 프린스턴신학교 출신 어도만(Water C. Erdman)이 구약 주해를 평양장로회신학교에서 가르치기 시작하였다.[107] 1925년 라부열이 제2대 평양신학교 교장으로 부임할 때까지는 맥코믹신학교 일색이었다.[108]

프린스턴신학교는 1809년 필라델피아노회의 장로교회를 위한 신학교 설립 제안으로 세워진 신학교이다. 프린스턴대학교는 1740년경 신파 부흥운동가들의 노력으로 설립된 학교이다. 그러나 대학은 충분한 목회자들을 양산하지 못했고 학생들은 소요의 온상이었으며 대학 교과 과정은 과학을 지나치게 중요시 해 성경을 무시하는 단계에 이르게 되었다. 그 당시의 대학총장이었던 사무엘 스탠호프 스미드(Samuel Stanhope Smith)가 총회에 보낸 서한에는 프린스턴대학교에서 신학 교육을 실시하는 것이 어렵다고 했다.[109] 이와 같은 상황에서 프린스턴신학교가 등장하게 되는 것이다. 프린스턴 요람은 이 학교의 설립 목적을 정규신학 교육을 받은 목회자의 양성에 있다. 또한, 12조항에서는 온 세상을 향한 선교사를 양성하는 목적에 대해서도 나와 있다.[110]

---

[107] 조경현, 『초기 한국 장로교 신학 사상』, 70.
[108] 박용규, 『한국 장로교 사상사』(서울: 총신대출판사, 1992), 92.
[109] 홍치모, 『영미 장로교회사』(서울: 개혁주의신행협회, 1998), 154-155.
[110] *Catalogue of Theological Seminary of the Prebyterian Church*, Princeton (N. J. Ninetieth Year, 1901-1902), 25-26.

미국에 있어서 근대적 형태의 신학교가 나타나기 시작한 것은 19세기 초엽부터인데, 청교도 정신으로 돌아가고자 하면서 겪었던 제1차 영적 대각성의 체험을 통해 늘어나는 교회와 기독교 신자들을 위하여 목회자의 필요성이 대두되게 되었고, 또한 신앙과 신학을 지키기 위해서 신학교가 필요했을 때였다. 프린스턴대학교 이사였던 밀러(Miller)와 그린(Green)의 서신 교환은 그때의 상황들을 알려주는 일이었다. 그 서신 후 그린은 장로교총회에 1805년 5월에 하나의 제안을 하는데 그린의 호소로 인하여 총회는 목사의 증원 방법에 대해서 검토하였다. 또한, 그 당시 프린스턴대학교의 총장이었던 사무엘 스탠호프 스미드(Samuel Stanhope Smith)로부터 목회자 양성이 필요함을 전달받게 된다. 그러나 신학교 설립은 여러 여건이 충족되지 않아서 쉽게 설립되지 않았다.

  1808년 신학교 설립을 가능하게 하는 중요한 사건이 일어났는데 아치볼드 알렉산더(Archibald Alexander)의 총회 개회 설교를 통한 일이었다. 알렉산더는 이 설교에서 기존의 대학들이 청년들에게 성경을 연구하거나 공부하는 데 충분한 요건을 충족시키지 못함을 역설했다. 1809년 필라델피아노회는 애시벨 그린(Ashbel Green)의 주도하에 총회에 신학교 설립을 청원하였다.[111] 총회는 애쉬벨 그린에게 신학교 설립의 기초 계획을 맡겼고 그린은 계획서를 제출하였다. 여기에서 교수들과 학생들의 조건에 대해서 나온다.

> 프린스턴신학교 교수는 신앙고백과 미국 장로교 교리문답을 엄숙하게 받아들이는 자이어야만 했고, 성경을 탐구하는 과정에서 제기되는 여러 가지 난제들에 대해서 명쾌한 답변을 제시할 수 있는 능력을 갖추지 않으면 안 되었

---

111 *Miller To Green , January 16, 1810*; Miller, Life, 280-283. 홍치모, 『영미 장로교회사』, 143에서 재인용.

으며, 역사와 이성과 논증에서 제기되는 반론과 명백한 모순을 간파할 수 있는 실력을 갖추어야만 했다. 학생들에게는 신앙의 수호를 위해서 유신 논쟁(Deistical Controversy)의 중요한 주장들을 잘 알고 있지 않으면 안 되었다. 학습의 연한은 3년으로 규정되었고 학생들에게는 경건한 인격 형성을 요구하였으며, 학교의 직원과 법규에 순응할 것을 요구하였다.[112]

1812년 연례 총회는 프린스턴대학교 내에 신학교를 설립할 것을 결정했다. 애시벨 그린은 총장이 되었고, 그해 8월 12일, 프린스턴의 장로교회에서 아치볼드 알렉산더의 교수 취임과 함께 신학교가 개교를 하게 된다. 사무엘 밀러는 그날 설교에서 신실한 목회자란 경건, 재능, 학식, 성실성을 갖춘 자로 규정했다. 알렉산더는 취임 연설에서 요한복음 5장 39절을 주제로 연설했는데 성경 연구의 두 가지 중요함에 대해서 말했다. "성경이 하나님의 진리를 내포하고 있음을 확신하는 것이요, 이 진리들의 내용이 무엇인가를 확인하는 것이다"라고 말하였다.[113]

프린스턴신학교의 설립은 미국 장로교회사에 지대한 영향을 끼쳤다. 이 신학교는 많은 설립에 기초한 사람들의 소망을 충족시켰고 많은 목회자를 배출하였다. 상당수 장로교인들이 생각했던 개혁 교리의 보존 학교가 되었고 미국의 보수 신학을 대변하는 신학교이며 이단적인 현대 사상을 방어하는 역할을 충실하게 수행하는 신학교가 된 것이다.

뉴저지의 프린스턴신학교는 1812년 알렉산더(Archibald Alexander)를 변증학 및 험증학 교수로 임명하므로 세워졌다.[114] 1812년 뉴저지 프린스턴에 프린스턴신학교가 설립되고부터 1929년 신학교가 개편될 때까지 프린

---

112 홍치모, 『영미 장로교회사』 (서울: 개혁주의신행협회, 1998), 144-145.
113 홍치모, 『영미 장로교회사』, 146-147.
114 *Catalogue of Theological Seminary of the Prebyterian Church, Princeton* (N. J. Ninetieth Year, 1901-1902), 25-26.

스턴의 신학 형성에 공헌한 많은 인물 중에서 가장 중요한 세 명의 신학자는 초대 교수 아치볼드 알렉산더(Archibald Alexander)와 그의 제자 찰스 핫지(Charles Hodge) 그리고 핫지 밑에서 신학 교육을 받은 벤자민 워필드(Benjamin Breckinridge Warfield) 등이다.[115]

마크 놀(Mark Noll)은 알렉산더를 개혁파 신학에 입각한 고백주의와 보편주의 철학에 입각한 성경관으로 성경의 영감과 권위를 존중하였다고 평가하였고, 핫지는 도전하는 현대주의 신학에 대항하는 변증 신학이었고, 워필드는 당시 고등비평신학에 정면으로 방어하는 논증 신학을 전개했다고 평가했다.[116] 그리고 평양신학교 교수이며 프린스턴신학교 출신이었던 선교사들에게 지대한 영향을 미친 프린스턴신학교 교과 과정을 개편한 후 학교를 떠나간 프린스턴 신학의 마지막 보루였던 신약학 교수 메이첸(J. Gresham Machen, 1881-1937)이 있다.

2) 주요 프린스턴 신학자들

(1) 아치볼드 알렉산더(Archibald Alexander, 1772-1851)

프린스턴신학교 설립 당시의 최초의 교수였던 아치볼드 알렉산더는 79세로 생을 마감하기까지 평생 동안 제자들을 육성했다.[117] 알렉산더는 버지니아 출신이며 교수가 되기 이전에 부흥사로서 유명했던 목사였다. 그래서 설교 때마다 열정적인 신앙의 모습을 보여 주었다. 학자로서 공부만 한 것이 아니라 목사로서 주님의 제자로서 헌신하는 삶을 살았다. 알렉산더는 윌리엄 그래함(William Graham)에게서 자신의 신앙적인 체험을 과신

115　David F. Wells, 『프린스턴 신학』, 32.
116　David F. Wells, 『프린스턴 신학』, 32.
117　김재성, "프린스턴 신학의 유산과 과제", 467.

하지 않도록 배웠으며 실천적 생활의 가르침도 받았다.[118] 또한, 조나단 에드워즈의 책을 많이 읽었으며 17세기 정통 개혁 신학자이며 청교도 신학자들에 대해서도 공부 하였다. 그래서 학문적인 면과 실제적인 복음 사역에도 힘을 쏟는 전통을 프린스턴에 남기게 되었다.

알렉산더가 프린스턴신학교 교수로 부임하기 위해서 자신이 시무해오던 필라델피아의 판스트리트장로교회에서 고별설교를 했는데 설교의 본문은 사도행전 20장 26, 27절이었다. 이 본문은 하나님의 온전한 뜻을 전달하는 데 실패하지 않았다는 사도 바울의 주장의 일부이다. 알렉산더는 말하였다.

"저는 항상 두 가지 일을 삶의 목표로 삼고 있습니다. 하나는 지식을 전달하는 것이요 또 다른 하나는 마음을 감화시키는 일입니다."

이 말은 그의 삶의 목표를 요약한 것으로서 선교사, 목사, 신학교 교수를 두루 역임했던 그의 경력에 나타나 있었다. 그는 39년 동안 프린스턴신학교 교수로 재직하였다.[119] 그는 신학교가 건실한 신학 교육뿐만 아니라 생명력 있는 경건의 도장이 되어야 한다고 말하였다. 알렉산더는 프린스턴에서 하나의 전통을 세우기 시작하였는데 이것이 프린스턴의 경건이다.[120] 알렉산더는 프린스턴신학교의 삶 전체에 학문적 업적과 열렬한 경건의 자국을 새겨 놓았다. 알렉산더가 주장한 학문과 경건은 프린스턴신학교의 방향을 결정짓는 일이었다.

알렉산더가 정립한 프린스턴의 신학은 성경에 대한 철저함이요, 종교적 체험의 강조요, 미국 문화의 경험과 장로교회 신앙고백서에 대한 존중이었다. 또한, 그 바탕은 스코틀랜드 상식 철학이었다.[121] 알렉산더 교수

118　김재성, "프린스턴 신학의 유산과 과제", 468.
119　W. Andrew. Hoffecker, 『프린스턴 신학』 (서울: 한국로고스, 1991), 15.
120　W. Andrew. Hoffecker, 『프린스턴 신학』, 16.
121　김재성, "프린스턴 신학의 유산과 과제", 468.

는 신학 잡지(the Biblical Repertory and Princeton Review)를 창간했으며 성경과 변증학에 관련된 뛰어난 저술을 남겼다. 이런 학문을 험증학(Evidentialism or Evidences)이라고 부른다. 하나님에 대한 증거들을 과학적으로 또는 자연 속에서 하나님의 섭리로 제시함으로써 하나님에 대한 논증을 하고자 노력했다.

> 바른 이성이 우리를 지배하고 있는 한, 우리가 어떻게 이 우주의 구조에 대한 논증을 거부할 수 있는가?
> 그것은 하나의 유익한 목적을 위해서 형성된 것임이 명백하다. 즉, 우주의 고안자의 증거들은 너무도 많고, 너무나 두드러지며, 무한하며, 그 어떤 사람의 작품보다도 더 현명하고 더 강력한 설계가 들어 있다 …만일 우리가 이런 증거들을 거부한다면, 그들의 의심을 제거해 주는 의도로 어떤 근거들을 제시하더라도 답변이 되지 못할 것이다.[122]

알렉산더는 성경을 중요시 여겼고 성경을 항상 기초로 했다. 하나님에 대한 믿음과 증거들을 성경에 입각하여 제시하고자 하였다. 알렉산더의 험증학은 윌리엄 팔리의 『자연신학』에서 사용된 '의도로부터의 논증'에서 주로 나온다.[123]

알렉산더는 조직신학을 쓰지 않았다. 그는 성경 비평으로부터 종교적 체험에 이르기까지 다양한 주제들에 대해 포괄적으로 언급했다. 찰스 핫

---

[122] Archibald Alexander, "*The Bible, A Key to the Phenomena of the Naturil World*" the Biblical Repertory and Princeton Riview 1 (1829): 101-120. idem, "*The Evidences of Christianity*", the Biblical and Princeton 2(1830): 218-240/ 김재성, "프린스턴 신학의 유산과 과제", 469에서 재인용.

[123] James Turner, *Without God, Without Creed: The Origins of Unbelief in America* (Baltimore: John Hopkins Press, 1985), 96/ 김재성, "프린스턴 신학의 유산과 과제", 470에서 재인용.

지의 『조직신학』(1871-1872)이 저술되기 전에는 프린스턴신학교에서는 프란시스 튜레틴(Francis Turretine)의 『간증 신학 강요』가 조직신학의 유일한 책이었다. 존 올리버 넬슨(John Oliver Nelson)은 알렉산더가 튜레틴의 신학을 사용한 방법과 그 내용을 분석하면서 알렉산더가 그의 신학의 포괄적인 원리들은 받아들였지만, 그의 신학에 나타난 형식적이고 법전적인 것은 중요시 여기지 않았다.[124]

알렉산더의 사상적 배경은 스코틀랜드적인 상식적 사실주의를 옹호하였다. 위더스푼(John Witherspoon)과 리드(Reid)와 스튜어트(Stewart) 같은 신학자와도 같은 생각에 바탕을 둔 것이다. 스코틀랜드 철학은 합리주의적인 경향이 있다.[125] 알렉산더는 이삭 와트의 <복음에 대한 합리주의적 변호>(A Rational Defense of the Gospel)의 서문에서 와트가 복음주의적 경건이라고 말하였고, 이 책의 목적이 회의주의의 반론에 응하고 오류를 거부하는 것이지만 그것은 동시에 목회적 목적도 가지고 있다고 알렉산더는 주장하였다.[126]

지성적 필요성과 감정적 필요성이 병행하여 나타나고 있다는 사실은 알렉산더가 목사로 활동할 때 말했던 지식을 전달하고 마음을 감동시킨다는 목표에도 부합되는 것이다. 알렉산더가 선택했던 방식은 설교할 때나 강의할 때나 한결같이 지적인 필요와 감정적 필요를 모두 만족시켜 주기 위한 의식적인 노력을 반영하고 있다.[127]

알렉산더가 저술한 기독교 변증학에 관한 글들을 검토해 보면 이성의 올바른 사용에 대한 내용들이 나오며 이성은 종교에 있어서 필요불가결한

---

[124] W. Andrew. Hoffecker, 『프린스턴 신학』, 29.
[125] Sydney E. Ahlstrom, 『The Scottish Philosophy and American Theology』 Church History, 24 (1955): 257-72.
[126] W. Andrew. Hoffecker, 『프린스턴 신학』, 30-31.
[127] W. Andrew. Hoffecker, 『프린스턴 신학』, 31.

것이라고 한다. 이성 없이는 계시의 증거들을 바르게 평가할 수 없으며 계시를 해석하거나 그 교리에 동의할 수가 없기 때문이다. 알렉산더는 이성의 역할을 또한 제한함으로서 기독교 신앙이 범속한 사변적 철학으로 전락하는 것을 방지하려 하였다. 사변적 철학은 모든 형태의 종교적 체험을 부정한다. 이와 같이 인간의 지식에 잘못 의존하게 되면 진리를 인식하는 데 실패하게 된다. 알렉산더는 사변적인 신앙은 살아 있는 신앙과 다르다고 주장하며 그 까닭으로 사변을 통해서는 그 대상을 인식할 수도 개개인에게 영향을 줄 수도 없기 때문이다.

알렉산더는 자연신론자들이 대표적인 사변적 신앙가들이라고 말한다. 그들의 신앙을 통해서는 그가 강조하는 진정한 기독교적 신앙 곧 경건이나 헌신을 찾아볼 수 없기 때문이다. 만일 자연신론자들이 자연신교를 주장하지 않았다면 그들은 경건을 위장한 위선자들이었을 것이며, 자연신론자들은 경건에 대한 관심이 결여되어 있기 때문에 종교적인 경배를 확립시킬 수도 영속화시킬 수도 없었다고 말한다.[128]

알렉산더가 사변적 신앙을 비판한 것 중에는 장로교 선조들에 관한 것도 있는데 장로교인으로서 교리 교육을 받았음에도 불구하고 자신이 지닌 종교 체험에 대해서는 말하지 않는 것에 대하여 알렉산더는 그 이유가 어떻게 되었든지 간에 이들을 자연신론자들과 철학자들의 부류에 집어넣고 있다는 사실이다. 그들처럼 신학과 체험을 분리시키게 되면 결국은 마음의 변화가 기독교인들에게 필요하다는 사실을 부정하는 결과를 초래하게 된다. 교리를 잘 알고 있으면서도 체험적 측면에서 철학자들만큼이나 결핍되어 있는 것임에 틀림없다고 생각했다. 그렇다고 알렉산더가 정통적 성경 교리와 성경 지식을 포기할 것을 주장한 것은 아니다. 그가 주장한 것은 아무리 정통이라고 할지라도 체험적 지식이 수반되지 않으면 죽

---

[128] W. Andrew. Hoffecker, 『프린스턴 신학』, 34-35.

은 신앙에 지나지 않는다는 것이다.

사변적이고 역사적이며 죽은 신앙에 대해 알렉산더가 가한 비평은 그 같은 신앙이 인간의 지적 기능과 감정적 기능 사이에 쐐기를 박아 확실한 종교적 체험을 위해 양자가 협력하는 일을 방해하며, 헌신과 경건의 행위가 사변적 신앙을 추종하는 자들에게는 결여 되어 있다. 사변적 신앙으로서 윤리적 변화를 기대할 수 없으며 종교적 행위인 겸손, 칭찬, 사랑 등을 산출해낼 수 없다. 종교적 행위들이 결핍되어 있기 때문에 그들은 그리스도를 참되게 인식할 수 없다. 경건과 헌신이 사변적 지식의 목표가 아니기 때문에 사변적 지식을 소유하고 있는 자들은 그리스도에 관한 지식만을 소유하고 있다고 알렉산더는 보았던 것이다.[129]

알렉산더의 저서인 『변증학』(*Evidences*)에서는 성경에 대해서 말하는바 성경이 확증적이고, 영감을 받아 기록된 것이며, 동시에 옳은 책이라는 점을 입증해 주는 외부의 증거들을 요약했다. 그중 대표적인 것들은 기적, 복음의 성취와 예언의 완성 등을 들 수 있다. 그러나 알렉산더는 『변증학』 13장에서 성경에 대한 내부의 증거들을 다루면서 궁극적으로 성경의 진실성을 확보하는 데에는 내부의 증거가 더 효과적이라고 주장했다. 알렉산더는 웨스트민스터 신앙고백서가 성령의 사역을 배제하지 않는 범위 안에서 내증을 성경의 진실성을 인식하는 궁극적인 요인으로 인정하고 있는 것처럼 알렉산더도 그의 변증학에서 신자가 성경의 거룩성에 갖는 직관을 찬양하고 있다.[130]

또한, 그의 논문 <중생에 대한 실제적 견해들>안에서 성령의 사역을 명확하게 말하고 있다.

---

[129] W. Andrew. Hoffecker, 『프린스턴 신학』, 35-37.
[130] W. Andrew. Hoffecker, 『프린스턴 신학』, 43.

"성령은 말씀으로 말미암아, 그리고 말씀을 통하여 역사한다. 말씀은 성령으로부터 그 힘과 침투력을 끌어낸다."[131]

성령의 역할은 말씀과 동행하면서 인간이 거듭나기 전에 겪는 영적 무지를 제거하는 것이다. 알렉산더의 사상에 있어서 성령의 조명이 매우 중요하다는 사실은 그의 프린스턴신학교 취임 연설에서도 나타난다. 그는 학생들에게 만일 성령의 도움을 받지 않는다면 진리를 탐구하려는 노력이 헛수고로 돌아가고 말 것이라고 역설하였다. 회의가 우리 마음에 찾아들 때 더욱 성령이 필요하다고 말했다.[132] 그러므로 성령의 조명은 회개에 필수적인 요소일 뿐만 아니라 기독교인의 삶의 필수조건이기도 한 것이다.

그는 객관적인 것과 주관적인 것, 지성과 감정, 두뇌와 마음 사이의 균형을 유지하기 위해 의식적으로 노력하였다. 알렉산더의 이러한 사상은 1800년대에 일어난 장로교 신앙부흥운동에서 횟필드(Whitefield)나 테넌트(tennent)의 신앙부흥운동의 노선이 다르지 않음을 나타내는 것이기도 하다. 이때에 교회 숫자가 많이 증가하는데 프린스턴신학교의 설립 목적 가운데 하나는 증가하는 교회에 필요한 목사들을 교육하여 배출하는 것이었다. 그 당시의 부흥운동이 그 이전 부흥과 달랐던 점은 교리적인 면이었다. 하나님의 주권 교리가 논점이었다. 이 교리에 주의를 기울이지 않는다면 하나님의 변혁의 능력에 대한 체험이 아니라 진리를 인식하지도 못한 상태에서의 종교적 체험이라는 것이다. 이 점은 횟필드와 테넌트의 생각도 같았다.[133]

알렉산더는 객관적인 것이 주관적인 것의 토대라고 생각했다. 객관적인 것을 더 중요시한 이유는 그 객관적인 것이 인간에게 전달되는 권위 있는

---

131   *Biblical and Theological Review*, 8, no.4 (1836): 482.
132   W. Andrew. Hoffecker, 『프린스턴 신학』, 44.
133   *Biblical and Theological Review*, 8, no.4 (1836): 246.

하나님의 말씀인 성경이기 때문이다.[134] 그러면서도 알렉산더는 체험이 성경 말씀 범위에 들어와야 하지만 그래도 진정한 기독교가 존재하기 위해서는 체험이 반드시 필요한 것이라고 생각했다. 헌신이 없는 기독교가 존재한다면 그것은 사변 철학일 것이다.

찰스 핫지는 알렉산더가 종교적 감정을 불러일으키는 설교를 뛰어나게 했다고 말했다. 핫지의 견해에 의하면 그의 재능은 인간의 마음을 탐색하고 그들의 마음의 성찰을 도와주는 정도였다고 한다.

그는 한 손에 밝게 빛나는 등불을 들고 있거나 한 듯이 사람들을 인도하여 미궁 속을 무사히 빠져 나가도록 유도했으며 지성적 의식이 결코 팔을 뻗지 못하는 곳으로 그들을 인도하였다.[135]

알렉산더는 신학교와 대학의 예배 말고도 공중교회(Community Church)의 초청을 받아 설교를 많이 했다. 그의 100편이 넘는 원고들 가운데서 발견되는 특징은 성경의 본문들이 원고 그대로 설교 안에 섞여 있다는 것이다. 성경은 그리스도를 인식하는 도구이기 때문에 알렉산더는 진정한 종교적 신앙을 나타내는 도구로서 오직 성경만을 사용했던 것이다. 진실한 교리를 알렉산더는 기본적 교리라고 불렀다. 기본적 교리는 두 가지 특성이 있는데 하나는 그것을 거부하면 교리 체계 전반이 파괴되는 것이며 또 하나는 그것에 관한 지식이 경건의 필수 조건이라는 것이다.[136]

여기에서 우리는 알렉산더를 통해서 프린스턴 신학과 경건의 본질을 볼 수 있다. 교리와 경건을 대등한 위치에 올려 놓음으로서 알렉산더는 존 칼빈에 기원을 둔 개혁 신학의 전승을 계승 발전시킨다. 프린스턴의 경건은 서서히 확고하게 확립되어 가고 있었다. 그래서 프린스턴을 졸업한 학생들은 뛰어나게 논리적인 목사들이었으며 그와 동시에 경건한 감정과 부드

---

[134] W. Andrew. Hoffecker, 『프린스턴 신학』, 61.
[135] *A Discourse Delivered at the Re-opening of the Chapel*, 22.
[136] W. Andrew. Hoffecker, 『프린스턴 신학』, 66.

러운 감정을 소유한 사람들이었다. 알렉산더는 신학적이고 철학적이었으며 경험적인 토대를 확립했다.[137]

이렇게 닦아놓은 길을 그의 수제자였던 찰스 핫지가 더 나아가서는 그 제자의 제자들인 한국의 평양신학교 교수들에게도 전달 되어져 평양신학교를 통한 한국의 장로교가 발전할 수 있었다.

(2) 찰스 핫지(Charles Hodge, 1797-1878)

찰스 핫지는 프린스턴 신학의 중심 인물이다.[138] 미국 기독교 역사를 정리한 시드니 올스트롬은 만일 찰스 핫지가 없었더라면 미국 개혁주의 신학은 완전히 다른 방향으로 흐르고 말았을 것이라고 하였다.[139]

김재성은 다음과 같이 말한다.

"만일 찰스 핫지와 같은 구프린스턴 신학자들이 없었더라면, 오늘의 세계 신학은 무척 다른 방향으로 전개되고 말았을 것이라고 평가했다."[140]

찰스 핫지는 미국 장로교가 배출한 조직신학자로서 세계 4대 칼빈주의 신학자의 한 사람으로 꼽히고 있다.[141]

그는 미국에 있는 헌신 된 장로교 집안에서 1797년 12월 27일 필라델피아시에서 태어났다. 그의 아버지는 외과 의사이자 교회의 장로였던 휴 핫지(Hugh Hodge, 1755-1798)였다. 휴 핫지는 1773년 프린스턴대학을 졸업했고, 그 당시의 상황은 미국에서 독립전쟁이 발발하려던 무렵이었다. 1790년 찰스의 아버지는 메리 브란차드(Mary Blanchard)와 결혼했다. 애쉬벨 그린(Ashbel Green) 목사가 주례를 맡았고, 그린 목사는 핫지의 아버지가 사망

---

137 W. Andrew. Hoffecker, 『프린스턴 신학』, 83.
138 W. Andrew. Hoffecker, 『프린스턴 신학』, 85.
139 Sydney Ahlsrtrom, *The Shaping of American Religion* (Princeton: Princeton University Press, 1961), 263-264.
140 김재성, "프린스턴 신학의 유산과 과제", 474.
141 길자연 강웅산, 『찰스 핫지의 신학』 (서울: 도서출판 솔로몬, 2009), 5.

하자 핫지의 후견인으로서 결혼할 때까지 돌보아주었던 사람이었다. 또한 그린 목사는 프린스턴신학교 창설자의 한사람이어서 찰스 핫지가 프린스턴신학교 교수가 되는 것도 간접적으로 도와주었다.[142]

휴 핫지와 메리 브란차드는 다섯 아들을 두었는데 당시 유행했던 황열병에 걸려 세 아들이 모두 사망하고 형인 휴 레녹스 핫지(Hugh Lenox Hodge)와 찰스 핫지만 남았다. 아버지인 휴 핫지는 찰스 핫지가 태어난 지 7개월도 안되어 역시 황열병으로 세상을 떠나고 말았다.[143] 그러나 찰스 핫지는 어머니의 경건한 신앙과 함께 아버지의 애국심과 학문적 재능을 물려받았다. 찰스 핫지의 형인 휴 레녹스 핫지는 펠실베니아대학교 의과대학 교수가 되어서 동생 핫지에게 많은 도움을 주었다.

찰스 핫지는 구프린스턴대학교의 전신인 뉴저지대학을 졸업하고 프린스턴신학교에 진학하여 3년간 신학 공부를 하고 독일에 가서 2년간 유학 생활을 했다. 유학을 마치고 돌아와서 모교인 프린스턴 교수로서 반세기 동안 제자들을 가르쳤다. 찰스 핫지는 프린스턴 최초의 교수였던 아치볼드 알렉산더의 수제자로서, 바울과 디모데 같은 관계였다.[144] 찰스 핫지는 두툼한 『조직신학』과 1825년 창간 당시부터 1871년 은퇴할 때까지 편집을 담당했던 「프린스턴 학보」 그리고 그가 프린스턴의 공동체와 공교회에 행했던 수백 편의 설교들을 남겼다.[145] 핫지는 프린스턴신학교에서 죽을 때까지 56년 동안, 3000명의 제자들을 가르쳤다.

핫지는 프린스턴 신학의 진정한 신학자답게 『조직신학』을 저술했다. 데이비드 웰즈(David Wells)는 핫지의 신학을 견고하고 지속적인 것으로 규정했고, 그의 활동 속에 경건과 학문의 조화가 이루어져 있기 때문이라고

---

[142] 길자연 강웅산, 『찰스 핫지의 신학』, 17.
[143] Mark A. Noll, ed., *Charles Hodge, The Way of Life* (The Paulist Press, New York, 1987), 4.
[144] 김재성, "프린스턴 신학의 유산과 과제", 476.
[145] W. Andrew. Hoffecker, 『프린스턴 신학』, 85.

한다. 핫지의 신학은 앉아서 연구하는 신학이 아니라 겸손하게 무릎을 꿇고 연구하는 고전적인 것이었다.[146] 찰스의 경건은 어머니를 통해서 어린 시절에 배운 것 같다. 찰스는 어린 시절에 대해 말한다.

> 만일 어린 시절에 나의 종교적 체험이 시작되지 않았다면 오늘날 나의 종교적 체험은 참으로 보잘것없는 것이 되고 말았을 것이다. 쉬지 말고 기도하라는 사도 바울의 명령을 가장 성실하게 준행했던 때가 바로 어린 시절이었던 것 같다. 지금 돌이켜 볼 때 나는 받은 것에 대해서는 모두 하나님께 감사하고 필요한 것이 있으면 모두 그분께 구하는 습관을 가지고 있었다.[147]

찰스 핫지는 프린스턴에 재학하던 시절인 1815년에 개종의 체험을 하였는데 그의 개종은 그가 암송하고 있던 웨스트민스터 교리문답에 뿌리를 두고 있었다.[148] 핫지는 서구 사상이 분열하는 시대에 살고 있었다. 과학적인 사고방식이 세계를 이끌어가고 있는 사조와 사상을 낳았고 합리주의, 공리주의, 낭만주의 등등 온갖 세상의 물결이 지배하고 있는 시대에 그러한 지성인들을 상대로 핫지는 기독교의 진리를 변호하는데 주저하지 않았다.

당시 영국에서 극성을 부렸던 이신론자들에 대해서 핫지는 실망했으며 프랑스의 철학자 오귀스트 콩트(Auguste Comte)가 종교를 과학적 사회학으로 대치시키려는 주장에 대해서 그는 가차 없이 비판하였다.[149] 핫지는 기독교의 권위에 도전하는 과학 사상을 비판했다. 19세기 중반기를 전후하

---

[146] David F. Wells, 『The Stout and Persistent 'Theology' of Charles Hodge』, Christianity Today (Aug, 30, 1974), 10.
[147] A. A. Hodge, *Life of Charles Hodge* (1880), 9.
[148] W. Andrew. Hoffecker, 『프린스턴 신학』, 89.
[149] Charles Hodge, *systematic Theology*, vol I, 254-261.

여 미국 서부 지역을 중심으로 일어난 부흥운동이 있었는데 이 운동의 핵심이 찰스 피니(Charles Finney)였다. 핫지는 부흥 자체를 무시하지는 않았으나 피니의 주장이 성경의 교리에 어긋나고 있다는 것을 지적하였고, 인간은 스스로가 노력만 하면 자신의 운명을 지배할 수 있는 능력을 가지고 있다고 주장하는 피니의 주장에 침묵할 수 없었다.[150] 1872년 핫지는 교수 생활 50년을 맞이하는 기념 석상에서 "프린스턴신학교에서 새로운 신학 사상이 결코 나오지 않았다는 것을 말하는데 나는 감히 주저하지 않았다"고 말하였다.[151]

조나단 에드워즈가 미국을 대표하는 학자라면 찰스 핫지는 칼빈주의 정통을 미국에 심어준 학자이며 역사적 신앙고백서들을 활용하여 개혁주의 학문의 영역을 확장했다. 핫지는 여러 분야의 학문에 박식했는데 언약신학, 성경무오의 교리, 정통 신학의 수호, 역사적 개혁주의 신앙고백의 존중과 웨스트민스트 신앙고백서의 확고한 지지를 통해서 프린스턴 신학 체계를 구성한 신학자였다.[152]

핫지의 신학적 기초자료는 17세기 제네바에서 꽃핀 개혁주의 사상과 신학을 집대성한 프란시스 튜레틴의 『변증신학의 체계』(Institutio theologiae elenticae)였다.[153] 윌리엄 그린이 학생들에게 철저히 읽도록 권유한 교재였으며 그의 제자 아치볼드 알렉산더가 학창 시절에 읽고 공부한 개혁 신학의 고전이었다. 알렉산더는 튜레틴의 논리체계를 좋아했다. 튜레틴의 책은 탁월한 구조를 이루고 있었으며 하나님의 존재, 속성, 사역으로 시작했다. 알렉산더를 통해서 핫지는 튜레틴을 배우게 된 것은 사실이다. 그러나

---

[150] Charles Hodge, "Finney's Lectures on Theology" *Biblical Repertory and Princeton Review* 19 (1947. 4), 237-277.
[151] A. A. Hodge, *Life of Charles Hodge* (1880), 521.
[152] 김재성, "프린스턴 신학의 유산과 과제", 479.
[153] 김재성, "프린스턴 신학의 유산과 과제", 479.

핫지는 그것에 더하여 미국의 상황과 미국 문화에 적합한 신학적 방법을 고안하고 개발했다. 핫지는 개혁주의 신학의 미국화에 지대한 공헌을 한 신학자인 것이다.[154]

18세기 스코틀랜드의 상식 철학의 영향도 많이 받았다. 상식 철학은 철학적 회의주의와 자연 신론에 대항하기 위해서 정립된 이론이다.[155] 아이작 뉴턴의 과학 이론에서 영향을 받기도 한 철학이 상식 철학이다. 이성적인 추론을 거치지 않아도 일반상식은 신뢰해야 된다는 것이다. 이러한 이론을 핫지는 칼빈주의를 체계화 하는데 사용하거나 성경의 내용을 체계화 하는데 사용했으며, 이러한 것이 프린스턴 신학자들의 방법론 이었으며 이를 근거로 귀납법적 논증을 채택하기도 했다.[156] 이러한 상식 철학의 방법을 받아들이게 된 것은 프린스턴대학의 학장 존 위더스푼(John Witherspoon, 1723-1794)과 그의 사위이자 후계자인 새뮤얼 스탠호프 스미스(Samuel Stanhope Smith, 1750-1819), 제임스 맥코쉬(James McCosh, 1811-1894)의 영향 때문이다.[157] 핫지는 신학 논쟁이나 교단의 논쟁에도 적극적으로 나서서 자신의 입장을 피력하고 관철했다. 핫지는 뉴헤이븐 신학의 발상들을 모두 배척하는 데 앞장을 섰다.[158]

찰스 핫지의 대표적인 책인 『조직신학』은 이 책의 존재만이라도 정통주의인 칼빈신학과 개혁주의 청교도 신학을 대표 할 수 있다고 말할 수 을 정도이다. 김재성은 "이 책은 조직적으로 거의 모든 교리를 설명하여, 칼빈의 『기독교 강요』를 능가하는 명성을 얻게 되었다"고 말한다.[159]

---

154 김재성, "프린스턴 신학의 유산과 과제", 480.
155 김재성, "프린스턴 신학의 유산과 과제", 481.
156 Sydney Ahlsrtrom, *The Shaping of American Religion* (Princeton: Princeton University Press, 1961), 263-264.
157 Mark Noll, *Princeton and the Republic, 1768-1822* (Princeton, NJ: Princeton University Press, 1989), 47.
158 김재성, "프린스턴 신학의 유산과 과제", 484.
159 김재성, 프린스턴 신학의 유산과 과제", 484.

(3) 벤자민 워필드(Benjamin Breckinridge Warfield, 1851-1921)

벤자민 워필드는 19세기 후반과 20세기 초반의 대표적 개혁주의 신학자로서 널리 알려지고 인정받는 신학자이다. 벤자민 워필드는 1851년 켄터키주 렉싱턴 외곽에서 태어났다. 워필드의 아버지 윌리엄 워필드는 박해를 피해 미국으로 건너온 영국 청교도의 후손이었다. 그래서 워필드는 어린 시절에 집을 통하여 '살아있는 경건'을 배웠던 것 같다. 아버지는 목축업으로 크게 성공한 사업가였고, 그 덕분에 벤자민은 교육을 포함하여 큰 특권을 누릴 수 있었다.[160]

벤자민은 수학과 과학에 흥미를 가졌다. 1868년 가을, 뉴저지대학(프린스턴대학)에 2학년으로 입학했고 수학과 과학에서 만점을 받고 모든 과목에서 최우등으로 1871년 19세의 나이로 학급 수석이자, 최우등으로 졸업하게 된다.[161] 또한, 1872년 봄부터는 스코틀랜드 에딘버러에서 공부했고 이후 독일 하이델베르크대학에서 공부했다. 그해 여름 목회자가 되겠다고 가족들에게 연락했고 드디어 1873년 프린스턴신학교에 입학했다. 그리고 프린스턴신학교에서 자신이 가장 존경했던 찰스 핫지와 핫지의 아들 캐스퍼 위스타 핫지(Caspar Wstar Hodge, 1830-1891)의 가르침을 받게 된다. 나중에 캐스퍼 핫지는 1886년에 워필드에게 프린스턴신학교로 오라고 정식 요청을 한다.

그는 워필드의 멘토였으며 서로의 관계는 친밀하고 우정에 이를 정도로 가까웠던 사이였다. 1875년 5월에 설교 자격을 얻었고, 그해 여름 목사안수를 받았다. 1876년 8월 3일 애니 킨케드와 결혼했고, 곧바로 독일 라이프치히에서 공부를 했다. 그곳에서 신약학자 에른스트 루타르트(Ernst Luthardt, 1823-1902), 역사학자 폰 하르낙(Adolf von Harnack, 1851-1930), 그리고

---

[160] Fred G. Zaspel, "The Theology of B. B. WarField: A Systematic Summary. 2010", 김찬영 옮김 (서울: 부흥과개혁사, 2014), 24-25.
[161] J. Ross. Stevenson, "Benjamin Breckinridge Warfield", 152-153.

유명한 히브리어 학자이며 구약성경 주석가 프란츠 델리츠(Franz Delitzsch, 1813-1890)같은 저명한 학자들의 강의를 들었다.[162]

워필드는 프린스턴 신학의 변증가로 가장 잘 알려진 신학자이다. 워필드는 뛰어난 신학자로서 15권의 단권 저술과, 88편의 주요 논문들, 그리고 46권의 책을 남겼다. 프린스턴에 재직했던 어떤 교수들보다 주제나 종류면에서 분량에서나 학문적인 깊이에서 가장 뛰어나다고 할 수 있을 정도의 학자였다.[163] 워필드는 핫지의 사상을 계승하였고, 칼빈주의 신학을 대변할 수 있는 수백 편의 논문과 핫지가 조직신학에서 자세히 다루지 않았던 부분까지도 상세하게 설명했으며, 알렉산더와 찰스 핫지를 잇는 연속선상에서의 학문적인 연구와 작업을 계속 시도해 나갔다. 1878년-1887년 까지 웨스턴신학교에서 가르치다가 프린스턴 조직신학 교수이던 아치볼드 알렉산더 핫지(A. A. Hodge)의 직책을 인계받았다.[164]

워필드는 성경 무오의 교리를 강조 했다. 1881년에 성경의 권위에 대하여 A. A. 핫지 교수와 『영감』(Inspiration)이라는 책을 공저했고, 또 『성경의 영감과 권위』라는 책을 출간하기도 했다. 이 책은 성경 옹호 책으로는 지금까지도 가장 뛰어난 책으로 평가되고 있다.[165] 워필드는 독일 자유주의 신학이 범람하여 성경의 진리를 훼손하고 교회들이 그러한 이단 학문에 넘어가고 있을 때 탁월하게 이를 대처한 칼빈주의 신학자였다.

워필드는 <칼빈주의란 무엇인가?>(What is Calvinism?)라는 글에서 "칼빈주의는 순수한 상태의 기독교이다. 그러므로 우리는 순수한 상태의 기독

---

162 Fred G. Zaspel, "The Theology of B. B. Warfield: A Systematic Summary", 27.
163 김재성, "프린스턴 신학의 유산과 과제",「신학정론」, 496.
164 E. D. Warfield, "Biographical Sketch of Benjamin Breckinridge Warfield", Revelation and Inspiration, By B. B. Warfield (N. Y.: 1927): V - i x . 김재성 "프린스턴 신학의 유산과 과제", 497에서 재인용.
165 김재성, "프린스턴 신학의 유산과 과제", 497-498.

교를 생각해야 한다. 그리고 그것이 칼빈주의이다"라고 선언하였다.[166] 워필드는 전통적으로 "성경에 오류가 없다는 말"은 "성경은 원래 그 저자들이 말하고자 하는 바를 정확하게 표현하고 있다"는 것으로 풀이한다. 평범한 저자가 기록할 때 역사하시어 일치된 사상을 가지게 하시고, 성령의 영감이 이에 작용하여 하나님의 유일한 계시로 만드셨다고 워필드는 말하고 있다.[167] 워필드는 프린스턴 신학의 완성자이며 또한 칼빈 신학자이다. 1909년 칼빈 탄생 4백주년을 기념하는 해에 칼빈 연구 논문들을 내어놓았고, "성령의 신학자 칼빈"이라는 독특한 발견을 제시하기도 했다.[168]

프린스턴 학파에서 가장 중요하게 여겼던 교리는 성경의 무오성과 하나님 계시의 성경관이라 할 수 있다.[169] 개혁파 교리와 성경의 무오성에 대한 그의 관심은 북장로교 내에서 벌어진 근본주의 논쟁에서 중요한 논제를 제공하기도 하였다.[170]

그 당시 독일 고등 비평가들과 급진 비평가들은 기독교를 유일무이한 계시종교로 간주해 온 기독교 전통을 부정했다. 그들에게 있어서 기독교는 여러 종교들 중의 하나에 불과했다. 그래서 그들은 다른 종교들을 고찰할 때 했던 방법대로 기독교도 과학적 방법을 가지고 연구해야 한다고 했다. 워필드는 이러한 상황에서 그들과 맞서서 싸워야 했다. 초자연주의를 부인하고 기독교를 자연주의 관점에서 재해석하려는 학자들, 그리고 기독교의 근본 교리를 변경시키려는 자유주의자들, 워필드는 이러한 주의자들과 싸우기 위해서 논문을 발표하고 상대방들을 철저히 분석하고 모든 지

166　Benjamin B. Warfield, *"What is Calvinism",* in Selected Shorter Witings of Benjamin B. Warfield, vol 2. 389.
167　김재성, "프린스턴 신학의 유산과 과제", 498.
168　김재성, "프린스턴 신학의 유산과 과제", 500.
169　John C. Vander Stelt, *Philosophy and Scripture: A Study in Old Princeton and Westminster Theology* (Marlton, N. J.: Mack Publishing Compane, 1978), 155.
170　S. Ahlstrom, *A Religious History of the American People* (New Haven: Yale University Press, 1972), 18.

혜를 총동원하였다.[171]

(4) 메이첸 (Jone. Gresham Machen, 1881-1937)

존 그레삼 메이첸은 구프린스턴 신학 전통의 마지막 주자이며 구프린스턴 신학과 웨스트민스터 신학의 연결고리에 있는 신학자이다. 그리고 평양신학교의 한국인 교수이었던 박형룡, 박윤선 박사의 스승 이기도 하다. 평양신학교를 이해하고 한국 장로교 신학을 이해하고 알기 위해서는 메이첸에 대한 이해가 필수적이다. 메이첸은 1881년 7월 28일에 볼티모어에서 태어났다. 그의 아버지는 아더 웹스턴 메이첸(Arthur Webster Machen)은 교회의 장로이었고 하버드 로스쿨을 나온 변호사이었다. 어머니는 조지아주 메이컨이 고향인 메어리 존스 그레샴(Mary Jones Gresham)이다.[172] 그녀는 남부에 정착한 영국계 가문들의 후손이었고, 1865년에 메이컨의 웨슬리언대학(Wesleyan College)을 졸업했다.

이와 같이 1881년 메이첸은 기독교 신앙이 돈독하고 문화적 및 사회적으로 지위가 높은 상당히 부유한 가정환경에서 태어났다. 아버지 웹스터 메이첸은 아들 메이첸이 육체적으로 정신적으로 장성한 34살 때까지 이 땅에 있었다. 어머니 그레샴은 아버지보다 16년을 더 살다가 1931년 10월 13일에 생애를 마쳤다. 메이첸이 50세가 될 때까지 아들에게 헌신하였으며 메이첸의 삶에 결정적인 영향을 미쳤다.[173]

메이첸은 17세 때 존스홉킨스대학교에서 고전어, 즉 헬라어, 라틴어와 중세 영어 등을 공부하였다. 존스홉킨스대학교에 가기 전에 한 사립학교를 다녔는데 이미 그곳에서 6년 동안 라틴어와 헬라어, 기하학, 대수학, 자연과학 등을 배웠는데 성적은 반에서 대부분 일등이었고 점수는 99점에

---

171 David F. Wells, 『프린스턴 신학』, 130.
172 Ned B. Stonehouse, 『메이첸의 생애와 사상』, 홍치모 옮김 (서울: 그리심, 2003), 19.
173 Ned B. Stonehouse, 『메이첸의 생애와 사상』, 20.

가까웠다고 한다.[174] 메이첸은 존스홉킨스대학교를 졸업하고 진로에 대하여 고민하다가 1902년 가을 학기에 프린스턴신학교에 입학하게 된다. 메이첸은 프린스턴신학교에서 신학교 교수들에게 크게 영향을 받으며 성장하게 되고 삶의 방향을 결정하게 되는 지도와 도움을 받았다.[175]

메이첸이 입학할 당시 프린스턴신학교는 개혁주의 정통 신학교의 대표 주자였고, 학문성에서도 미국의 유수한 대학교 못지 않는 실력과 명성을 지니고 있었던 학교였다. 프린스턴신학교는 성경의 신적 권위를 지지하고, 성경의 권위에 대하여 확고한 신학 정립과 존중을 하는 곳이었다. 아치볼드 알렉산더로부터, 찰스 핫지, 벤자민 워필드에 이르기까지 변함없는 전통이 메이첸에게까지 이르게 된 것이다.[176]

메이첸은 1921년 11월에 <자유주의인가 기독교인가> (Liberalism or Christianity)라는 제목으로 그의 기독교 이념의 핵심을 발표했다. 메이첸은 해리 에머슨 포스딕(Harry Emerson Fordick)과 그와 같은 부류의 사람들에 의해 설교 되는 종교는 단순히 기독교의 다양한 종류 중 하나가 아니라 전혀 다른 종교라고 결론지었다. 그는 또한 선언했다. 모든 점에서 자유주의 운동은 기독교의 메시지와 반대되는 것이다.[177] 메이첸은 교회의 신학적 토론을 정면으로 역사적 문화적 맥락 속에서 전개했다. 자유주의는 역사에 대한 하나님의 초자연적인 개입을 부정한다고 생각했다.

메이첸은 근대 자유주의는 기독교와 다른 종교일 뿐만 아니라 전체적으로 완전히 다른 종교라고 선언했다. 자유주의는 모든 근본적인 교리에서

---

[174] Ned B. Stonehouse, 『메이첸의 생애와 사상』, 55.
[175] Ned B. Stonehouse, 『메이첸의 생애와 사상』, 59.
[176] David B. Calhoun, *Princeton Seminary*, vol. 2, (Edinburgh: The Banner of Truth Trust, 1996), 402.
[177] J. Gresham Machen, *"Liberalism or Christianity"*, Princeton Theological Review 20 (January 1922): 93-117; Bradley J. Longfield, 『미국 장로교회 논쟁』, 51에서 재인용.

역사적 기독교의 전통으로부터 떠났다고 말했다.[178] 메이천은 역사적 기독교는 신조들이 기독교적인 경험의 표현이고, 기독교 경험의 토대가 되는 사실들의 표현임을 주장했다. 사실들로 구성되어 있는 교리들은 기독교 메시지의 근본적인 토대였다. 메이첸은 자유주의자들이 인간의 죄의식을 상실하도록 유도하고 있다고 주장했으며 정통적인 기독교 신앙은 죄의 사실을 인정하고 그리스도의 대속적인 속죄를 통해 죄의 용서를 기뻐한다고 했다.[179]

메이첸은 영감에 대한 프린스턴의 교리에 전적으로 찬성했다. 성령이 성경 저자들의 마음에 감동을 주셔서 성경을 기록했다는 것이다. 현대주의자들은 기적들, 동정녀 탄생, 대속적 속죄, 그리고 그리스도의 신성을 부인했다. 초자연적인 것과 속죄를 부인하는 것은 기독교를 부인하는 것이다.[180]

프린스턴신학교는 학문적으로는 구학파(Old School)이고 북장로교와 연결되어 있었다. 프린스턴은 전통적인 칼빈주의 사상이 견고한 신학적 전통을 수립한 학교이다. 프린스턴신학교는 종교에서 관념의 우위를 강조했고 성경무오류의 엄격한 교리를 굳건하게 지키고 있었다.[181] 프린스턴의 전통은 메이첸의 원래 신앙적인 유산과 같이 성경에 대한 높은 수준의 견해를 가지고 있었다. 성경 영감에 대한 고등비평의 공격에 대한 반격에서 A. A. 핫지와 워필드는 알렉산더와 찰스 핫지가 주장했던 성경 영감 교리를 더욱 다듬고 발전시켰다. 그들은 "성경의 모든 주장들은 원 기록의 그대로의 말(ipsissima verba)이 그들의 자연스럽고 의도된 의미에서 확정되고

---

178 J. Gresham Machen, *Christianity and Liberalism* (New York: Macmillan, 1923; reprint, Grand Rapids: William B. Eerdmans, 1946), 5,6.
179 J. Gresham Machen, *Christianity and Liberalism*, 62.
180 J. Gresham Machen, *Christianity and Liberalism*, 107-112.
181 J. Gresham Machen, *Christianity and Liberalism*, 112-113.

해석될 때 어떤 오류도 없다"고 썼다.¹⁸²

워필드가 프린스턴에서 계속 영역을 확대해가는 자유주의자들에 대항하여 성경무오성의 교리를 계속 나타냈을 때 메이첸은 이 성경무오 교리에 완전히 동의하게 된다. 앤드류 호페커(W. Andrew Hoffecker)의 말에 따르면 "워필드는 기독교가 단순히 다른 종교에 불과하다는 급진적인 성경 비평가들의 주장은 성경 자체의 검토에서 나온 것이 아니라 비평가들이 그들의 성경 연구에 부과한 자연주의의 전제에서 나온 것이라는 것을 입증함으로써 반박했다.¹⁸³

메이첸이 남부 장로교회의 양육을 통하여 받았던 유산들은 워필드의 개혁주의적인 이해로 인해서 더욱 강화되게 되었다. 메이첸의 유일한 남부적인 관점은 이념에 대한 구학파(Old School) 장로주의와 결합될 때 그 논쟁에서 그가 수행할 역할에 대해서 암시를 하고 있었다.¹⁸⁴

메이첸에게 구프린스턴 신학은 그의 학문적 진리를 결정해 줄 수 있을 정도로 매력이 있었고, 또한 과학적이며 합리적이며 성경적이었다. 한때 독일 유학을 떠나서 학문적으로 육체적으로 정신적으로 어려웠던 시기가 있었으나 프린스턴의 조력자이자 스승들을 통해서 진리의 길로 전진할 수 있었다. 그 당시 프린스턴 신학자들에게 웨스트민스터 신앙고백을 옹호하는 것은 성경에 대한 헌신과 같다고 생각했었다. 당시 프린스턴 교수들은 장로교회의 신앙고백서, 요리문답서에 서명해야 했다.¹⁸⁵

A. A. 핫지도 신앙고백서를 철저히 신뢰했고, 워필드도 웨스트민스트 신앙고백서를 옹호하여 고백주의에 근거하여 신앙고백서의 개정을 주장

182　Archibald A. Hodge and Benjamin B. Warfield, "*Inspiration*", in Princeton Theology, ed. Noll, 229.
183　W. Andrew Hoffecker, "*Benjamin B. Warfield*", in Reformed Theology, ed. Wells, 71.
184　Bradley J. Longfield. 『미국 장로교회 논쟁』, 80.
185　David B. Calhoun, *Princeton Seminary*, vol. 1, 421.

하던 찰스 브릭스(Charles Briggs)에 반대하였었다. 메이첸은 프린스턴신학교에서 벤자민 워필드에게 조직신학을 배우면서 개혁주의 신학에 대해서 확신을 가지게 되었다. 기독교 신학이 가장 변증하기 적합하며 성경적인 기독교는 항상 개혁 신앙 안에서 발견되고 있다는 것이다. 메이첸이 독일 유학 시절 신학적 도전을 주었던 학자는 마르부르크(Marburg)대학 조직신학 교수인 빌헬름 헤르만(Wilhelm Herrmann)이었는데 메이첸에게 많은 영향을 준 교수였다. 헤르만은 알브레히트 리츨(Albrecht Rischl) 학파의 대변자로서 기독교 신앙의 핵심이 교리가 아니라 도덕 체계에 있다고 가르친 사람이다. 그는 복음서의 윤리성을 강조하면서 예수의 역사적 연구의 중요성을 부정했다.[186]

헤르만은 리츨 학파의 도덕 신학을 가르치면서 교리 없는 생명력 있는 신앙생활만을 강조하였다. 리츨 학파는 복음서에 대한 자유주의적 비평으로 독특하게 재구성된 예수의 도덕적 삶이 인류에게 무한한 존경을 받을 수 있다고 생각했다.[187] 정통 신학이나 종교 철학을 인정하려고 하는 사람들과는 달리 헤르만은 형이상학은 신학과 아무 관련이 없다고 하였다.

> 그는 주장하기를 교리나 예수님의 교훈에 대한 의존은 율법주의에 지나지 않으며, 사람을 기독교인으로 만들거나 신앙의 확실성을 주는 그 실재로 인도하지 못할 것이다. 성서들은 역사적 연구에 의하여 반박될 수 있으므로 그것들은 기독교 신앙에 대한 확실한 토대를 제공할 수 없다고 헤르만은 주장한다.[188]

---

186   D. G. Hart, *Defending the Faith* (Phillpsburg, New Jersey: P&R Publishing company, 2003, 21.
187   Gresham Machen, *Christiantyin Conflict, in Machen: Selected Shorter Writings D. G. Harted* (Philippsburg: P&R Publishing Company, 2004), 556.
188   Bradley J. Longfield, 『미국 장로교회 논쟁』, 72.

메이첸에게 독일 유학 기간은 매우 힘들고 어려운 시간이었지만 이러한 경험을 통하여 자유주의가 아닌 성경신학의 위대함과 프린스턴 신학의 위대함의 진리를 프린스턴의 스승들을 통하여 느낄 수 있었고 깨달을 수가 있었다. 메이첸은 한때 남장로교에 적을 두었지만 1913년 북장로교회의 뉴브룬즈윅노회에 가입하고, 1914년 4월 "신구약 성경을 하나님 말씀이며 신앙과 행위의 유일한 무오한 법칙"임을 엄숙하게 선서하고 웨스트민스터 신앙고백이 성경에서 가르치는 교리임을 서약한 후에 목사 안수를 받았다.[189]

메이첸은 프린스턴 신학에 헌신하면서 변증적인 신학의 기초적 원리를 세우고, 구프린스턴 신학의 귀납적 원리로 성경의 초자연주의적 사실들을 받아들이고 해석하는 것이 진정으로 과학적이며 합리적이라고 보았다. 메이첸은 기독교인들이 참된 기독교를 위해서는 진리의 논쟁을 피할 수 없다고 보았다. 그는 독일에서의 헤르만을 떠올리며 자유주의자들이 강조하는 신학과 종교적 감정의 구별에 대해서 다음과 같이 말했다.

> 나는 사람들이 왜 과학의 영역에서 논쟁을 피하고자 하는지를 잘 알고 있다. 왜 그들이 현실 세계에서 일어난 일을 회피하고 과학적 논쟁이 다룰 수 없는 영혼의 내적 세계에 의탁하려 하는지를 잘 알고 있다. 과학과 종교는 완전히 별개의 영역에 속하며 결코 충돌할 수 없다고 말하는 것은 변증에서의 어려움을 해결해 줄 수 있는 것같이 보인다. 종교가 감정과 관념의 영역을 지키기 위해서 사실의 모든 영역을 과학에 넘겨주어 평화를 얻는다는 것은 편리해 보인다.[190]

189　Ned B. Stonehouse, 『메이첸의 생애와 사상』, 197.
190　Machen, *"Christianity and Liberty"*, 362.

이제는 많은 신학자가 성경 고등비평의 현대 자유주의 신학자들의 논거인 과학적 실증주의(Scientific Positivism), 역사주의(Historicism) 등에 영향을 받아서 성경의 역사성을 잘 믿지 않으며, 성경 진리의 권위를 버리는 대신에 종교적 진리와 과학적 진리를 분리하여 탐색했다. 그러나 메이첸은 이러한 논리를 거부했다. 그는 기독교의 합리성을 변증하기 위해 구프린스턴 신학 원리를 따랐으며 기독교는 합리적으로 변증할 수 있고, 기독교 신앙의 영적 문제들을 신학을 통하여 성경을 통하여 풀 수 있다고 보았다. 그래서 신학과 변증은 참된 기독교 역사 신앙이라고 생각했다.[191]

프린스턴신학교는 1920년대 오랫동안 신학교 논쟁으로 진통을 겪다가 1929년 드디어 분열을 초래하고야 말았다. 그 분열의 직접적인 원인은 어번 선언(Auburn Affirmation)이다. 어번 선언이란 뉴욕주 어번에서 1923년 12월 16일 모인 자유주의 성향의 목회자들이 기독교의 5대 교리는 교리적 가설로서 장로교 총회에서 목회자 지망생들이 강요되어 반드시 믿어야 된다고 할 수 없다는 입장에 서명함으로 이룩된 신학적 선언이다. 이 어번 선언과 프린스턴신학교 이사회 재조직에서 오는 세력 균형의 차이 때문이라고 할 수 있겠으나 그 중심에는 메이첸이 있었다.[192]

1921년 핫지(Charles Hodge) 교수를 이은 워필드(B.B. Warfield) 교수가 서거하자 프린스턴신학교가 변화되기 시작했다. 신학교가 서서히 신학적 사상에 대한 문을 열기 시작한 것이다. 그것은 신학교가 교단 소속이었기 때문이기도 하다. 당시의 교장이었던 스티븐슨은 신학적 중도 노선 정책과 포용주의 노선을 견지했다. 이에 메이첸과 신학적으로 대립하게 된다. 메이첸은 그의 저서 『기독교와 자유주의』(Christianity and Liberalism)에서 "자유주의는 기독교가 아니고 또 다른 종교일 뿐"이라고 단정하면서 자유주의

---

[191] Machen, "Christianty and Culture", in Machen: Selected Shorter Writings, 399-410.
[192] 김의환, "메이첸과 한국 보수 신학의 형성", 「칼빈논단」, (2014년 1월.12일), 2.

를 정치적으로 포용하는 어떠한 입장에도 반대하였다.[193]

교리적 차이들을 무시하고 포용하는 것을 받아들일 수가 없었던 것이다. 그러나 자유주의 신학의 입장을 따르는 어떤 선언에 동조하는 이사들이 참여하는 단일 이사회 체제가 총회를 통해 인준을 받아 더 이상 보수 정통의 신학을 유지할 수 없음을 깨달은 메이첸은 23년간 봉직한 프린스턴을 드디어 떠나기로 결심한다. 그래서 뜻있는 교수들과 학생들과 함께 1929년 필라델피아 웨스트민스터신학교를 세웠다. 이때 함께 옮긴 대표적인 교수는 로버트 딕 윌슨(Robert Dick Wilson), 오스왈드 앨리스(Oswald T. Allis) 그리고 코넬리우스 반 틸(Cornelius Van Til) 등이 있었고, 학생으로는 프린스턴에서 재학생 20명과 신입생 30명 포함 50명이었다.[194]

교단의 해외선교부가 하버드대학교 호킹(W.E. Hocking) 교수가 집필한 『선교를 다시 생각하다』(Re-thinking Mission)의 자유주의 선교 사상을 받아들인데 대하여 메이첸은 비판을 가하였다. 그러나 그가 속했던 뉴브런스윅(New Brunswick)에 청원했지만 총회는 그러한 메이첸의 건의를 받아들이지 않았다. 메이첸은 독립된 선교부를 만들었으나 총회의 압력으로 인하여 그 총회 소속으로는 더 이상 신학의 자유를 유지하기 어려웠다. 드디어 메이첸은 1936년 6월 11일 필라델피아에서 새로운 아메리카 장로교회(The Presbyterian Church in America)를 창립하고 초대 총회장에 당선된다.[195]

---

193 김의환, "메이첸과 한국 보수 신학의 형성", 4.
194 김의환, "메이첸과 한국 보수 신학의 형성", 6.
195 김의환, "메이첸과 한국 보수 신학의 형성", 8.

3) 주요 프린스턴신학교 출신의 선교사

(1) 라부열(Stacy L. Robert, 1881-1946)

라부열은 프린스턴 출신가운데 한국 장로교 선교에 지대한 영향을 미친 사람 가운데 한 사람이다. 라부열은 마포삼열을 이어 1925년 평양신학교 제2대 교장이 되어 평양신학교를 세계적인 신학교로 끌어 올리는데 중추적인 역할을 감당했던[196] 선교사이다. 그는 미국의 북장로교 출신 선교사이었다. 그의 선교 사역 기간은 1907-1946년이고 1907년에 입국하여 19041년 신사참배 문제로 학교가 폐교되고 강제로 귀국하게 된다. 그는 무디가 미국과 영국에서 부흥운동을 일으킬 때인 1881년 2월 18일, 펜실베니아주 브론스버그에서 목사의 아들로 태어났다.[197]

1900년 메시버그고등학교를 우수한 성적으로 졸업하고, 라피에르대학 문과를 졸업하고, 1907년에 프린스턴신학교를 졸업하였다. 그는 졸업과 동시에 북장로교 선교사로 한국에 파송되었다. 곧 선천에서 5년간 선교사역을 수행한 그는 1913년에 평양신학교 교수로 초빙되어 이후 20년간 신구약 석의를 강의했다.[198]

프린스턴신학교 출신들이 초기 맥코믹신학교 출신들만큼 주도권을 잡지 못한 이유는 프린스턴 출신 선교사들이 상대적으로 한국에 늦게 들어왔기 때문이다. 라부열이 평양신학교 교장이 되면서 프린스턴신학교 출신들이 더 많이 등장하게 된다. 한국에 입국한 라부열은 평양에 도착하여 한국어를 배우고 마포삼열의 지도를 받았다. 그는 선천이 첫 임지였는데 어려운 산간벽지를 다니면서도 그 복음 사역을 감당하게 된다. 그는 평양신학교 1회 졸업생인 양백정과 함께 선천에 교회를 세웠고, 정주 오산학교

---

196 대한예수교장로회 총회, 『대한예수교장로회 총회백년사』, 196.
197 조경현, 『초기 한국 장로교 신학 사상』, 123-125.
198 정성구, "평양장로회 신학교 교수 약전", 「신학지남」 68 No.2, (2001), 85.

이승훈과 함께 학교 사역에도 많은 공헌을 하였다. 그러나 그의 가장 큰 사역은 역시 평양신학교에서의 교수 사역이었다. 그가 교수로 사역한 지 11년 후에 마포삼열에 이어 제2대 교장으로 취임했을 때 그는 신학교의 발전을 위한 일에 착수하게 된다. 그 전보다 더 학교를 한 차원 끌어올리기 위하여 취약한 부분들을 보완하였고, 더욱더 학교를 체계화시킴으로써 세계적인 신학교로 발돋음 할 수 있게 한 것이다.

마포삼열이 교장으로 있을 때와 신학적으로 다른 점이 있었다면 라부열이 교장이 되면서 프린스턴 출신 교수들이 신학 과목을 담당하여 더욱더 구프린스턴 신학으로 바뀌기 시작했다는 것이다. 그가 교장으로 있는 동안 학교는 발전했는데 1920년부터는 신학교에 한국인들도 이사로 또한 신학교 교수로 참여하기 시작한다. 1935년 3월에 신사참배 문제가 등장하기 시작했다. 당시 평안남도 도지사였던 야스다께가 기독교계 학교에 먼저 신사참배를 강요하게 된다. 북장로교 선교부와 평양신학교 교수들은 그 문제를 고민하게 된다. 그러나 학교가 폐교되더라도 신앙을 지키기로 결정하고 정면으로 거부하게 된다. 결국 신학교는 라부열이 교장으로 취임한 지 14년 만인 1938년 가을, 휴교에 들어가면서 폐교되었다.

그는 귀국 후에 1946년 10월 2일 프린스턴에서 소천하였다. 그는 많은 논문을 「신학지남」에 기고했다. 대표적인 논문은 <삼위일체에 관한 예수의 교훈>(1918. 7), <예수 부활의 증명>(1919. 4), <성경에 대한 문답>(1922. 5), <갈라디아 편지 서문>(1926. 4), <골로새인서 서문>(1937. 3), <고대 히브리인의 관습>(1939.5, 7), <요한삼서 강해>(1939. 5. 7) 등이 있다.[199]

---

199 정성구, "평양장로회 신학교 교수 약전", 85-86.

(2) 함일돈(Floyd E. Hamiliton, 1890-1969)

함일돈은 프린스턴신학교 출신으로 1920년 내한하여 신사참배 문제로 1940년 강제 출국당할 때까지 16년간 북장로교 선교사로 재직했다. 그는 선교사로 재직 중 숭실대학과 평양신학교 교수로 보내면서 한국 장로교 신학 발전에 지대한 역할과 영향을 끼쳤다.[200] 함일돈은 1890년 4월 3일, 뉴욕 바타비아에서 태어났다. 1916년 오하이오 우스터대학을 졸업하였고, 1919년에 프린스턴신학교를 졸업한 후에 몇 년 후, 우스터장로교회에서 목사 안수를 받았다. 한국에는 1920년 1월 4일에 도착했다.[201]

그는 1920년 평양 선교부에 파송되어 농촌 복음화에 힘을 기울였고, 1926년에는 숭실대학의 교수로 초빙되어 이후 10년간 재직하였고, 평양신학교 교수로도 활약하였다. 그는 평양 선교부에 소속되어 농촌 전도에 종사하다가 미국으로 다시 돌아가 1925-26년 동안 프린스턴신학교에서 신학석사(Th.M.)을 졸업하고 다시 내한하여 1926-36년 동안 숭실대학에서 교수로 일했던 것이다. 또한, 평양신학교에서는 변증학을 가르쳤다. 메이첸이 1936년 미국 북장로교 총회에서 징계를 받고 교단을 떠나자 함일돈도 북장로교를 떠나 메이첸이 지도하던 독립선교회로 이적하였던 것은 메이첸의 신학 사상적 영향을 많이 받았다고 할 수 있겠다.

그는 프린스턴에서 워필드와 메이첸에게 사사했고 그의 기독교 신앙의 기초라는 작품에서도 변증학에 대해 강조했다. 곧 그것은 프린스턴 신학의 근본이었던 학문이다. 그의 스승들의 계보를 잇는 생각을 가지고 있었던 것이다. 즉, 성경은 하나님의 정확한 말씀이요 무오한 말씀이라는 증거 사상이고, 성경의 저자들은 오류 없이 하나님의 말씀을 기록하였다는 것이다. 그는 전형적인 프린스턴 신학자였다. 성경의 무오성과 영감에 있어

200　대한예수교장로회 총회, 『대한예수교장로회 총회백년사』, 197.
201　조경현, 『초기 한국 장로교 신학 사상』, 128.

서는 구프린스턴 신학을 계승하면서도 종말론에서는 무천년설의 입장을 취하고 있다.[202]

그가 남긴 저서로는 『천년왕국 신앙의 기초』, 『현대 세계에서의 개혁신앙』, 『기독교 신앙의 기초』는 개혁 보수 신앙을 한국에 심는데 공헌했고, 「신학지남」에 여러 글을 발표하기도 했다. <세례 요한의 사명의 성질급 의미>(1938. 7, 9, 11), <성찬에 대한 바울 교리>(1939. 3, 5, 7), <예수의 부활>(1940. 3), <칼빈주의>(1937. 9) 등이다. 여기에서 함일돈이 「신학지남」에 기고한 <칼빈주의>(1937. 9)의 앞부분을 살펴보겠다.

> 우리가 本誌 前月號에서 人間의 全的 腐敗를 論究하여 보았다. 칼빈主義가 人間의 救援이 全的으로 하나님에게 달렸다고 말하는 理由는 人間은 이렇게 全的으로 腐敗하야 스스로 救援을 얻을 수 없고 온전히 他力 곧 하나님의 能力으로야 得救할 수 있는 까닭이다. 우리는 救援問題의 해결을 爲해서는 하나님을 全依할 수밖에 없는 것이다. 다음으로 考慮하는 論題는 하나님의 無條件 選擇이다.[203]

1935년 신학 노선의 차이로 함일돈은 북장로교에서 정통 장로교로 이적하여 강계에서 계속 선교 사업을 하였다.[204] 그 후 신사참배 문제로 평양신학교가 폐교되었고, 함일돈도 역시 신사참배에 반대한다. 한국의 같은 독립선교부 일원이었던 마두원, 한부선, 배의남 등과 신사참배에 항의하다가 1940년 일본 경찰에 의하여 체포되었고 추방당하게 된다. 그러나 그는 해방 후 다시 내한하여 고려신학교 교수로 재직하게 된다. 박형룡 박사가 서울에 장로회총회신학교를 설립하자 이적하여 교수로 재임했고, 박형

---

202 대한예수교장로회 총회, 『대한예수교장로회 총회백년사』, 197-198.
203 Floyd E. Hamilton, 「신학지남」 (1937.9), 25.
204 대한예수교장로회 총회, 『대한예수교장로회 총회백년사』, 198.

룡 편집의 『표준 성경 주석』 가운데 창세기, 로마서를 주석 집필하였다.[205]

(3) 어도만(W. C. Eerdmans, 1877-1948)

어도만 선교사는 프린스턴신학교 교수 찰스 어드만스의 동생이다. 그는 1877년 11월 8일, 일리노이주 시카고에서 태어났다. 1899년 프린스턴대학을 졸업하고 1899년 프린스턴신학교에 입학하여 1902년 졸업했다. 1903년 1월 13일, 필라델피아에서 안수를 받았고, 저먼타운 제일교회에서 부목사로 3년 사역을 하다가 1906년 한국에 선교사로 입국하게 되었다.

사역지는 경상도 대구를 중심으로 사역했고 1924년 라부열이 평양신학교 교장이 되면서 신학교 교수 사역을 시작하였다. 과목은 구약을 가르쳤으며 1916년부터는 대구선교부에서 평양 선교부로 옮겨 1931년 은퇴할 때까지 선교 활동을 계속하였다. 그가 대구에서 선교 활동을 할 때에는 1910년까지 많은 교회를 개척하였다. 그는 전도를 위해 조사 김성삼, 김기원, 박영조 등과 만나 경상도의 군위, 의성, 선산 지방들을 돌면서 전도지를 나누어주며 복음을 증거하고 교회를 설립하고 다녔다. 그와 같이하여 그가 각 지방에 세운 교회는 의성의 실업, 효선, 산운, 삼사, 비봉교회를 세웠고, 군위에서는 상곡, 내리교회를 세웠으며 영천에서는 부현, 자천교회를, 선산에서는 상림교회를 설립하였다.[206]

1914년, 1915년 에는 제9대와 제10대 경상노회장을 역임하였다. 그는 그 후 1916년부터 평양신학교 교수로 학생들을 가르쳤고 라부열이 평양신학교 교장이 되면서 1924년에 정식으로 교수단에 합류하였다. 그는 재직할 때 많은 논문 저술과 「신학지남」에 글을 기고했다. 신학적 입장은 매우 보수적이었다. 오히려 프린스턴신학교에 있는 형인 찰스 어드만보다

---

205 정성구, "평양장로회 신학교 교수 약전", 82.
206 조경현, 『초기 한국 장로교 신학 사상』, 126.

도 더 신학이 보수적이었다고 한다. 그의 성경관은 구프린스턴의 신학을 계승하여 성경의 완전 영감과 무오성을 가지고 있었고 전파하고 가르쳤고 또한 변증했다.

그의 저서들은 1931년 은퇴 후 귀국 할 때까지『포로 시대 후 선지서 강해』,『성경총론』,『주일학교 예배순서』,『요한복음 공과』,『포로기와 상관된 시기』등의 저서를 남겼으며,「신학지남」에 기고한 글로는 <나시르 구약>(1919.1), <십계명의 부분>(1919. 4), <어구스티노의 시편 인용>(1920. 4), <진화론과 창세기>(1920. 10), <정경>(1922. 1), <성경은 과학적으로 정확한가>(1930. 9 - 1931. 7), <성경 기사의 진실성에 대한 새로운 증거>(1936. 3) 등 많은 기고의 글들이 있다. 이 중에서 <성경 기사의 진실성에 대한 새로운 증거>의 원문 첫 단원은 이러한 내용이다.

> 聖經은 다른 아모冊보다도 언제나 가장 많이 팔립니다. 一九三三年度에 있어서도 이것이 事實인것을 統計表는 明示하여준다. 聖經은 이世上에서 第一 貴重한 冊이다. 이것은 하나님에關한 眞理와 및 사람의 하나님께 對한 關係를 明示한 冊이라고는 이聖經밖에 없는 까닭이다. 이眞理는 同時에 聖經의 歷史的記事와 不可分의 關係를 가지고 있다. 만일 이聖經이 歷史的으로 참것이 아니라면 그倫理的 靈的價値도 또한 認定할수 없을 것이다. 그러나 이것이 歷史的으로 信憑할만한것일진대 우리는 聖經全般을 信憑할수있으며 그리스도와 및 그의 救贖의 능력에 관한 全使命을 믿을 수 있을 것이다.[207]

위와 같은 은혜로운 글을「신학지남」에 많이 기고한 어도만은 자신의 신학을 확실히 표현할 줄 알았다. 그리고 그의 성경 해석의 관점 중에는

---

[207] W. C. Eerdmans, "성경 기사의 사실성에 대한 새로운 증거",「신학지남」통권86권 18-2호(1936년3월), 13.

'구속사적'인 면이 강했다. 그는 평양신학교에서의 모든 사역을 마치고 1929년 은퇴하고 1931년 본국으로 돌아가 펜실베니아주 필라델피아 저먼타운에서 살다가 1948년 5월 17일 소천했다.[208]

(4) 윌리엄 헌트(William Brewster Hunt, 1869-1953)

윌리엄 헌트(William Brewster Hunt, 1869-1953) 선교사는 1869년 10월 2일 일리노이주 오타와에서 출생하여 시카고에서 성장했다. 헌트의 조상은 1620년 메이플라워호를 타고 영국을 떠나 신대륙으로 이주한 청교도 존 헌트의 후손이다. 청교도 정신에 따라서 언약 사상에 기초한 경건한 신앙생활을 하였다. 그의 조부 티모시 헌터는 예일대 출신으로 1849년에 캘리포니아 샌프란시스코에 최초의 개신교회를 세워 목회하였고, 캘리포니아 주립대학교와 안셀모신학교를 세운 교육자였다. 헌트 선교사의 부친 역시 시카고 오타와 지역에서 장로로 교회를 섬겼다.

그는 1894년 레익포레스트대학을 졸업하고, 프린스턴신학교에 입학하여 1897년 졸업과 동시에 미국 북장로교 선교부로부터 한국 선교사로 임명받았다.

미국 북장로교 선교부는 그의 사역지로 1898년 황해도 재령으로 인도했다. 미국 북장로교 선교부에 있어 평양과 재령은 한국 선교에 있어서 중요한 거점이었고, 지리적으로도 좋은 조건을 가진 곳이기도 하였다. 그는 1939년까지 재령에 머물면서 지방 순회 전도, 교회 개척, 사경회, 미자립 교회에서의 설교, 성경학교 운영 등 사역에 온 열정을 쏟았다. 그와 같은 그의 선교 열정으로 재령에서는 교회가 크게 부흥하였는데, 1893년에 재령 최초의 교회인 신환포교회가 설립되었고, 1895년에는 재령읍교회가 설립되었다.

---

[208] 조경현, 『초기 한국 장로교 신학 사상』, 127.

헌트 선교사는 네비우스 선교 정책에 따라 자립, 자전, 자치의 원리로 교회를 운영하였다. 그와 같은 결실로 인해서 1906년에 재령에 선교본부가 설립될 당시 교회는 소래교회를 비롯한 몇 안 되는 교회였지만, 1931년 황해노회에 소속한 교회 수는 약 100개 소에 이르렀고, 40여 명의 목회자가 세워졌다.[209] 또한, 헌트 선교사는 학교와 병원을 통해서도 선교에 힘을 기울였고, 재령의 제중병원을 통한 순회 진료와 진료 사역을 통해 전도의 열매를 많이 맺었다.

그는 평양신학교 교수로서 1903년부터 강의하였으며 그가 담당했던 과목은 마태복음과 고대사였다. 헌트 선교사는 1939년 10월 선교사 사역을 정식으로 은퇴하게 된다. 그 후 본국으로 귀국하여 뉴저지에서 거주하다가 1953년 12월 6일, 그의 부인이 소천한 후에 12월 20일, 하나님의 부르심을 받고 은혜와 영광 속에서 생을 마감한다.

5. 미국 남장로교 출신 선교사와 선교 정책

미국 북장로교(PCUSA) 선교부와 호주빅토리아장로교회 선교부(PCV)에 이어 미국 남장로교(The Presbyterian Church of the United States) 선교부는 세 번째로 한국에 설치되었다. 한국에 북장로교 선교사로 와있던 언더우드(H. G. Underwood)가 1891년 10월에 미국 내쉬빌(Nashville)에서 열린 미국신학교선교연맹(The InterSeminary Missionary Alliance)에 윤치호와 함께 참여하여 한국에 관한 강의를 하였는데[210] 그 장소에 참여했던 사람들 중에 유니온(Union)신학교 학생들이 있었다. 그들은 그때에 한국에 대한 강의를 듣고

---

[209] 조경현, 『초기 장로교 신학 사상』, 137.
[210] H. G Underwood, "The Progress of Mission in Korea," USM, No. 4, (Mar.-Apr., 1892), 314-316.

마음에 감동이 와서 한국에 선교사로 가기로 결심한다.[211]

이 유니온신학교 학생들이 바로 이눌서(W. O. Reynolds) 부부, 전위렴(W. M. Junkin) 부부, 데이비스(Linnie Fulkerson Davis), 최의덕의 여동생인 최마태(Mattie Samuel Tate), 최의덕(Lewis Boyd Tate)이었다.[212] 이들을 7인의 선발대라 부른다. 이들은 언더우드 목사의 형이 $2000, 언더우드가 $500을 지원함으로써 한국으로 출발할 수 있었다. 그런 의미에서 남장로교 선교사들은 언더우드를 "미국 남장로교의 아버지"라 불렀다.[213] 7인의 선발대는 1892년 11월에 한국에 도착하여 북장로교 선교사 거처에 있다가 일부분을 구입했다.

이들은 서울에서 선교 적응을 위해 훈련을 받았다. 한국어를 익혔고, 한국 사람들의 생활상과 지리를 공부했다. 미국 남장로교 한국선교부는 호남지방에 1892년부터 1983년까지 260명의 선교사를 파송하였다. 이들의 선교 정책은 네비우스 선교 정책과 맥을 같이 하였다. 1893년 1월 28일 선교사 공의회를 조직하여 네비우스의 가르침을 선교 방법론으로 재확인하고, 남장로교 선교사들에게 충청도 남부 지역과 제주도를 포함한 전라도를 선교 구역으로 할당하였다. 그들은 철저하게 "엄정중립 불간섭" 원칙을 고수하면서 사회의 하층민을 중심으로 선교하였으며, 1군 1학교, 1군 1병원의 원칙을 철저하게 지켜나갔다.[214] 그들은 장로교 공의회에서 협정한 원칙 중 하나인 예양 협정(Commity Agreements)에 따라 각 장로교 선교회가 선교 사업의 중복과 지역의 이중 점검에서 오는 불필요한 경쟁을 피하기 위하여 남장로교는 아직 점거되지 않은, 선교적으로 미개척지인

---

211 W. W. Moore, "*Union Seminary Men in Korea*", USM, No. 4, (Mar., 1898), 340.
212 "*Korea-Our New Mission Station*", USM, No. 1, (Sep. -Oct., 1892), 44-45.
213 차종순, "미국 남장로교회의 호남지방 선교활동", 「기독교 사상 연구」 Vol. -No. 5, (1998), 110-111.
214 차종순, "미국 남장로교회의 호남지방 선교활동", 120.

전라도와 충청도를 점유 개척하도록 합의를 한 것이다. 남장로교가 개설한 선교부는 7개 선교부였는데 다음과 같다. 전주 선교부, 군산 선교부, 나주 선교부, 목포 선교부, 광주 선교부, 순천 선교부, 제주도 선교부이었다. 선교사의 자질 면에서 남장로교 선교회 출신 선교사들은 우수한 선교사들이었다. 출신 대학이나 신학교가 우수했으며 이들이 한국에서 거둔 선교의 결실은 매우 놀라운 것이었다.

6. 미국 남장로교 신학교와 주요 선교사들

1) 유니온신학교(버지니아주 리치몬드)

한국 선교에 가장 큰 공헌을 한 남장로교 선교사들은 대부분 버지니아주 리치몬드에 있는 유니온신학교 출신이었다. 그 당시 유니온신학교는 남장로교를 대표하는 신학교이었다. 미국 남장로교는 1799-1804년 부흥운동 이후 교인들의 증가로 인해 목회자가 필요하게 되었다. 그래서 신학교의 설립 문제가 대두되었고 그로 인하여 생긴 학교가 유니온신학교이다. 1806년 미국 남장로교 하노버노회는 신학교 필요성에 대해서 언급했다. 또한, 버지니아노회는 1812년 노회 안에 신학교를 세울 것을 채택하게 된다. 그래서 모금 운동을 벌였고 모금 운동을 위해서 호지(Moses Hoge) 교수를 임명했는데 소천하였고, 그다음으로 알렉산더(Archibald Alexander) 교수를 임명했는데 거절하였다. 결국 신학교 문제는 하노버노회로 넘어가게 된다.

위와 같은 우여곡절 끝에 더 많은 노회가 참가하였고 그 당시 동부의 모든 노회가 신학교 문제를 해결하기 위하여 모였고 임시 신학교를 세우게 된다. 첫 신학교 교수로 리치몬드 제1 장로교회의 목사인 라이스(John Halt

Rice)를 1812년 11월 16일 신학교 교수로 임명하였다.[215] 라이스 목사는 여러 곳에 다니면서 신학교 설립을 위해서 고군분투하며 온 정성을 쏟았다. 그러한 그의 각고의 노력 끝에 1824년 1월 1일 공식적으로 신학교가 개교되었다. 이 신학교가 바로 유니온신학교이다.

1827년 하노버노회는 버지니아 대회와 북캐롤라이나 대회가 연합 운영하도록 양도하였고 신학교 또한 총회 산하로 가입하게 된다.[216] 학교 이름도 유니온신학교로 개명되었다. 학생들의 숫자가 해가 지날수록 증가하였다. 1822년에는 3명으로 시작한 신학교가 1825년에는 22명이 되었고, 1830년에는 38명으로 더욱 늘어나게 된다. 그래서 라이스 교수는 시설들을 더욱 확충하게 되는데 신학교에 가장 필요한 도서관, 강의실, 기숙사와 필요한 건물들을 지었다. 1880년 전까지의 교수진을 보면 벡스터(George A. Baxter, 조직신학), 스미스(BenJamin M. Smith, 동양문헌), 테일러(Stephen Taylor, 교회사), 답네(Robert L. Dabney, 교회사 및 교회 정치), 알렉산더(Henry C. Alexander, 성경문헌 및 신약해석학)가 있었다.[217]

교수들의 신학 사상을 보면 밀러스버그교회 담임이면서 신학교 교수인 모어(W. W. Moore)가 있었는데 그의 담당 과목은 동양문헌이었다. 그는 성경을 문자적으로 해석하지 않았고 비평신학에서의 관점으로 해석하려고 하였다. 곧 성경의 문자주의와 영감론에서 보수주의와는 반대인 진보주의적인 사고방식을 가졌다.[218] 알렉산더 교수가 1891년 은퇴하고 그의 뒤를 이어서 사우스웨스턴장로교대학교 명예총장인 허스만(Charles. C. Herman)이 성경문헌과 신약해석학을 가르치게 되었는데 그는 철저한 성경의 영

---

215   W. W. Moore, *Historical Sketch of Union Theological Seminary*, USM, No.4. (Mar-Apl., 1898), 231-232.
216   W. W. Moore, *Historical Sketch of Union Theological Seminary*, 234.
217   W. W. Moore, *Historical Sketch of Union Theological Seminary*, 236-242.
218   James Appleby, " *Rebuilding*" The Days of Our Years, 1812-1962 (RichMond Virginia, 1962), 49.

감과 권위를 인정하는 신학자이었다. 그는 프린스턴을 1863년 졸업했고 1887년에는 컬럼비아신학교에서 성경문헌 책임교수로 일했다. 벤자민 스미스 교수가 40년을 교수한 후 소천하자 바우한(C. R. Vaughan)이 조직신학과 험증학을 맡았다. 종합해 보건데 유니온신학교 교수들이 철저한 칼빈주의에 입각한 보수 신학을 가졌음을 확인할 수가 있었다.

이와 같은 교수들 밑에서 학생들은 보수적이며 청교도적인 신학을 물려받았다. 유니온신학교 학생들은 다양한 프로그램을 통하여 경건 훈련과 기도 훈련, 봉사 활동 및 전도 생활을 할 수가 있었다.

2) 주요 유니온신학교 출신의 선교사들

(1) 이눌서(William. D. Reynolds, 1867-1951)

이눌서는 미국 남장로교 출신 선교사 가운데 가장 잘 알려진 선교사이다. 그는 1867년 미국 버지니아주 노포크에서 아버지 레이놀즈(W. D. Reynolds) 1세와 어머니 메베인(Carey Mabane) 사이에서 5남매 중에 넷째로 출생하였다. 아버지 레이놀즈 1세는 노포크제2장로교회(the Second Presbyterian Church)의 듬직하고 믿음 있는 장로였으며, 직업은 성공한 면화상(Cotton Broker)이면서 그 교회의 주일학교 교사와 교장을 지냈다.[219] 자랄 때부터 이러한 기독교 교육 환경에서 자라난 이눌서는 자연스럽게 선교사로서의 사명과 사역도 교육 분야에 남다른 감정을 가졌을 것이다. 한국에서의 선교 사역에서도 평양신학교의 교육 사역에 헌신할 수 있었던 것이다. 그는 1887년 버지니아주 햄펀시드니대학을 최우등으로 졸업하고 리

---

[219] "Biographical Sketch of William Davis Reynolds Missionary-Statesman, Theologian, Translator", Annual Reports of Presbyterian Church U. S. *in Korea Missionary 9 (*한국교회사문헌연구원, 1993), 157.

치먼드에 있는 남장로교 유니온신학교를 졸업했다.[220] 그는 1892년 신학교를 졸업하고 그해 5월 5일 버지니아 리치몬드에서 해외 선교에 관심이 많았던 팻시 볼링(Patsy Bolling)과 결혼하였다.

그는 약 40년 정도를 한국에서 선교 사역에 종사했는데 항상 성실하였고 헌신적이었다. 그가 받은 은사 가운데 언어적인 은사로 인하여 그는 라틴어, 히브리어, 헬라어, 불어, 독일어를 할 수 있었으며, 한때는 존스홉킨스 의대 라틴어 강사로 근무하기도 했다. 그는 대학 졸업할 때 최우수상과 두 개의 학위(B. A. & B. Lit)를 받았으며 졸업식에서 졸업생 대표로 라틴어 인사말을 했을 정도였다. 나중에 선교사로서의 성경 번역 사업에서의 진가는 이때부터 나타나기 시작한 것이다. 그도 한 때에는 이렇게 좋은 실력으로 볼티모어의 존스홉킨스대학교 라틴-그리스-산스크리스트어 박사 과정에 진학하여 공부하였으나 아버지 사업의 어려움으로 중단하게 된다.[221]

그는 고향에 내려와서 블러쉬공립학교 교장으로 1888년부터 약 2년간 섬겼다. 그는 YMCA 모임에도 참석하였었는데 그는 그 집회에서 은혜를 받았다. 자신의 모 교회의 담임목사였던 레이시(W. S. Lacy)의 설교는 그의 마음을 더욱더 신앙심으로 물들게 했다. 결국 그와 같은 은혜로 그는 목회자의 길로 가게 된다.

이눌서가 고등 교육과 신학 교육을 받은 햄튼시드니대학과 버지니아의 유니온신학교는 모두 미국 남장로교회와 깊은 관계를 가지고 있었다. 햄튼시드니대학은 1787년 남부 지역을 강타했던 버지니아 부흥운동의 발상지였다. 이때의 부흥운동의 영향으로 남부의 교회 지도자들이 세운 학교가 유니온신학교였고 프린스턴신학교를 모델로 세워진 신학교이기도 했다. 유니온신학교는 미국 남장로교회에서 대표적인 신학교였고 보수적이

---

220 대한예수교장로회 총회, 『대한예수교장로회 총회백년사』, 201.
221 "Biographical Sketch of William Davis Reynolds Missionary-Statesman, Theologian, Translator", 148.

며 성경 영감론을 믿는 교수들이 많은 신학교이다.[222]

이눌서는 유니온신학교에서 선교에 대한 도전을 받는다. 1891년 미국 북장로교 선교사 언더우드가 미국을 순회하면서 다녔는데 그때에 미국신학생해외선교연맹(Inter-Seminary Alliance for Foreign Missions)에 참석하여 친구들과 함께 언더우드와 윤치호를 만나게 되었고, 언더우드의 강연을 듣고 한국 선교에 관심을 갖게 된다. 그래서 미국 남장로교 출신으로는 최초로 한국 선교사로 입국하게 되었다. 그는 버지니아 리치몬드의 이스트하노버노회에서 목사 안수를 받았다.

이눌서는 남장로교 선교사들로 조직된 미국 남장로교 한국선교회(Korea Mission of the Presbterian church in the united states)의 회장으로 추대되었고, 이어서 1893년 1월 28일에는 장로교 선교부 공의회(The Council of Missions Holding the Presbyterian Form of Government)의 의장으로도 선출되었다. 이 회의에서 남장로교는 전라도와 충청도를 그들의 선교지로 할당받았다.[223] 이눌서는 1894년 호남 5대 도시를 순방하며 전도지를 배포하면서 전도했고, 강연하였다. 그는 한국 교회에 수많은 공헌을 하였다. 이것을 분석해 본다면 다음과 같다.

첫째, 그가 한 일 중 가장 큰 하나는 성경 번역을 통한 문서 선교이다. 그는 1895년 성서번역위원회 남장로교 선교부 대표로 번역 위원으로 활동한 경력을 들 수 있다.

둘째, 전라도 지역에 대한 선교 공헌을 들 수 있다.

---

222 구례인, "청직이에 복음", 「신학지남」 44권 11-2호 (1929년 3월), 111.143.
223 "Biographical Sketch of William Davis Reynolds Missionary-Statesman, Theologian, Translator", 150.

셋째, 신학 교육으로써 평양신학교 교수로서의 사역을 들 수 있다.[224] 이눌서는 평양신학교에서 신약학을 비롯하여 중요한 과목을 가르쳤다. 또한 1917년부터 1937년까지 평양신학교 어학교수 및 「신학지남」 편집인으로 헌신했다.

그가 남긴 저서로는 『교수학』, 『대요리문답』, 『성경사전』, 『성령론』, 『신도론』, 『조선어의 성서고유명사집』 등이 있다. 「신학지남」에 남긴 작품으로는 <신학변증론>, <주일과 안식일론>, <영명 생활>, <신약의 외전>, <창조론주의와 진화론주의>, <칼빈신학과 그 감화> 등의 작품이 있는데 그중에서 <칼빈신학과 그 감화> 중 한 구절을 보겠다.

> 칼빈 神學과 그 感化
> 칼빈의 教理的先輩는 어거스틴과 바울이오 그 靈的後進은 佛國, 瑞西, 和蘭, 英國, 蘇格蘭 等의 更正敎會와, 各國에 있는 獨立敎會, 侵禮敎會, 長老敎會와 英國과 米國의 聖公會등 이다. 『바울이 어거스틴(353-340)을 낳고 어거스틴이 칼빈을 낳았다.』하는 것이 普通일으는 말이다. 칼빈은 佛蘭西에서 나서 後半生은 瑞西에서 지냈으나 그의 品格과 教訓이 미치는 感化는 全世界이다. 그는 使徒信經을 教訓의 基礎로 삼았으나 信條와 實生活과의 密接한 關係에 對하야는 누구보담도 더욱 高潮하였다. 그리하야 當時 로마敎會 의 懈弛한 道德生活에 對抗하였던것이다. 그가 二十七歲되던때 萬古不朽 名著인 基督敎 原論을 羅典語로 出版하였다.[225]

224　대한예수교장로회 총회, 『대한예수교장로회 총회백년사』, 201.
225　이눌서, "칼빈 신학과 그 감화", 「신학지남」 76권 16-4호 (1934년 7월), 63.

이눌서는 한국에서의 선교 사역 40여 년을 마치고 1933년 12월 13일, 평양 서문밖교회에서 이눌서 선교 40주년 기념예배를 드림으로 은퇴한다. 이눌서는 한국 선교에 잊을 수 없는 아주 중요한 사람이고 한국 선교 역사에 그의 행적은 길이 남을 것이다.

(2) 구레인(John Curtis Crane, 1888-1964)

구레인은 1888년 2월 25일, 미시시피주 야주(Yazoo)에서 아버지 이드가 (Elizabeth L. Gebhart) 사이에서 태어났다. 그는 1909년 콜로라도대학교를 졸업하고 1911년 유니온신학교에 입학하여 1913년에 졸업하였다. 그는 같은 해 3월 20일, 미시시피주 출신 플로렌스(Florence Hedleston)와 결혼한 후 한국에 선교사로 입국한다.

구레인은(John. Curtis. Crane, 1888-1964)은 1937년부터 평양신학교 조직신학자 이눌서를 계승하여 평양신학교에서 조직신학을 가르쳤다. 그는 평양신학교의 정통 보수 신앙을 계승한 선교사였다. 그는 전라도 순천 선교부에 파송되어서 순천 선교부를 중심으로 교회 사역과 전도 사역에 헌신하였다. 그가 1914년부터 활약하여 세운 교회가 꽤 많았다. 고흥 기동교회, 순천 가곡교회, 월곡교회, 이미교회 등을 설립했고, 1918년에는 고흥 유둔교회를 시무하는 등 계속적으로 교회를 설립하고 시무하면서 하나님의 나라를 확장해나갔다. 그는 또한 매산학교를 설립했는데, 매산학교는 당시에는 기독교 학교 중 명문 학교였다.

그는 신학자로서도 능력을 인정받았다. 그의 신학 사상은 구학파 전통의 보수 신학이었다. 그는 1937년부터 평양신학교 조직신학 교수로서 봉직하였다. 그의 작품 중에 『조직신학』(1959)을 통해서 그의 신학을 알 수 있고, 또한 역사적인 정통 보수 신학에 근거를 두고 있는 신학자라는 것을 느낄 수 있다. 그의 작품들은 「신학지남」에 여러 편이 등재되어 있는데 그중에서 대표적인 작품은 <청지기의 복음>이다.

> 廳直이의 福音
> 比例捐補에는 十일條福音도包含되었다. 信者가 捐補하고아니함에 對하야는討論할必要도업다. 아모사람이던지 信者된이는 天國을建設하는데 財政에關係가업다고 평계할수 업는것이다. 또한信者가 자기才能에 比例로반다시 捐補하여야할것도論難할것이아니다. 우리가 아는데로 比例의捐補를하여야聖經대로捐補하는것이다. 그러나 무삼比例로하여야할가함에는 問題가 生起게된다.[226]

저서로는 대표적으로 『조직신학 3권』을 집필하여 신학생들을 가르쳤다. 구례인은 1940년 11월 16일, 일제의 탄압과 강압으로 본국으로 귀환할 때에 마지막까지 남아 최선을 다해 할 수 있는 일들을 마무리 했다. 그는 1941년 한국을 떠났다. 미시시피주 파스카고라에서 1942년부터 목회를 했다. 1946년 다시 한국에 입국하여 순천에서 문서 사역 중심의 사역을 담당했다. 1956년에 은퇴 후 귀국하여 목회와 글을 쓰다가 1964년 고향인 미시시피주 옥스퍼드장로교회에서 소천했다.[227]

---

[226] 구례인, "청직이에 복음", 「신학지남」 44권 11-2호 (1929년 3월), 111.
[227] 조경현, 『초기 한국 장로교 신학 사상』, 160-161.

제3장
평양신학교의 교육

1. 평양신학교의 교육 목적(교훈: 학문과 경건)

평양신학교는 1901년 평양에서 장로교 교역자 양성기관으로 출발하였다.[1]

평양신학교가 설립되어야 하는 이유는 무엇이고, 선교사들이 신학교를 설립하면서 생각한 교육 목적은 무엇이었을까?

그것은 신학 교육이 선교 사업의 진흥과 비례했으며 한국 장로교회의 신학 교육이 선교된 지 얼마 안 된 1890년부터 단편적으로 출발한 것은 획기적인 일이다. 이것은 초기 한국 교회가 빠르게 성장하고 있는 증거이다. 또한, 신학 교육이 현실 상황의 절실한 요청과 비례하여 제기되고 성립되는 일이다. 미래에 필요하게 되리라는 것이 아니라 당장의 현실이었다. 증가일로에 있는 한국 교회의 당면한 문제이고, 교역자를 양성해야만 되는 문제이었다. 곧 교회에 부응한 교육자 양성인 것이다.

---

[1] 김의환, "메이첸과 한국 보수 신학의 형성", 「칼빈논단」 1-12 (2004년), 10.

그러므로 한국의 신학 교육은 한국인의 자발적인 요청이었고, 반드시 선교사의 미래 지향성에서만 형성된 것은 아니었다. 증가하는 교인들의 질문과 그들에게 정확한 것을 전달하기 위해서도 신학 교육은 불가피했다. 이러한 강력한 요청이 대두하기 시작한 때가 바로 1890년이었고 또한 이 해에 마포삼열이 한국에 선교사로 파송되어 온 해이다.[2]

평양신학교는 한국에 온 선교사들의 헌신적인 노력과 열정으로 열매를 맺으려고 한 신학교이며 또한 열매를 맺은 신학교가 아닐 수 없다. 선교사들의 활약으로 성경반과, 신학반 등의 사경회가 활성화되었고, 교회들이 설립되어 가고 있는 시점이었다. 교회에 사역할 수 있는 선교사가 한정되었기 때문에 신학교의 설립 문제가 대두되었던 것이다. 곧 한국 교회를 위한 사역자가 필요했고 그 답이 평양신학교였던 것이다. 평양신학교의 교육 목적을 알기 위해서는 설립자들의 미국 본교 신학 사상을 알아야 된다. 평양신학교가 추구해왔던 교육 목표와 방향은 칼빈주의에 바탕을 두고 있는 청교도 개혁주의라고 말할 수 있다.

그것은 평양신학교의 교수들 강의를 통해서도 잘 나타나 있다. 평양신학교에서 조직신학을 담당했던 이눌서는 강의 교재로 『기독교의 증거』를 채택했는데 중국의 신학자 차유밍(Cha Yu Ming)이 저술한 책으로 미국의 칼빈주의 신학자들이 쓴 유명한 책들을 중심으로 쓴 책인데, 찰스 핫지의 『조직신학』(Systematic Theology)과 A. A. 핫지의 『신학개요』(Outlines of Theology)를 정리한 책이다. 이는 평양신학교의 교육에 가장 영향을 준 신학 사상은 칼빈주의이며 청교도 개혁주의라 할 수 있는 것이다.[3] 평양신학교를 통하여 한국인 초기 장로교 지도자들이 어떤 목적으로 교육을 받았는지를 알

---

2   마포삼열박사전기편찬위원회, 『마포삼열 박사 전기』 (서울: 대한예수교장로회 총회교육부, 1973), 223-224.
3   이종성, "한국 교회 성서 이해", 「기독교 사상 14」 (1970년 7월), 107.

수 있을 것이다. 평양신학교 핵심 교수들이 나온 신학교는 맥코믹신학교와 프린스턴신학교 출신이 대부분이다. 이중 처음 신학교를 설립한 마포삼열은 맥코믹신학교 출신이다. 그리고 평양신학교 제2대 교장이었던 라부열은 프린스턴신학교 출신이다. 맥코믹신학교도 구프린스턴의 신학과 같은 구학파(Old School) 신학을 가지고 있다. 구학파인 프린스턴의 사상을 잘 알아야 평양신학교의 교육 목적을 자세히 알 수 있을 것이다.

프린스턴신학교도 설립된 배경이 미국의 제2차 영적 대각성 때이었다. 영적 대각성이 최고조에 이를 때 신학교 설립의 필요성을 평양신학교의 마포삼열과 같이 사무엘 밀러와 애쉬벨 그린 목사는 절감하게 된다.[4] 교회 수의 증가와 세례 교인의 증가로 목회자가 필요했기 때문이다. 그래서 프린스턴신학교가 설립되게 되었다. 초대 교장인 아치볼드 아렉산더, 밀러, 그린, 찰스 핫지, 워필드 등의 신학자들이 청교도 신학과 부흥 신학을 유지하였고, 이러한 신학이 곧 프린스턴 신학을 이루었다. 프린스턴 신학은 주관적인 체험적 믿음과 객관적인 교리가 잘 조화된 신학이었다.[5]

이러한 프린스턴 신학은 신학생들이 현장 사역에 투입되었을 때 실제적이고 직접적으로 배운 것을 사용할 수 있었다. 프린스턴은 신학생들에게 복음을 전하는 방법론을 강의했고, 프린스턴 학생들에게 선교적 열정을 불어 넣어 주었다. 또한, 프린스턴신학교 졸업생들이 선교사로 나갈 때 가지고 나갔던 것은 존 오웬, 존 번연, 존 프라벨, 스코틀랜드의 장로교 신학자인 사무엘 러더포드, 그리고 토마스 보스톤, 조나단 에드워즈의 책들을 가지고 나갔다.[6] 한국의 선교 정책과 선교 방법으로 한국 선교에 지대한 영향력과 공헌을 한 존 네비우스 선교사도 프린스턴신학교(1850-1853)

---

4 David Calhoun, *The Last Command*: Princeton Theological Seminary and Mission Ph.D. Dissertation, 1983. Princeton Theological Seminary, 34-56.
5 김홍만, 『초기 한국 장로교회의 청교도 신학』, 73.
6 김홍만, 『초기 한국 장로교회의 청교도 신학』, 74.

출신이다. 그 역시도 청교도 신학이 그의 선교신학이었다.

1884년 한국에 복음을 들고 온 북장로교회는 3가지의 선교 특징을 가지고 있었다.

> 첫째로, 그들의 선교 수단이 청교도 신학, 특히 "마음 종교"였다는 사실이다.
> 둘째로, 이러한 신학으로 인해 그들의 선교 목표가 선교지에서 회심을 통한 생동적인 경건을 생산해 내는 것이다. 그리하여 선교지에서 모든 어둠을 몰아내고 하나님의 영광을 그 땅에 편만케 하는 것이 선교의 목표였다. 그래서 선교사들은 제1, 2차 영적 대각성 때 경건한 목회자들이 먼저 영적 상태를 조사하고 사람들을 깨우치기 위해 애썼던 것처럼 선교지에서 사람들의 영적, 도덕적 상태를 살피고 경건을 만들어 내기 위해 일했다. 또한, 그들은 교회의 경건을 만들어 내기 위해 상당한 주의를 기울였다.
> 셋째로, 이들은 제1, 2차 영적 대각성과 1857-1858의 대부흥을 배경으로 하여, 선교가 부흥을 도래케 하는 것으로 이해했다. 따라서 선교사들은 선교지에서 회심을 일으키고 경건을 생산해 내는 가장 큰 수단이 하나님이 주시는 부흥이라고 믿고 자신들의 사역 위에 하나님께서 성령을 쏟아 부어 주심을 허락해 주시기를 간절히 고대하였다.[7]

평양신학교는 비록 처음 시작할 때에는 신학 수준이 낮았을지라도 이와 같은 신학의 내용들을 따라갔다. 신학교가 설립되기 약 10년 전에도 신학교의 교육 목적을 암시할 수 있는 미국 북장로교 선교부의 신학 교육에 관한 규정이 있었다. 1891년 2월 미국 북장로교 선교부 연례 모임에서 채택

---

[7] James Alexander, *The Spiritual Vitality of the Truth in The Misionary Offering* (Derby, 1850), 5.- 김홍만, 『한국 초기 장로교회의 청교도 신학』, 76-77에서 재인용.

된 "한국 선교에 대한 규정"에서 신학 교육에 대한 목적 중에 핵심 사항을 알아보면, 1항에서 조직적이고 철저한 신학 교육을 실시한다는 것과 3항에서 다양한 한국 교회 지도자들의 사역에 초점을 맞추었다는 것이다. 더 역점을 둔 사항은 이들이 자기의 소명에서 이탈하지 않고 다른 이들을 위한 자급하는 선생이 되도록 한다는 것이다.[8]

평양신학교는 학문적이며 이론적인 교육 목표가 아니고, 실천적이며 목회자적인 자질에 초점을 둔 신학 교육이었다. 곧 평양신학교는 교회에 필요한 능력 있고 충실한 목회자와 진리의 말씀을 옳게 분별할 수 있는 자격 있는 목회자를 배출하는 것을 목표로 삼은 것이다.

또한, 평양신학교 교수이면서 남장로교 출신이었던 이눌서(W. D. Reynolds)가 작성한 한국인 교역자 양성 이념을 보면 소극적인 면과 적극적인 면 두 가지로 대비하여 신학교 교육 목적을 제시한다.

소극적인 면은 어떤 특정인을 교역자로 양성할 저의를 가지고 있더라도 상대방에게는 오랫동안 그 생각을 알리지 말 것, 외국 재정을 가지고 그를 강도사나 전도사로 채용하지 않도록 최선을 다할 것, 선교 사업의 초창기에 있어서만은 그를 교육시키기 위하여 미국에 보내지 말 것 등이다. 그리고 적극적인 면으로는 그로 하여금 높은 경지의 영적 체험을 가지는 사람이 되게 할 것과 무엇보다도 성령의 사람이 되기를 추구하게 할 것, 청년 목사 지원자를 예수 그리스도의 정병으로서 곤란을 참을 수 있도록 훈련 시킬 것, 한국 기독교인의 교양과 현대 문명이 향상됨에 따라서 한국인 목회자의 교육 정도를 높일 것과 그의 교육 수준은 일반인에게는 존경을 받고 권위가 설 수 있도록 평균 교육 수준보다 약간 높게 하되 너무 지나쳐서 일반인이 시기심이나 열등감을 가지지 않게 할 것 등이다.[9]

---

[8] *Standing Rules and By-Laws of the Korea Mission* (1891), 9.
[9] W. D. Reynolds, "The Native Ministry", The Korean Repository (May 1896), 200.

평양신학교의 교육 목적 중에 또 주목할 점은 성경을 통한 교육이었으며, 그러한 점이 밝혀주는 것은 성경의 권위를 인정하고 따랐다는 것을 말하는 것이다. 성경이 하나님의 영감된 말씀이며 모든 행위의 기초라는 것을 믿었다.[10] 평양신학교 설립자인 마포삼열은 맥코믹신학교에서 프린스턴의 구학파 신학과 진정한 부흥에 대한 청교도 신학 사상을 경험했던 인물이기도 하다. 그러한 본국 신학교에서의 경험을 오랫동안의 한국 선교를 통하여 드디어 평양신학교에서 펼치게 된다.

프린스턴과 맥코믹신학교가 미국을 대표하는 신학교이었듯이 평양신학교도 그와 같은 신학교로 한국에 세웠다. 초기와 중기에 교수를 맡았던 교수들이 거의 그러했던 것이다. 특히, 곽안련(Charles Allen. Clark)은 51권이라는 저술을 통하여 성경의 권위와 무오를 철저하게 믿고 변호했다. 이는 프린스턴 사상이다. 처음에 밝혔듯이 프린스턴 신학은 청교도적 개혁 신학이며 청교도적 부흥 신학이다. 평양신학교도 그러한 사상을 학생들에게 가르쳤으며, 학생들은 그러한 것을 배우고 목회지에 나가서 실천했다. 프린스턴 신학이 청교도적 경건을 유지하며 교회의 회심을 일으켰듯이[11] 평양신학교도 그러했고 교육 목표도 그러했다. 그 결과로 얼마 안가서 평양 대부흥을 맞이할 수 있었던 것이다.

2. 평양신학교의 교과 과정

평양신학교가 처음 설립된 1901년에는 교과 과정이 정확히 확립되지 않았다. 1902년이 되어서야 평양신학교위원회는 신학 교과 정위원들을 선출하였고, 신학교육위원회는 신학생을 위한 5년의 교육 과정을 준비했

---

10   김남식, 간하배, 『한국 장로교 신학 사상사』 제1권 (서울: 도서출판 베다니, 1997), 113-114.
11   James Alexander, *The Spiritual Vitality of the Truth in The Misionary Offering*, 5.

다. 그때에는 예비과와 신학과를 설치했는데 예비과는 3년 과정이었고, 조사(전도사)들의 예비 교육 과정이었다. 그리고 신학과는 5년으로 하였고 정규 신학교 입학생을 대상으로 하였다. 5년 과정의 입학생은 대부분 당시 교회의 사역자이었기 때문에 해마다 3월 1일부터 6월 15일까지 3개월 반 동안만 수업받고, 나머지 8개월 반은 소속 교회에서 사역에 종사하면서 소정의 과제를 연습해야만 했다.[12] 이때의 이유에 대해서 신학교 요람은 기록하고 있다.

> ....조선 교회 형편에 대하여는 허구한 일월을 신학년 중에서 다수히 점유하는 것이 필요의 유익이 될 것이 없고, 最良弼(최양필)의 교역자에는 不但(부단) 학교에서 장구한 세월에 공부한 것으로만 요구할 것이 아니오 교회를 인도하며 개인 전도와 구속하는 사업에 종사하면서 연습한 인격이라야 졸업하는 날에 목사의 직분을 담당할 수 있다 하노라 고로 학년 일자의 다소 여부는 주의할 바 아니라.[13]

그 이후 1903년이 되어서야 공의회에 정식으로 인준을 받게 된다.[14] 5년 교과 과정이 1910년, 1919년까지 계속 개정되다가 1920년이 되어서야 5년 과정이 미국의 신학교처럼 3년 교과 과정으로 변경된 것이다.

변경된 이유는 5년 과정이 교육학적으로 합리적이지 않았고, 한 주간에 한 과목을 5시간을 가르쳐야 된다는 것과 학생들이 내용을 잘 이해하지 못했다는 것이다. 또한, 정식 교수들의 부족으로 외부로부터 선교사 교수들이 학교에 와서 가르쳐야 되었기 때문에 3년 과정의 교과 과정이 필요

---

12   김영우, 『한국 개화기의 교육』 (서울: 교육과학사), 285-287.
13   『장로교회신학교요람』(1916년 9월), 『장로회신학대학교 100년사』, 84-85에서 재인용
14   *The Minutes of the Tenth Annual Meeting of the Council of Mission in Korea, Seoul, September,* 1902.

했던 것이다.[15]

1903년 가을에서야 신학 교육이 본격화되기 시작했는데 이때의 평양신학교 교수진은 모두 맥코믹신학교 출신이었다. 마포삼열을 비롯하여 배위량(W. Baird), 소안론(W. L. Swallen), 이길함(G. Lee), 편하설(C. F. Bernheisel) 목사 등이었다. 교과목은 정식 과목과 열람 과목으로 나뉘었다. 정식 과목은 학교에서 정식으로 배우는 과목이었고, 열람 과목은 방학 동안에 자택에서 자습하는 과목이었다. 이듬해에 학년이 올라갈 때마다 이에 대한 시험을 보았다.[16]

1903년 개교 당시의 교수들의 담당 과목은 마포삼열(신학 일반 및 소요리문답), 배위량(구원론), 소안론(유대사기), 이길함(목회학), 헌트(마태복음 및 고대사), 배위량(모세오경), 편하설(산수)이었다. 과목 중에는 산수 과목도 있었는데[17] 그 당시 한국의 교육 수준을 말하여 주는 것이다. 그래도 목회자들이 세상의 기초적이고 합리적이고 교양적인 것은 알아야 된다는 생각이 교과목에 반영된 것 같다. 모든 학년의 경우 1910년과 1916년의 경우 차이가 없었고, 1916년에 음악 과목이 추가되었다. 1910년부터 신학 과목에서 기독교 및 신학의 증거(변증학)가 개설되었다. 변증학은 미국 프린스턴신학교와 맥코믹신학교의 변증학 과목의 영향을 받았던 것 같다.[18]

평양신학교가 설립된 지 15년 정도가 지난 평양신학교 교과목을 본다면, 1916년 1학년 1학기 교과목은 신약주해, 공관복음, 신학(교리문답), 구약사, 구약의 성경지리, 설교학(설교 연습), 구약개론, 일본어, 음악이었고, 2학기 교과목은 구약주해/창세기, 신학(기독교의 증거), 설교학, 구약사, 일본어, 음악이었다.

---

15   Board of Directors of the Presbyterine Theological Seminary of Chosen, (feb. 1, 1920), 3.
16   『장로회신학대학교 100년사』 (장로회신학대학교, 2002), 81.
17   『장로회신학대학교 100년사』 (장로회신학대학교, 2002), 83.
18   조경현, 『초기 한국 장로교 신학 사상』, 209.

2학년 교과목은 1학기 때 구약주해/출애굽기, 신학(인간론), 설교학, 심리학, 신약의 성경지리, 신약개론, 일본어, 음악이었고 2학기 과목은 신약주해/사도행전, 구약통독, 신약통독, 역사/사도 시대, 니케아 시대(A.D 325), 윤리학, 일본어이었다.

3학년 과목은 1학기 때 신약주해/요한복음, 구약주해/시편, 신학/종말론, 역사/종교개혁 전(1073-1517), 교회훈련, 예배지도, 일본어, 음악이었고 2학기 때는 신약주해/로마서, 구약주해/예레미야, 신학/성령론, 목회신학, 교회사/종교개혁사, 성경통독, 일본어, 음악이었다.

4학년 교과목은 1학기 때 신약주해/고린도전서, 에베소서, 신학/구원론, 역사/니케아(전기, 후기, 중세 325-1073), 일본어, 음악이었고 2학기 교과목은 구약주해/이사야, 설교학, 신학/구원론, 교회정치, 성례, 신구약통독, 일본어, 음악이었다.

5학년 교과목은 1학기 때 구약주해/다니엘, 신학/성령의 직임과 사역, 교회사/종교개혁 후-현대, 성경통독, 일본어, 음악이었다. 2학기 때는 신약주해/계시록, 신약주해/히브리서, 목회신학, 교육학, 역사/현대사, 일본어, 음악이었다.[19] 1920년 평양신학교의 교과 과정은 맥코믹신학교 교과 과정과도 많이 비슷했다. 조경현은 그 유사성에 대해 3가지로 말했다.

첫째, 3년 교과 과정에 있어서 일치한다.
둘째, 신학의 분야에 있어서 조직신학, 성경신학, 교회사, 목회신학, 분야가 거의 일치한다.
셋째, 그 신학의 내용에 있어서도 거의 유사하다"[20]

---

19 조경현,『초기 한국 장로교 신학 사상』, 208-212.
20 조경현,『초기 한국 장로교 신학 사상』, 217.

평양신학교의 교과 과정의 특징은 성경 과목이 매 학년마다 있는 것이다. 곧 성경 66권을 공부할 수 있도록 가르쳤다. 이것은 평양신학교가 목회자를 배출하기 위한 초기 목적에 부합하는 일이었고, 선교사들의 본국 신학교가 성경을 중요시하였던 것과도 일치하는 내용이다. 또 한 가지 특징은 신학 분야에서 종말론이 1902년부터 포함되어 있었는데 이것 또한 선교사들의 본국 신학적인 면이 컸다고 할 수 있다.

프린스턴의 종말론관에 많은 영향을 받았기 때문이다. 종말론은 천년왕국을 어떻게 이해할 것인가의 문제이다. 각각의 견해들이 갖는 차이는 가장 기본적으로 요한계시록 20장 2절부터 7절까지 매 절에 등장하는 "천년"(χίλια ἔτη)을 어떻게 해석하는가와 관련된다. 계시록 20장 4절에 기록된 "살아서 그리스도와 더불어 천 년 동안 왕 노릇" 하는 이 기간을 일반적으로 "천년왕국"이라고 부르는데, 그리스도의 재림이 천년왕국 이전에 있느냐 아니면 이후에 있느냐에 따라서 이전을 전천년설(Premillennialism)이라고 부르고, 이후를 후천년설(Postmillennialism)이라고 부른다. 그리고 천년의 기간이 단지 그리스도의 초림과 재림 사이의 전체 기간을 의미하면, 현시대와 구분된 특정 기간의 천년왕국은 존재하지 않는다고 생각하는 견해를 무천년설(amillennialism)이라고 부른다.

3. 평양신학교와 장로회 공의회와의 관계

1901년 합동 공의회가 신학교를 설립하기로 결정함에 따라 평양신학교는 두 명의 학생을 대상으로 시작한다. 비록 학생은 두 명이지만 평양신학교는 한국 교회에 필요한 인재이며 지력과 영성이 뛰어난 교회 지도자를 양성하기 시작한다. 『조선예수교장로회 사기』에 따르면 공의회 시대는 둘로 구분된다. 하나는 선교사 공의회 시대로 장로교 공의회가 조직된 1893

년부터 1900년까지이고, 다른 하나는 1901년부터 노회가 조직되기 전인 1906년의 합동 공의회 시대다.[21] 초기 장로교 선교사들이 네비우스 선교 정책을 채택함으로서 선교 방법에 새로운 전환점을 맞이하게 되었다. 선교사들이 더 조직적으로 더 좋은 전략과 전술로 선교 활동에 돌입하게 된 것이다.

1895년에는 장로교 공의회 산하에 서울위원회와 평안위원회(북장로교 선교회)가 조직되었고, 1901년에는 전라위원회(남장로교 선교회)와 경상선교회(호주 장로교 선교회)가, 그 이듬해에 함경위원회(캐나다 장로교 선교회)가 조직되었다. 그리고 각 선교회 산하에 당회 위원회가 설치되어 명실상부한 장로교 정치제도를 정착시킬 수 있는 틀을 다지게 되었다.[22]

그중에서도 북장로교 선교부는 네비우스 선교 정책을 채택하므로 인하여 가장 중요한 공의회의 주도권을 가지게 되었을 것이다. 그러나 그들은 공의회를 통하여 서로가 협력하게 된다. 1889년 호주 빅토리아 장로교 선교부 소속의 데이비스가 입국하면서 미국 북장로교 선교부와 호주빅토리아 장로교 선교부 간에 협의회가 조직되었는데 이 단체가 '선교연합공의회'(The United Council of Missions)이다.[23] 이 모임은 1890년에 데이비스의 죽음으로 모임이 멈추어졌다. 1893년 1월 28일 '선교회 공의회'(Council of Missions holding the Presbyterian Form of Government) 모임을 가졌는데 바로 장로회 공의회이다. 이 장로회 공의회에는 장로교 모든 선교사가 참가하였다.[24] 이 공의회의 목표는 한국에 개신교 신경과 장로회 정치를 쓰는 연합교회를 설립하는 것이었다. 동시에 이 공의회의 권한을 각 소속 선교회에

---

21 차재명, 『조선예수교장로회 사기(상)』 (경성: 조선기독교 창문사, 1928), 19-82, 82-181.
22 차재명, 『조선예수교장로회 사기(상)』, 82.
23 Charles. Allen Clark, 『한국 교회와 네비우스 선교 정책』, 120-121.
24 곽안련, 『장로교회사전휘집』 (경성: 조선예수교서회, 1918), 16.

권고권은 있지만 교회가 장로회의 규칙대로 완전히 조직될 때까지 전국 교회에 대한 전권 치리권을 가지는 상회의 구실을 하였다.²⁵

한국에 세워진 교회는 아직도 많은 것이 부족하였으므로 네비우스 선교 원리를 따라서 단순하면서도 하나가 되기를 원했다. 공의회는 그 당시 교회의 대부분의 일을 관여하고 있었다. 초기 장로교회의 선교사들은 모든 일에 있어서 질서가 있기를 원했다. 그래서 공의회가 중추적인 의사 결정 기구로서 권위의 중심지가 되어야 한다고 믿었다.²⁶ 장로회 공의회가 결성되므로 평양장로회신학교에는 4개 장로교 선교부 소속의 장로교 선교사들이 교수진으로 가담하기 시작하였다.

장로회 공의회의 목적은 한국에서 하나의 장로교회 설립의 기초를 다지는 것이다. 공의회의 결성으로 다양한 사역을 했는데 선교지 분할 합의라든가 평양장로회신학교 운영 및 연합 사역을 수행했다. 선교지 간의 분할 합의(Commity Arrangments)에 따라서 미국 북장로교는 서울과 평안도 지역을 맡았고, 남장로교는 충청도와 전라도 지역을 맡았다. 부산에서는 미국 북장로교회와 호주 장로교가 공동으로 선교부를 설치토록 하였고 낙동강을 기준으로 이북은 북장로교가, 이남은 호주 장로교가 책임을 맡았다. 1893년 감리교와 장로교 선교회는 선교지 분할 협정을 맺었다. 그러나 감리교 포스터(Foster) 감독이 한국을 방문했을 때 선교지 분할 협정에 찬성하지 않았으므로 공식적으로 발효되지 않았지만 잠정적인 협정이 필요했으므로 1909년에 선교지 분할 협정이 이루어질 때까지는 이 협정이 사용되었다.²⁷ 캐나다 장로교회는 1898년 9월에 로버트 그리어슨(Robert Grierson) 의사 부부(夫妻)와 W. R. 푸트(Foote) 목사 부부(夫妻) 및 던칸 맥크

---

25 곽안련,『장로교회사전휘집』, 16.
26 Charles. Allen. Clark,『한국 교회와 네비우스 선교 정책』(*The Nevius Plan for Mission Work*), 박용규, 김춘섭 옮김 (서울: 대한기독교서회, 1994), 127-128.
27 Charles. Allen. Clark,『한국 교회와 네비우스 선교 정책』, 154.

레이(Duncan Mcrae) 목사가 파송을 받았다. 그들은 장로회 공의회의 허락을 받아 관북 지방 즉 함경남북도를 선교지로 분할받았다.[28]

초기 장로교 선교사들의 전도에 대한 열정과 헌신, 하나님의 한국 선교에 대한 인도하심으로 한국인 신자들이 늘어나면서 전국에 성경반과 신학반, 사경회가 운영되었다. 이와 같은 때에 공히 느끼는 점은 자국인 선교사의 필요성이었다. 지금까지는 선교사 위주로 운영되던 공의회가 1901년 9월 20일 합동 공의회(연합장로회 공의회)로 재편되었다. 합동 공의회는 각 지방선교회에서 총대들을 대표로 내보내어 회의를 하였다. '조선예수교장로회 공의회'라는 공식 명칭으로 설립되어 회장에 소안론, 서기에 부두일, 서경조이었다. 드디어 1901년 장로회 합동 공의회는 만장일치로 신학교 설립 건을 결의한다. 신학 위원을 선정하였고, 신학교를 평양에 세우기로 결정했다.『조선예수교장로회 사기』가 "영어를 用하는 공의회에서는 신학생을 택하여 신학을 교수하기로 하며"라고 기록한 것처럼 신학교 설립 결정은 선교사들에 의해서 내려진 것이었다.[29]

신학교의 시작은 서울이 아닌 평양이었다. 한국 교회의 놀라운 역사가 동방의 예루살렘이라고 하는 평양을 중심으로 일어나고 있었던 것이다. 이때의 교수진으로는 주로 미국 북장로교 출신의 선교사들이었고, 신학교는 미국 맥코믹신학교 출신 교수들이었다. 1904년 장로회 공의회는 평양위원회에서 시행한 신학 교육 계획을 인준하고 다시 2년 동안 마포삼열을 신학교의 교장으로 임명한다. 미국 북장로교회의 경우 1812년에 최초의 신학교인 프린스턴신학교가 설립되었는데 이는 노회가 설립된 지 106년 만이었고, 그리고 총회가 설립된 지 24년 만의 일이었다. 그러나 한국의 평양신학교는 노회가 조직되기도 전에 이미 교단 신학교로 설립되었다는

---

28 백낙준,『한국 개신교사』, 290-291.
29 대한예수교장로회 총회,『대한예수교장로회 총회백년사』, 218.

것은 미국 장로교회 역사의 문제점을 잘 아는 선교사 분들이 한국 교회의 목회자 공급과 신학교의 필요성을 알았기 때문이다.[30] 합동 공의회 시대인 1901년부터 1906년까지 부흥운동이 한국 전역에 확대되었다. 한국 장로교회는 비약적인 성장과 발전을 이 시기에 했다. 1902년 2개에 불과하던 조직 교회가 1904년에는 8개로 증가했고, 1906년에는 29개로 증가했다. 교회당 신축도 1901년에는 55개에 불과했으나 1906년에는 184개 교회로 증가했던 것이다.[31]

4. 평양신학교와 독노회 설립 및 12신조와의 관계

1907년은 한국교회사에 큰 일이 일어난 해이기도 하지만 한국 장로교회의 역사에서도 은혜롭고 신령한 해 이었다. 1907년 평양대부흥이 발흥했던 해이기도 하지만 또한 그해 6월 18일 평양신학교가 첫 졸업생 7명을 배출하는 날이기도 했다. 그와 더불어 한국 교회 최초로 노회가 성립되는 해였다. 독노회의 조직은 부흥운동과 평양신학교를 통해 놀랍게 성장한 한국의 장로교회에 제도적인 뒷받침을 해주어 한국 교회가 양적으로 질적으로 발전할 수 있는 계기를 마련해준 것이나 다름없는 일이다. 때를 맞추어서 평양신학교가 첫 졸업생을 배출했다는 것은 기쁜 일이 아닐 수 없다. 이들을 목회자로 세우고 조직된 노회의 회원으로 될 수 있다는 것은 한국 국민의 경사가 아닐 수 없다. 주님의 한국을 향한 크신 사랑이 결실을 맺은 것이다.

---

30 『대한예수교장로회 총회 100주년사』 (서울: 대한예수교장로회 총회), 82.
31 대한예수교장로회 총회, 『대한예수교장로회 총회백년사』, 218.

독노회는 1907년 9월 17일부터 19일까지 3일간에 걸쳐서 개최되었다. 첫날은 오전 9시, 오후 2시, 저녁 7시 30분, 세 차례의 회합으로 진행되었다.[32] 독노회의 초대 노회장은 마포삼열이었고 부회장과 기타 모든 사무직원들은 한국인들이었다. 이 노회를 설립하기까지 4개 선교부 대표들은 15차례 회합을 갖고 합의하였다. 그날에 참석했던 사람들은 장로교 선교 공의회 회원들과 목사로 안수받을 7명의 평양신학교 졸업생들, 전국 교회에서 파송된 한국인 장로 총대들, 그리고 수많은 기독교인이 방청객으로 참석하였다. 선교 공의회 회장인 마포삼열이 개회를 선언하였고, 이어서 한국어로 경건하게 예배를 진행하였다. 첫 번째 회의부터 한국인 대표자가 과반을 넘겼다.[33]

예배 후에 공의회 의장이 노회 조직을 위하여 대표들의 천서를 요구하였고, 공의회 서기인 이눌서가 천서를 받아 명부를 만들었는데 선교사 33명, 한국인 노회원이 36명이었다. 공의회 의장이 노회의 기원 기초 그리고 기능들에 대해서 설명하였고 4개의 총회인 미국 남북장로교회를 비롯한 호주, 캐나다 총회에서 얻은 권리대로 선교사들을 "대표하여 대한예수교장로회 노회를 창설 하노라"고 노회의 공식적인 설립을 선포하면서 의사봉을 두드렸다.[34] 독노회가 조직된 것은 1905년 장로교 선교 공의회가 그해 미국남북장로교회 총회에서 승인함에 따라서 1907년 독노회를 조직하기로 결정한 것이다.

1907년 독노회는 주요한 결정을 하게 된다. 전국을 북평안, 남평안, 남전라, 북전라, 경상, 함경, 경기, 황해의 8개 행정단위로 분할하고 당회라는 이름을 두어 북평안당회, 남평안당회, 남전라당회, 북전라당회, 경상당회, 함경당회, 경기당회, 황해당회 등 8개의 당회로 분할했다. 1908년 서

---

32 『대한예수교장로회 총회 100주년사』, 83.
33 Charles. Allen. Clark, 『한국 교회와 네비우스 선교 정책』, 189.
34 『대한예수교장로회 총회 100주년사』, 84.

울 연동교회에서 노회가 열렸는데 이 노회에서 당회를 의미하는 종래의 소회 대신에 경기와 충청, 평북, 평남, 황해, 경상, 함경 및 전라도 지방에 7개의 대리회를 두어 노회의 위임사무를 처리하도록 결정했다.[35] 이 사안이 중요한 일인 것은 한국 장로교회가 독노회 조직에서 끝나는 것이 아니라 장차 총회로 가기 위한 준비 작업이며, 제도적인 틀을 마련하기 위한 일이었던 것이다.

19일인 노회 마지막 날 길선주에 의해 낭독된 대한 예수교장로회 회의록 서문은 다음과 같다.

> 신령하고 크도다. 이 아름다운 로회여 교회의 머리 도시는 쥬 예수그리스도께서 일즉이 사도와 문도를 택뎡하야 세우사 텬국의 복음을 텬하에 젼하야 만인 령혼을 구원네하셨으니 쥬 예수의게 직분을 밧은 사도와 문도들이 주께서 승텬하실 때에 특별히 명령하심을 삼가 직혀 예루사넴 다락에 일제히 모혀 마음을 가치하고 긔도를 힘써 하나님의 허락하신 셩신의 권능을 충만히 밧은 후에 능히 각국 방언을 말하고 모든 이을 베풀며 텬하 각국에 헤어져 복음을 젼할쇠 회개하고 쥬를 믿는 자의게 쥬의 일홈으로 세례를 주어 문도를 삼으며 믿는 형데에 사람을 택하야 장로와 목사를 세워 교회를 치리케 하였으니 … 이 로회는 교회의 머리되시난 쥬 예수 그리스도를 힘닙어 십자가를 튼튼히 의지하고 견고하여 흔들니지말고 세상 사람안헤 영화로운 빗치 되며 하나님 압헤 거룩하고 정결한 로회를 일우어야 하겟다 하시고 쥬강성 일천구백 칠년 구월십칠일 오경에 한국로회를 셜립한 후에 대한에 신학교 졸업 학사 닐곱 사람을 목사로 장립하고 대한국 예수교 장로회 로회라 하셧으니 이는 실노 대한국 독립로회로다. 할렐루야 찬숑으로 셩부 셩자 셩신님께 셰셰토록 영광을 돌니세. 아멘.[36]

---

35 박용규, 『평양대부흥운동(1901-1910)』 (서울: 생명의말씀사, 2004), 58.
36 『독노회록』, 1권 1-3 (1908).

위의 글을 보면 한국에 조직된 독노회가 주 예수 그리스도의 복음 위에 세워졌고, 초대 교회의 역사적이고 전통적 신앙을 계승했다는 것이다. 한국 장로교회의 독노회의 설립이 우리만의 일이 아니라 주님의 일이며 세계교회의 역사적 사건이라는 큰 의미가 있다. 세계 속의 교회이면서 한국 교회가 세계 교회에 당당히 존재를 알리는 사건이었던 것이다.[37]

독노회가 지니는 의의 가운데 또 한 가지 중요한 사항은 독노회가 신경을 두 번째 회기에서 1년간을 임시로 채택하기로 했는데 이 신경은 칼빈주의 전통에 토대를 두고 있었으며 개혁파 신앙고백을 정체성으로 삼았다는 사실이다. 독노회가 결성되면서 한국 장로교회는 소위 12 신조로 알려진 장로교 신앙에 기초한 신앙고백을 채택했는데, 이 신앙고백은 본래 영국장로교회가 자신들의 선교지인 인도의 장로교회를 위하여 작성한 것이다. 한국 장로교회도 노회가 생겼으므로 신앙고백에 대한 필요성을 느꼈다. 평양신학교가 설립된 후 웨스트민스터 신앙고백을 사용했지만 웨스트민스터 신앙고백을 사용하지 않고 12신조를 채택한 것은 선교사들이 선교지 교회의 공통성을 감안하여 이 신조를 채택했다고 한다.[38] 김영재는 다음과 같이 설명했다.

> 선교사들이 그들의 본국 교회의 신앙고백인 웨스트민스터 신앙고백을 한국 장로교회와 신학교에서 가르칠 것으로 인정하도록 했으나 교회의 신앙고백으로 채택하도록 하지 않은 것은 선교지의 문화적인 상황을 감안하고 선교지 교회의 신앙적인 자율성을 배려 한데서 온 것이다.[39]

---

37 『대한예수교장로회 총회 100주년사』, 322.
38 김영재,『교회와 신앙고백』(수원 : 합동신학대학원출판부, 2005), 203.
39 김영재,『교회와 신앙고백』, 203.

교회의 신앙고백이라는 것은 초대 교회의 기본적이며 간명한 신앙고백에서 출발하여 시대적인 상황과 신학적인 문제점을 가지고 신앙고백으로 발전되어 온 것이다. 선교사들이 한국의 독노회의 신경에 웨스트민스터 신앙고백을 사용하지 않은 것은 생각해 보아야 할 일이다. 학자마다 각각 다른 견해를 가지고 있으나 김영재는 "선교사들이 처음으로 조직되는, 초대 교회와 방불한 한국 교회에다 특정한 문화와 시대적인 요소가 담겨있는 웨스트민스터 신앙고백을 교회의 신앙고백으로 그냥 안겨 주지 않은 것은 실로 고마운 일이었다."[40] 라고 말했다. 그러나 주력을 이루었던 북장로교 선교사들이 웨스트민스터 신앙고백을 사용하지 않은 것은 다른 이유들이 있지 않나 싶다. 원래 북장로교 출신 선교사들은 프린스턴 사상을 통해서 본국 신학교에서 칼빈주의와 청교도 개혁주의에 뿌리를 둔 웨스트민스터 신앙고백을 배웠기 때문이다.

그러면 12신조에 대해서 살펴보겠다. 12신조는 간단하면서도 그리스도교의 기본 교리에 대해서 잘 표현하고 있다. 대한 장로교회 신경 서문을 살펴보고 신조를 살펴보겠다.

셔문

대한쟝로교회에서 이 아래 긔록훈 몇 가지 됴목그로 신경을 삼아 목〻와 밋 인허 강도인과 쟝로와 집〻로 호여곰 령죵케 호눈 것시 대한 교회를 설립훈 본 교회의 그르친바 취지와 표쥰을 브림이 아니오 오히려 찬셩홈이니 특별히 웨스트민스터 신경과 셩경요리문답 대쇼쵝는 셩경을 붉히 히셕훈 칙인즉 우리교회와 신학교에서 맛당히 그르칠거〻로 알며 그즁에 셩경요리문답 적은 쵝을

---

[40] 김영재, 『교회와 신앙고백』, 204.

더욱 교회문답으로 삼는다.⁴¹

신조(요약)

1. 신구약 성경은 하나님 말씀이니 신앙과 본분대하여 정확무오한 유일의 법칙이다. 2. 하나님은 한 분 뿐이시니 오직 그만 경배할 것이다. … 3. 하나님의 본체에 세 위가 계시니 성부, 성자, 성령이신데 이 세위는 한 하나님이라. … 4. 하나님께서 모든 유형물과 그 권능의 말씀으로 창조하사 보전하시고 주장하시나 … 5. 하나님이 사람을 남녀로 지으시되 … 6. 우리의 시조가 선악간 택할 자유능이 있었는데 시험을 받아 하나님께 범죄 한지라 … 7. 인류의 죄와 부패함과 죄의 형벌에서 구원하시고 영생을 주고자 하사 하나님의 무한하신 사랑으로 그의 영원하신 독생자 주 예수 그리스도를 세상에 보내셨으니… 8. 성부와 성자로부터 오신 성령께서 인생으로 구원에 참여하게 하시나니 인생으로 죄와 비참을 깨닫게 하시며 그 마음을 밝혀 그리스도를 알게 하시고 그 의지를 새롭게 하시고… 9. 하나님께서 세상을 창조하시기 전에 그리스도 안에서 자기 백성을 택하사 사랑하시므로… 10. 그리스도께서 세우신 성례는 세례와 성찬이라.… 11. 모든 신자의 본분은… 12. 죽은 자가 끝날에 부활함을 받고 그리스도의 심판하시는 보좌 앞에서…⁴²

12신조는 인도에서 스코틀랜드 교회를 비롯한 6개 교회가 참여하였다. 이들 교회는 인도장로교연맹을 결성하였다. 이 신조는 인도 교회의 교직자의 위임을 위한 교리 및 질문서를 근거로 한 것이었다.⁴³ 12신조는 1904년 인도 장로교회(the Presbyterian Church in India)에서 교리적 표준으로 채택

---

41 "죠선장로교회신경", 「제4회 독노회록」, 1910, 2-7.
42 "죠선장로교회신경", 「제4회 독노회록」, 1910, 2-7.
43 조경현, 『초기 한국 장로교 신학 사상』, 237.

되었었다. 인도의 12개의 장로교 관련 교단들이 연합할 수 있게 해주었던 신조이다. 또한, 인도의 다른 교파와의 연합에도 사용되었다. 영국 장로교회는 1890년 24개조의 신앙고백을 채택하기도 하였다.[44]

12 신조를 작성한 사람들이 웨스트민스터 신앙고백을 참고한 것이 아닌 영국 장로교 신조를 참고한 것이다. 또한, 미국에서 1903년에 미국 북장로교회가 웨스트민스터 신앙고백을 수정한 후에 나온 것이다. 12신조의 가장 쟁점이 되는 것은 9조인데 '이중 예정'에 대한 말이 없고, 대신 하나님의 예정과 믿으면 구원 얻는다는 말씀을 조화시키고 있다.[45] 또한, 1조에서도 성경에 대한 내용이 더 구체적으로 나오지 못한 점이다. 개혁주의 청교도의 정신을 가르친 프린스턴신학교나 맥코믹신학교 출신들로 구성된 선교사들에게는 너무도 성경에 대한 것이 약한 신조가 아닐 수 없다. 평양신학교의 설립은 교회를 위한 목회자의 배출인데 교회론에 관한 것도 빈약하게 나온다. 청교도 사상의 핵심인 성도의 교제와 경건 생활에 대한 것도 11조에서 나와 있지 않다는 것도 실망스러운 일이다. 선교지에서의 연합과 자유주의의 영향 때문이다.

인도에서 이 신조를 만들기 위하여 스콜틀랜드 교회를 비롯한 6개 교회가 참가했고, 인도장로교회연맹(The Presbyterian Alliance of India)이 결성되어 11년 동안 여러 차례의 회의를 통하여 신조가 나온 것이다. 한국의 상황으로 돌아가서 첫 독노회가 구성되었어도 하루아침이나 2-3년 안에 신조가 나오기는 어려울 것이다. 웨스트민스터 신조도 1643년 7월부터 시작하여 수많은 기도와 예배, 회의를 통하고 심지어 영국 국회에까지 인준을 받아서 1648년 6월 20일 하원이 이미 상원을 통과한 신앙고백을 받아 들였다.[46]

---

44 황재범외6인, 『초기 한국 장로교회사』 (서울: 한국 장로교출판사, 2012), 273.
45 김영재, 『교회와 신앙고백』, 205.
46 김영재, 『기독교 신앙고백』 (수원: 도서출판 영음사, 2011), 188-189.

끝으로 당시 인도 장로교회에서 채택한 신조는 연합에 강조를 두었다. 한국 교회도 연합에 무게를 두지 않을 수 없었던 것 같다. 그러나 냉철하게 12신조에 대한 분석을 한다면 곧 칼빈주의적이며 청교도 개혁주의적 입장에서 본다면 많은 면에서 부족한 것은 사실이다. 12신조는 칼빈주의적 요소인 성경무오설이나 앞에서 말했던 것처럼 예정론적 요소가 결여되어 있다. 자유주의에 가까운 웨슬리적 구원론 요소도 가지고 있으며, 성만찬에서도 칼빈의 영적 임재설이 아닌 기념설을 따르고 있다.[47] 또한, 칼빈주의에서 강조하는 성도의 견인에 대한 내용이 결여되었고, 교회론 역시 부족하다.[48]

그러나 우리는 1907년 대한예수교장로회 독노회에서 채택한 12 신조는 한국인에 의해 작성되지 않았고, 독창적인 신조도 아니며 그 당시의 시대적 상황도 고려되지 않았지만 채택될 수밖에 없었다는 것도 이해해야 될 것 같다. 아직은 너무나도 많은 것이 부족하고 또한 한 걸음에 달려서 독노회까지 온 것이다. 평양신학교도 이제 졸업생을 배출했으니 말이다. 사실상 모든 일이 하나님의 계획하심대로 흘러가고 있었다. 박용규는 독노회의 몇 가지 교회사적 의의를 이야기했는데 다음과 같다.

> 첫째, 평양대부흥운동과 평양 지역의 복음화에 앞장섰던 맥코믹 출신 선교사들이 중심이 되어 독노회가 결성되었다는 사실이다.
> 둘째, 독노회는 대부흥운동으로 인한 놀라운 한국 교회의 외형적인 성장을 제도적인 틀과 조직을 통해 구체적인 결실로 이어질 수 있도록 만들어 주었다는 것이다.

---

[47] 황재범, "대한장로교회 신경" 혹은 "12신조의 작성 및 수용과정에 대한 연구", 「기독교 사상」(2006, 9월), 201-203.
[48] 박용규, "개혁주의 역사신학적 입장에서 본 12신조", 「신학지남」통권298호 (2009, 봄), 120-125.

셋째, 한국 교회가 처음부터 선교하는 교회로 출발할 수 있도록 만들어 주었다는 것이다.

넷째, 독노회는 한국 장로교회의 신학적 틀을 제공해 주었다는 사실이다.

다섯째, 독노회 조직은 1884년에 시작된 한국 장로교회가 이제 명실상부 한국의 민족 교회로서의 틀을 다질 수 있게 되었다는 사실이다.[49]

1907년 독노회는 그해 졸업한 평양신학교 졸업생에게 목사 안수를 주었다는 것이다. 드디어 한국 교회가 목회자로 선교사로 파송할 수 있음으로 한국 교회가 처음부터 자립하는 교회로서 나아가게 되었고 주님께서 원하시는 일들을 착실하게 실행할 수 있는 교회가 될 수 있었던 것이다.

49 　박용규, "평양장로회신학교", 「신학지남」 Vol. 68 No. 2, (2001), 59-61.

제4장
한국 장로교회 형성에 영향을 준 평양신학교의 신학 사상과 신학자

1. 한국 장로교회 형성에 영향을 준 평양신학교의 신학 사상과 신학자

평양신학교의 신학 사상은 한국 장로교회 형성에 큰 영향을 준 선교사들을 살펴보고 그들의 본국 신학교의 학풍과 상황 그리고 그들을 가르친 교수들의 신학을 알아본다. 그래서 먼저 평양신학교 교수들을 중심으로 그들의 설교나 글, 저서들과 본국과의 연결성 등을 통하여 그들에게 영향을 주었던 본국 신학 사상과 평양신학교 교수들의 한국에서 평양신학교에 영향을 준 사상들에 대해서 연구해 보겠다. 연구의 범주는 그들의 신학 사상을 성경관과, 구원관(부흥론), 교회관을 중심으로 정리해본다.

1) 성경론

(1) 평양신학교 교수들의 성경관에 영향을 준 신학과 신학자들

초기 장로교 선교사들이 태어나서 생활하고 성장해서 신학교를 다녔던 시기는 19세기 말이다. 이 시기는 미국의 신학이 유럽에서 넘어온 자유주의 신학에 공격을 당하는 시기이었고, 많은 변화의 시기였다. 자유주의 운동은 19세기 중엽부터 1차 세계대전까지 유럽과 미국에서 성행했던 운동으로서 기독교 신앙을 세상의 사회와 문화와 과학에 조화시켜서 하나님 중심이 아닌 인간 중심적인 세계로 이끌어 나가려는 운동이었다. 신앙 또한 인간 중심의 신앙을 강조하다 보니 당연히 하나님의 말씀인 성경에서 멀어질 수밖에 없었고, 결국은 성경의 내용을 고등 비평하게 된다. 성경을 절대자이신 거룩하신 하나님의 말씀으로 믿지 않고 비평적이며 과학적이며 인간적인 잣대로 들이대어서 가능한 범위만을 믿자는 운동이다. 이러한 자유주의 운동은 당연히 성경의 영감설을 따르지 않고 비판한다.

이러한 역사적인 상황에서 평양신학교 교수들은 신학교를 다녔고 그들이 다녔던 신학교는 미국 신학계에서 최전선에 서 있는 칼빈주의와 청교도 개혁주의를 지향하는 학교들이었다. 그래서 자유주의자들의 강력한 공격을 받았고,[1] 그러한 공격을 훌륭한 신학자이며 교수들인 그들이 막아섰으며 더 나아가서 성경을 변증했다.[2]

그들은 학파적으로는 구학파이며 신학적으로는 프린스턴 신학을 내세우고 있었다. 신학교로 말하면 맥코믹신학교와 프린스턴신학교이다. 초기 평양신학교의 교수들은 그 신학교의 교수들에게 영향을 받았다. 두 학교의 교수들은 칼빈주의를 유산으로 이어받았고, 성경의 권위와 영감을 확신하고 있었다. 그들은 신학적으로는 부족했지만 성경 말씀을 소중히 여겼고, 가르쳤다. 그리고 평양신학교 제자들이 성경적인 삶을 살기를 원했다.

맥코믹신학교도 구학파(Old School)의 성경관을 가지고 있었으며 해외선교에 지대한 관심을 가지고 있는 학교였다. 프린스턴신학교 선교사들은 말할 것도 없이 구학파(Old School) 신학을 소유하고 있었다.

---

1 Sydney E. Ahlstrom, *A Religious History of the American People*. 763-784.
2 Noman L. Geisler, ed.『성경무오: 도전과응전』, 권성수 옮김 (서울: 엠마오, 1988), 456-457.

먼저 이들의 성경 사상에 기초를 제공한 사상은 존 칼빈의 성경관이다. 칼빈은 성경과 관련하여 『기독교 강요』에서 칼빈이 가장 강조하는 것은 '성경의 신적 권위'와 그 성경이 하나님의 말씀임을 증명하는 '성령의 내적 증거'이다.[3] 칼빈 당시에는 성경의 영감 문제와 축자 영감 사상을 강조하거나 다룰 필요가 없었다. 왜냐하면 그 당시에는 아무도 그것을 의심하지 않았다.[4]

성경의 무오성의 문제는 19세기에 와서 제기되었다. 칼빈 시대의 관심은 인간을 통한 하나님의 가르침이었고, 성경의 내용과 기능을 설명하는 데에 집중하였다.[5] 그러나 칼빈이 성경의 유기적 영감설을 지지했다는 증거 중에 하나는 "성경은 하나님의 입으로부터 인간의 사역을 통하여 흘러나왔다"고 말했다는 내용이다.[6] 또한, 칼빈은 "바울의 입을 통해서 성령께서 말씀 하셨다"는 표현을 통해서, 하나님이 '이사야를 통해'서 말씀하시고, '모세를 통해'서 말씀하셨다는 표현을 통해서 유기적 영감을 지지했다고 볼 수 있다.[7] 구프린스턴 신학자들을 포함하여 모든 개혁주의 신학자들은 칼빈이 성경의 무오도 믿었다는 입장을 지지하였다. 이렇게 칼빈은 성경의 유기적 영감을 믿었고 성경의 무오 사상도 가지고 있었던 신학자이다.

또 한 명의 신학자가 있는데 그 사람은 프란시스 튜레틴(Francis Turretin)이다. 그는 17세기 정통주의자로 18-19세기 미국 장로교에 영향력을 끼쳤으며, 프린스턴 신학의 배경이 되었던 신학자이다. 튜레틴이 쓴 『변증

---

[3] John Calvin, *Institutes of the Christian Religion. ed*. John T. McNeil. tr. Ford Lewis Battles (Philadelphia: Westminster Press, 1960). Ⅰ권. 6-9.
[4] J. I. Packer, "*John Calvin and the Inerrancy of Holy Scripture*" in Inerrancy and The Church, ed. John D. Hannah (Chicago: Moody Press, 1984), 157.
[5] Packer, "*John Calvin and the Inerrancy of Holy Scripture*", 154.
[6] Calvin, *Institutes*, Ⅰ. 7. 5.
[7] Calvin, *Institutes*, Ⅰ. 7. 5.

신학 강요』가 프린스턴신학교의 교과서로 사용되었다는 점만으로도 알 수 있다. 이 책은 1872년 찰스 핫지의 조직신학이 나와 교과서로 대체될 때까지 조직신학 교과서로 사용되었던 책이다. 튜레틴은 성경의 신적 권위(영감에 의한)의 결과가 무오임을 말하고, 성경의 권위가 성경의 기원으로부터 나온다고 보았다.[8]

다음으로는 프린스턴 성경관에 영향을 준 학자는 조나단 에드워즈(Jonathan Edwards, 1703-1758)가 있는데 그는 생존할 때뿐만 아니라 죽은 후에도 미국 전역에 걸쳐서 영향력을 끼쳤다. 프린스턴 신학에 직접적인 영향을 끼친 것은 아니지만 프린스턴 신학자들은 에드워즈를 전통 칼빈주의 신학자로 또한 정통 칼빈주의의 위대한 대변자로 높게 평가한다.[9] 조나단 에드워즈는 성경을 하나님의 계시로 보았다. 성경을 인간 구원에 대한 하나님의 계시와 창조주의 초자연적인 계시로 보았다. 에드워즈는 성경에는 '놀라운 일들'로 가득하며, '성경에는 오류가 없으며'(unerring), 세상에서 가장 탁월한 것들이라고 말했다.[10] 이것은 곧 성경이 무오하다는 뜻이다. 에드워즈에게는 성경이 축자적으로 영감되고 무오한 말씀 외에는 다른 것이 없었던 것이다.[11]

이어서 프린스턴 신학자들의 성경관을 알아보겠다. 아치볼드 알렉산더, 찰스 핫지, A. A. 핫지, 벤자민 워필드, 존 그레샴 메이첸에 이르기까지 프린스턴의 신학자들은 성경의 영감과 권위에 대한 동일한 입장을 나타냈

---

[8] Francis Turretln, *The Doctrine of Scripture*, ed. and tr. John W. Beardslee III (Michigan, Grand Rapids: Bakers Book House, 1981), 8.

[9] Mark Noll, *Edwards Theology after Edwards in The Princeton Companion to Jonathan Edwards*, ed. Sang Hyun Lee (New Jersey: Princeton University Press, 2005), 298.

[10] Douglas A. Sweeney, *Jonathan Edwards and The Ministry of the word* (Downers Grove, Illinois: IVP Academic, 2009), 89.

[11] John H. Gerstner, "*Jonathan Edwards and the Bible*", in Inerrancy and The Church, ed. John D. Hannah (Chicago: Moody Press, 1984), 278.

다. 곧 그들은 처음부터 끝까지 성경의 영감과 권위를 존중하였다.[12]

알렉산더는 1812년 프린스턴신학교 학장 취임 연설에서 요한복음 5장 39절을 본문으로 <성경을 찾으라>는 제목으로 설교를 하였다. 알렉산더에게는 성경이 신학교 설립의 기초이고 기반이었던 것이다. 신학계에서 세계 4대 칼빈주의 학자로 꼽히는 신학자 찰스 핫지는 자신의 스승인 아치볼드 알렉산더처럼 튜레틴의 전통을 이어 웨스트민스터 신앙고백에 근거해 신학을 펼쳐나갔다.

찰스 핫지는 교리적 진술에서 루터교회의 슈말칼덴 조항(Smalcald Article), 스위스 일치 신조(Helvetic Consensus Formula), 제2 스위스 신앙고백, 갈리아 신조, 영국 39개조, 웨스터민스터 신앙고백 등의 공통된 진실을 근거로 신구약을 포함하는 하나님의 말씀이 신앙과 행위의 유일하고 무오한 규범임을 진술했다.[13] 성경의 영감에 대한 찰스 핫지의 입장은 명확하고 정확했다. 성경은 영감된 하나님의 말씀이다. 즉, 성경이 하나님의 말씀인 것은 성령의 영감으로 쓰였기 때문이다. 영감의 결과는 무오인 것이다. 성령께서 영감하셨기에 오류가 없는 것이다. 찰스 핫지의 성경관은 성경의 영감과 무오가 그 중심 사상이다.

A. A. 핫지는 프린스턴신학교 조직신학 분야에서 찰스 핫지의 아들이자 그 뒤를 이은 신학자이다. 성경의 영감 교리에 관한 한 그의 역할은 중요했다. 그의 논문 <영감>(Inspiration)[14]은 B. B. 워필드와 함께 공저한 것인데 프린스턴 신학자들의 성경관에서는 최고의 작품이라고 할 수 있다. 알렉산더가 프린스턴신학교의 기초를 놓았다고 한다면, 찰스 핫지는 성경관의 체계를 잡은 신학자이며, A. A. 핫지와 B. B. 워필드는 <영감>이란 논문을 통해서 이를 종합하고 발전시킨 학자라고 평가할 수 있다. A. A. 핫

12　Mark A. Noll, 『프린스턴 신학』, 박용규 옮김 (서울: 엠마오, 1992), 39.
13　Charles Hodge, *Systematic Theology* (1), 152.
14　A. A. Hodge and B. B. Warfield, *"Inspiration,"* The Presbyterian Review, 6 (April, 1881).

지는 "모든 교회가 참으로 이 성경을 우리의 신앙과 행위에 대한 유일하고 무오하고 신적인 권위로서 받아들였다"고 선언한다.[15] A. A. 핫지는 성경에 대한 고등비평에 대하여 반론하기를 성경에 대한 역사적 문법적 원리에 충실하게 해석하지 않았기 때문이며, 영감 교리의 명제들을 이해하지 못했기 때문이라고 말한다. 또한, 사본상의 부정확한 점들은 영감 교리를 부정하지 못한다고 설명했다.[16]

벤자민 브레킨리지 워필드(Benjamin Breckinridge Warfield)는 찰스 핫지와 더불어 세계 4대 칼빈주의 학자라고 할 만큼 그는 프린스턴이 낳은 위대한 변증신학자요, 프린스턴 신학의 성경관을 완성한 사람이다. 성경의 영감설에 대한 그의 사상은 성경을 떠나거나 성경의 신적 기원을 부인한 채 올바른 신앙을 가질 수 없다는 확고한 생각을 정립했던 신학자이다. 워필드의 성경관은 혼자만의 신학이 아니라 알렉산더와 찰스 핫지, A. A. 핫지를 잇는 연속성을 유지하면서 발전시켜서 완성한 신학자인 것이다. 자유주의 신학이 위세를 떨치고 미국의 정통주의 신학에 대하여 융단 폭격을 감행할 때 특히 슐라이어마허와 리츨의 신학, 독일의 튀빙겐 학파에 의한 성경 비판, 진화론, 칸트 철학의 부활 등에 대해서 맞서서 싸운 워필드의 최대 무기는 변증학이었다. 그는 수백 편의 논문과 논평을 통해 이들과 싸웠고, 그것을 통해 성경의 영감과 성경의 무오에 대한 사상을 지켰고 변증했던 것이다.[17]

워필드는 성경의 유기적 영감에서 성경이 신적인 특성과 인간적 특성을 모두 갖고 있다고 했다. 유기적 영감과 동시에 축자 영감을 주장했다. 축자 영감이란, 단어를 수단으로 사상이 영감되었다는 것이 아니라, 사상과

---

15 A. A. Hodge, *Evangelical Theology* (Edinburgh: The Banner of Truth Trust, 1890, reprinted, 1990), 61.
16 Hodge and Warfield, *"Inspiration"*, 246.
17 W. Andrew Hoffecker, 『프린스턴 신학 사상』, 168-170.

사상을 담고 있는 단어까지 영감되었다는 의미이다.

존 그레샴 메이첸(John Gresham Machen)[18]은 프린스턴 신학 전통의 마지막 신학자이다. 그의 성경관은 성경을 정확 무오한 하나님의 말씀으로 생각했고, 성경에 대하여 확신과 신뢰를 했던 학자였다. 메이첸은 성경을 역사적 정통주의 입장으로 보았으며 성경을 철학적으로, 합리적으로, 경험적으로 변증을 했다.[19]

메이첸의 성경관은 『기독교와 자유주의』(Christianity and Liberalism)와 『현대를 살아가는 기독교 신앙』(The Christian Faith in the Modern World)에서 많이 나와 있다. 여기에서 메이첸은 성경의 역사적 사실, 성경의 완전 영감과 성경의 절대 권위를 강조한다. 메이첸은 성경의 단어들이 오류에 빠지지 않도록 하나님께서 초자연적으로 역사하셨다고 말했다. 메이첸은 인간이 하나님을 알 수 있는 것은 먼저 하나님이 인간에게 말씀하셨기 때문이라고 말한다.[20]

오직 성경만이 하나님의 유일한 계시이며 우리가 하나님을 알 수 있는 방법이고 오직 성경만이 인간에게 오는 하나님의 계시를 발견할 수 있기 때문이다. 또한, 그 계시의 중심에는 그리스도가 계시고 그리스도의 구속 사건이 있다는 것을 메이첸은 강조했다.

메이첸은 다음과 같이 말한다.

---

18 존 그레샴 메이첸(John Gresham Machen)은 구프린스턴 신학과 웨스트민스터 신학의 연결점에 있는 신학자이다. 한국 장로교회를 이해하기 위해서 메이첸에 대한 이해가 필요하며 메이첸은 평양신학교 교수이며 한국 장로교의 큰 어른이신 박형룡, 박윤선 박사의 스승이다. 1906-1926년까지 프린스턴신학교 교수로 근무했으며 1929-1937년까지 웨스트민스터 신학교 교수로서 가르치다가 생을 마감했다. 기독교의 진리를 위해 자유주의 신학과 싸웠고 평양신학교의 신학 사상에 지대한 영향을 남겼던 분이다.

19 John H. Gerstner, "The Contributions of Charles Hodge, B. B. Warfield, and J. Gresham Machen to the Doctrine of Inspiration", in Challenges to Inerrancy: A Theological Response, eds. Gorden Lewis and Bruse Demarest (Chicago: Moode Press, 1984), 372-381.

20 J. Gresham Machen, The Christian Faith in the Modern World (Grand Rapids, Michign: WM. B. Eerdmans Publishing Co., 1947), 13.

성경은 하나님께로부터 내린 계시의 기록을 담고 있고 이 계시의 기록은 이 밖의 어떤 다른 데서도 찾을 수 없다. 참으로 성경 안에는 하나님의 창조물과 인간 양심을 통해서도 현현되는 계시가 확고히 증거되고 있는 동시에 놀라우리만치 풍성하게 나타나 있다.[21]

메이첸은 기독교의 생명이 그리스도의 십자가 구속 사건에 있다고 보았다. 십자가의 '구속 사건'이 역사적인 사실이 아니라면 구원은 없다고 말했고 구원이 있기 위해서라면 반드시 '구속의 사건'이 있어야만 되는 것이었다. 메이첸에게 성경은 실제로 있었던 역사적인 사건 기록이었다.[22]

(2) 평양신학교 교수들의 성경관

위와 같이 본국의 훌륭한 신학자들에게 신학 훈련을 받은 초기 장로교 선교사들은 칼빈주의 유산 및 성경의 권위와 영감을 확신하였다. 본국의 신학자들처럼 자유주의적 비평신학에 대해 전면전을 하기에는 부족했지만 원정 온 선교사들로서는 충분히 정통 신학으로 무장되었고 자유주의 비평신학에 대해서 인지하고 있었던 터라 주님의 일을 하는 데에는 문제가 없었다. 선교사들이 원하는 것은 배운데로 성경을 사랑하고 알며, 성경대로 살 수 있도록 가르치는 것이었다. 이들은 성경 중심으로 학생들을 가르쳤다.

마포삼열은 평양신학교를 설립한 선교사인데 <북장로교 선교 50주년 기념보고서>에서 "성경은 우리의 선교 사역에서 최고의 위치를 차지한

---

[21] J. Gresham Machen, 『기독교와 자유주의』, 김길성 옮김 (고양시: 크리스챤 출판사, 2004), 66.

[22] J. Gresham Machen, "*History and Faith*", The Princeton Theological Review (July, 1915): 337-339.

다"²³라고 말했다. 평양신학교 성경과 신학은 주로 미국 북장로교 선교사 출신의 교수들이 담당했다. 그래서 미국 북장로교 출신 선교사들의 성경관이 평양신학교 교수단의 성경관인 것이다. 마포삼열은 성경이 하나님의 말씀임을 확신하였다. 그래서 평양신학교에서도 성경을 반드시 정과로 교수해야 한다고 했다.

> 그는 特히 强한 믿음의 所有者였다. 그는 하나님의 約束과 福音의 權能을 確實히 믿고 그리스도만이 이 亡할 世上을 救援하실것을 疑心하지않었다. 그는 聖經은 하나님의 말씀임을 確信하였고 또 宣敎部經營에 屬한 學校에서는 聖經을 반다시 正科로 敎授해야 할것을 力說하였다. 이點에 있어서 朝鮮宣敎會와 總會가 馬布博士에게 신세잔바가 많음은 自他가 共認하는 事實이다.²⁴

마포삼열은 이미 성경의 중요성을 알고 있었으므로 선교사로 처음왔을 때에도 성경반을 운영했고, 사경회를 개최하였던 것이다.²⁵ 마포삼열은 맥코믹신학교 출신으로서 당시 구학파 조직신학 교수였던 그레이그(W. Craig)의 영향을 받았었다.²⁶

소안론(W. L. Swallen) 선교사 역시 마포삼열과 같은 맥코믹신학교 출신이다. 소안론은 자신의 설교에서 하나님의 말씀을 계시된 말씀으로, 그 권위를 인정하는 설교를 하였다. 마포삼열과 소안론과 같은 동문인 곽안련(C. A. Clark) 역시 성경을 중요하게 생각했으며 말씀 설교 또한 성경 중심

---

23 *Report of 50th Anniversary Celebration of the Korea Mission of the U. S. A Presbyterian Church*, (June 30-Jury 3, 1934), 56.
24 라부열, "마포삼열 목사의 생애와 그 사업", 「신학지남」(1934, 9월), 77권 16-5호 158.
25 라부열, "마포삼열 목사의 생애와 그 사업", 158.
26 이호우, 『초기 내한 선교사 곽안련의 신학과 사상』 (서울: 생명의말씀사, 2005), 75.

이었다. 성경은 곽안련의 모든 선교 사역에서 매우 지배적인 위치를 차지하고 있었다. 복음 전파 사역, 신학교와 교회에서의 모든 교육 사역, 그리고 설교 사역에 있어서 그는 성경을 그 모든 활동의 중심으로 삼았다.[27] 장로교 선교사 허버트 불레어가 주장했듯이 "웨스트민스터 표준 문서와 장로교 정치 형태를 받아들이는 역사적 칼빈주의 배경의 장로교인들은 옛적부터 성경을 아무런 의심 없이 하나님의 말씀 그 자체로 받아들여 왔다."[28] 곽안련은 성경에 대한 확고한 마음을 가지고 있었다. 1934년 미국 북장로교 한국선교부의 선교 50주년 기념식에서 곽안련은 말했다.

> 선교사들은 성경에 제시된 초자연적 요소들을 받아들였으며 성경이 권위의 책이라고 믿었다.……이 선교회의 회원들은 성경을 하나님으로부터 온 직접적 계시, 신성한 책, 그리고 권위의 책으로 받아들였다. 우리는 성경이 아주 분명한, 여호와께서 가라사대를 내포하고 있다고 믿는다.[29]

곽안련은 성경을 그리스도인의 신앙과 삶 모든 면에서 권위있는 책으로 확고히 수용했다. 그에게 성경은 모든 문제들에 해답을 주는 유일한 권위의 지침이었던 것이다. 곽안련은 성경의 권위적 성격을 굳세게 옹호했다. 그리고 다음과 같이 말했다.

---

27   이호우, 『초기 내한 선교사 곽안련의 신학과 사상』, 251.
28   Herbert E. Blair, "*Fifty of Development of the Korean Church*", in The Fifty Anniversary Celebration of the Korea Mission, 120.
29   C. A. Clark, "*Fifty Years of Mission Organization Principle and Practice*", in the Fiftieth Anniversary Celebration of the Korea Misson of the Presbyterian Church in the U. S. A., June 30-July3, 1934, Ed., Harry A. Rhodes H. Baird(Seoul: YMCA Press, 1934), 56-57. 이호우, 『초기 내한 선교사 곽안련의 신학과 사상』, 252에서 재인용.

> 성경은 세상 종교들이 소유한 바 많은 경전과 책들 중의 하나가 아니라, 하나님께서 인생에게 주신 곧 그 권위를 직접 하나님께로부터 받은 유일하고도 구별되는 책이다.[30]

곽안련은 프린스턴신학교의 A. A. 핫지의 글을 인용해서 성경의 영감에 대해서 자신의 뜻을 표현했다.

> 영감이란 하나님의 감화력이 성경 저자들로 하여금 그 기록하는 모든 것에 균등하게 함께 하셔서 그들이 기록하는 각 부분 곧 그들의 사상과 축자적 표현에서까지 무오의 진리를 확보하게 하시고, 또한 그들이 재료를 선택 배치하는 것을 하나님의 목적에 따라 결정하게 하심이라.[31]

이러한 문장의 뜻을 통해서 곽안련은 성경이 하나님과 인간 기자들의 유기적 관계하에 기록되었다는 자신의 뜻을 확실하게 나타냈다. 곽안련은 성경 영감의 유기적 성격을 지지하면서 이러한 보수적 영감 사상인 성경 영감을 기계적 영감, 혹은 구술적 영감으로 설명하려고 하는 자유주의 신학자들에게도 날카로운 비판을 했다. 그는 '성경 저자들이 결코 기계가 아니다'는 표현을 하였다.

> 성경을 기록한 영감 된 저자들은 기계가 아니다. 그들은 각자의 환경과 개성에 의하여 성경을 기록하였다. 그러나 놀라운 사실은 그 같은 방법으로 기록된 것이면서도, 그들은 기록한 말들은 모두 합의되었다. 이는 하나님께서 실제로 그 저자가 되심이다.[32]

---

30 곽안련, "영감", 마가복음: 표준 성경 주석, 43.
31 곽안련, "영감", 44.
32 곽안련, "영감", 45.

곽안련의 말에 의하면 "자유주의자들은 성경의 기록 중 역사와 과학에 대한 것들이 사실들과 일치하지 않는다고 말한다"라고 했다. 곧 그들의 뜻과 속셈은 어떻게 해서든지 성경이 무오하지 않다는 것을 보여주기 위한 것이다. 그들의 주장의 핵심은 성경 기자들이 종교적이고 윤리적인 문제에 대해서는 영감을 받았으나 역사적 사건들과 과학적 사실들에 대하여는 그렇지 않다는 것이다.

이에 대한 곽안련의 답변은 이렇다.

> 성경 기자들이 종교적·도덕적 진리에서는 영감을 받고 역사적 사실에서는 그렇지 않다고 하는 제언(提言)은 용납하기 곤란하다. 왜냐하면 디모데가 모든 성경은 하나님의 감동으로 되었다고 말한 것을 보면 거기에 아무 분별(分別)이 없기 때문이다.[33]

이러한 논증을 통하여 곽안련은 종교적이고 도덕적인 문제 및 역사적이고 과학적인 사실들을 포함한 성경의 모든 부분이 하나님의 감동으로 기록되었음을 분명히 하였다. 성경 연구에서 고등 성경 비평은 성경의 연대와 저작자에 관한 주요 문제들에 초점을 맞추고 있다. 이러한 이론들을 통하여 그들은 모세오경도 모세의 저작이 아니라 여러 사람이 여러 자료에서 그 내용을 참고해서 편집했다고 말한다. 특히, 독일 학자들 중 율리우스 벨하우젠(Julius Wellhausen, 1844-1918)에 의해서 발전된 자유주의적 고등 성경 비평은 독일 베를린에서 공부한 찰스 브릭스(Charles A. Briggs, 1841-1913)에 의해 1870년대 중반 무렵 미국 북장로교로 전이되었다.[34]

---

[33] 곽안련, "영감", 48.
[34] Lefferts A. Loetscher, *The Broadening Church: A Study of Theological Issues in the Presbyterian Church Since 1869* (Philadelphia: University of Pennsylvania Press, 1957), 30.

이와 같은 사상이 교회와 신학교에 침투하여 논쟁을 유발하였다. 자유주의자들은 브릭스를 중심으로, 보수주의자들은 A. A. 핫지와 B. B. 워필드를 중심으로 각기 나뉘어졌다. 그때의 상황들은 1881-1883년까지의 「프레스비테리언 리뷰」(The Presbyterian Review)에 실려 있다. 한국의 초기 장로교 선교사들은 이와 같은 사실들에 대해서 경계하였으며 "험한 이단들"이라고 표현했다. 곽안련은 특히 한국에도 일부 선교사들이나 유학하여 돌아온 사람들 사이에서 이러한 사상이 들어 왔음을 알았다. 그는 이러한 생각에 기름을 붓는 책인 『아빙돈 단권 주석』[35]에 대해서 이렇게 말했다. "이 주석서 안에 그리스도의 신성, 그리스도의 동정녀 탄생의 합당성, 혹은 성경의 권위나 영감을 의문시하는 곳이 40군데나 나온다"라고 하면서 신학적 문제를 제기하였다.[36]

그 밖에 많은 평양신학교 교수들이 위와 같은 성경의 권위를 존중하였다. 미국 남장로교 출신 선교사인 이눌서(William D. Reynolds)는 "가서 제자를 삼으라"[37]는 스미스의 설교 글을 번역하여서 자신의 뜻을 알렸다. 그는 성경대로 믿고 실천하는 것이 신자의 도리임을 말했다. 또 하나의 번역 글을 통해서 구약과 신약이 예로부터 하나님의 성령의 계시함을 통해 기록되어 후대에 전해 내려오고 있음을 논증했다.[38]

또한, 미국 남장로교 출신인 평양신학교 교수였던 구례인(J. C. Crane)은 많은 저술과 가르침을 통해서 성경의 권위와 영감을 강조하였다. 초기 장로교 선교사들은 성경을 문자적인 해석 중심으로 설교를 했는데 이것은

---

[35] 『아빙돈 단권 주석』은 한국감리교회가 선교 50주년을 기념하여 1934년 발행한 단권 주석으로서, 미국 아빙돈출판사에서 펴낸 영문판 단권 주석을 한글로 번역, 출간한 것으로서 당시 미국과 유럽의 성경 학자들에 의해 공동 집필된 것으로서 문서비평학, 고등비평학, 역사비평학 등의 현대적 비평학을 총동원한 새로운 주석이다.
[36] 이호우, 『초기 내한 선교사 곽안련의 신학과 사상』, 269.
[37] 이눌서, "가서 제자를 삼으라," 「신학지남」 67권 15-1 (1933년), 20-21.
[38] 이눌서, "성경의 유전," 「신학지남」 58권 13-4 (1931년 7월), 32.

19세기말의 구프린스턴의 성경관의 특징이었고, 성경의 영감과 확신에 대한 표현이 문자적이어야 된다고 생각했었다.[39]

편하설의 경우에도 자신의 성경관을 밝히는데 "하나님의 말씀 곧 신구약 성경은 신앙상 규율이며 참 신자의 귀의할 바이다"[40]라고 말했다. 이 글을 통해 모세오경이 모세의 작품임을 논증하고 있다. 프린스턴신학교 출신인 라부열이 1925년 마포삼열에 이어서 평양신학교 2대 교장으로 부임하면서 맥코믹신학교 출신 일색이었던 평양신학교 교수단도 프린스턴신학교 출신들로 바뀌기 시작했다.

그러나 오히려 평양신학교의 성경관은 더욱더 견고해지기 시작한다. 이 대표적인 교수들은 평양신학교 2대 교장인 라부열, 그리고 어도만, 함일돈 선교사이다. 그들의 성경관은 성경의 권위와 영감을 철저하게 방어하고 변호하는 것이었다. 특히, 라부열의 사상은 「신학지남」에 많이 기고되어 있다. 그가 기고한 「신학지남」의 글은 <예수와 성경>, <무죄하신 예수>, <성경에 관한 문답>, <성경의 난제론>등을 통하여 나타나 있다. 그는 그와 같은 글들을 통해 성경은 하나님의 권위와 영감된 말씀이기에 성경을 깨닫기 위해서는 성령의 도우심이 반드시 필요함을 말했다.

특히, 성경의 난제론에서 "성경은 사람의 일과 육신의 일을 기록한 것이 아니요 천국과 영혼의 일을 기록한 책이니 아무리 재질이 명철하고 학식이 풍부하여도 신령한 마음의 눈이 개명되지 못하면 구원이 무엇인지 죄악이 무엇인지 하나님이 누구인지 알지 못한다"[41]고 했다.

어도만은 「신학지남」에 발표한 <정경>에서 정경의 역사를 기술하면서 구약이 어떻게 정경이 되었는지에 대해서 자세히 설명하고 있다. 함일돈

---

39 Randall Balmer and John R. Fitzmier, 『미국 장로교회사』, 한성진 옮김 (서울: 기독교문서선교회, 2004), 86.
40 편하설, "교회의 신앙 규율", 「신학지남」 90권 18-6 (1936년), 21.
41 라부열, "성경의 난제론," 「신학지남」 6권, (1919년 7월), 25-26.

도 역시 성경의 권위와 영감을 주장했던 선교사이었다. 그는 그의 저서인 『기독교 신앙의 기초』에서 성경이 하나님의 말씀임을 주로 주장했다. 신구약 성경이 거의 원본의 정확한 사본이라고 확신했다.[42]

이와 같이 초기 장로교 선교사들의 성경관은 미국의 구프린스턴의 성경관을 그대로 옮겨놓은 것처럼 비슷했고, 신앙의 가장 중요한 초기의 한국 기독교에 유익하면서 은혜로운 그리고 진리인 성경을 가르쳤던 것이다. 오직 성경을 신뢰하고 믿으며 순종하는 성경관을 가르쳤고, 성경이 하나님 중심의 영감과 권위를 나타내고 무오하다는 것을 가르쳤던 것이다. 그러므로 한국 교회는 말씀 중심으로 성장할 수 있었고 성경을 의지하면서 성장할 수 있었던 것이다.

2) 교회론

초기 장로교 선교사들이 미국에서 한국의 선교지에 부임했을 때 그들의 목표는 하나님의 교회를 세우는 것이었다. 그래서 첫 부임지에서 선교활동을 하고 전도할 때에도 그 목표를 항상 생각하고 있었다. 그러나 교회는 그냥 세워지는 것이 아니라 하나님의 부르심을 받은 참된 신자들이어야 했다. 그러한 신학 사상을 그들은 배웠고 선교지에서 실천했다. 그래서 평양대부흥 같은 역사도 있었던 것이다.

진정한 교회를 세우기 위한 선교사들의 노력과 가르침은 평양신학교를 통해 꽃을 피우게 된다. 처음부터 그와 같이 할 수는 없었다. 왜냐하면 여러 선교단체가 한국에 와서 선교를 하고 있었고 교파와 교단이 다른 선교부들이 있었기 때문이다. 그래서 선교사들은 처음 교회를 어떻게 세워야 하는지에 대한 방법과 방식에 대해 고민했다. 선교 초기에는 교회의 조

---

[42] 박용규, 『한국 장로교 사상사』 (서울: 총신대학교출판부, 1992), 98.

직보다 전도에 의한 복음 전파를 중요시 할 수밖에 없는 상황이었던 것이다. 일에는 순서가 있듯이 나중에 평양신학교가 설립 되었을 때에는 그들이 꿈꾸었던 교회의 모습들에 대한 것을 평양신학교를 통해 가르칠 수 있었다. 네비우스가 1890년 내한했을 때 선교 정책 9번을 통해 교회 조직에 대한 생각을 밝혔다.

교회 조직

1. 초창기 단계의 사역에서는 이것이 복잡한 문제가 되지 않는다. "여러 교단의 선교사들이 한동안은 여러 가지 조직화 작업을 어느 정도 무시한다." 그리고 상황에 따라 적절하게 대처한다. "여러 그리스도인 집단이 비공식적인 종교 지도자들의 돌봄을 받고 있다. 안수받지 않은 본토 출신 지도자들과 전도자들이, 복음이 전파되지 않은 지역에서 말씀을 전한다. 감독, 장로, 집사, 심지어 목회 후보자도 없다. 단지 선교사들과 조사, 교리문답 교사, 매서인, 성경 중개인 등 뿐이다." 어떤 회합에서 연대 근처의 한 독립교회 선교사가 장로교 원리에 따라 사역을 수행하고 있음이 밝혀졌다. 반면 장로교 선교사는 감리교와 독립교회 및 고위 성직 제도가 특이하게 혼합된 형태의 조직을 사용하고 있음이 밝혀졌다.

2. 어느 선교 현장 교회에 가장 적합한 조직이 무엇인가에 대한 최종적 시금석은 그 조직이 소수의 기본 성경 원리와 일치하느냐는 점이다.
다음과 같은 원리가 가장 기본적인 범주에 들 것이다.
첫째, 교회 운영과 관련된 문제에서 개개 신자들에게 권한과 책임이 있다는 원리,
둘째, 지교회의 권위 있는 지도자로서 장로나 감독을 임명하는 일의 중요성,
셋째, 연합한 다수 교회를(사역의 초창기 단계에서) 해당 교회의 장로, 집사들과

함께 맡아 돌볼 감독자를 임명하는 일이다.

3. 중국에서는 다음과 같은 조직 형태가 가장 좋을 것이다.
첫째, 스데반이 돌에 맞아 순교한 후 여기저기로 흩어진 그리스도교인들은 자진하여 구브로, 시리아, 길리기아, 로마, 애굽 등지로 복음을 가지고 갔다. 이러한 일반 그리스도교인의 자발적 활동을 교회의 기본 방침으로 삼으라.
둘째, 사도들의 본을 따라 모든 교회에서 장로를 임명하도록 하라.
셋째, 그러나 장로 임명이 개개 성도들의 자발적 활동과 상충되지 않도록 하라.
넷째, 교인들이 가지는 자기 교회에 목사님을 모셔야 할 필요성을 느끼고 사례를 지불할 준비가 갖추어지기 전에는, 지교회에 담임목사를 세우지 말라.[43]

선교지 한국에서 전도가 되어지자 초기 장로교 선교사들은 교회를 직접 세워 목회를 하였다. 언더우드는 1887년 9월 27일에 교인 14명으로 새문안교회를 조직하였다. 마포삼열은 1895년 1월에 평양에서 사경회를 열고 처음으로 중앙교회(장대현교회)를 세워 직접 시무했다. 곽안련도 1906년 서울 승동교회에 부임했다. 초기에 한국인 영적 지도자가 없었기 때문에 선교사들이 직접 교회를 설립하여 시무하여야 하는 상황이었다.

곽안련은 승동교회를 시무하면서 다양한 사역을 펼쳤다. 철야기도회, 구역별 성경 공부, 교리 반을 운영하여서 평양신학교 실천신학을 담당하는 교수로서의 모습을 보여주려고 했다. 그러나 승동교회는 1902년 교회 안에서의 양반과 백정 간의 분쟁으로 교회가 분리되는 아픔도 겪었다. 요즘 교회야 그런 일들이 다반사이며 미국 교회조차도 아직 흑백이 분리되

---

[43] Charles Allen Clark, 『한국 교회와 네비우스 선교 정책』 *(The Nevius Plan for Mission Work)*, 38-39.

는 교회도 있으나 그 당시에는 보기 드문 아픈 일이 아닐 수 없다.

그리스도를 통한 믿음의 형제들이 하나가 되지 못한다면 어떻게 세상 사람들에게 복음을 전파할 수 있을까?

초기 선교사들이 목회 현장에서의 고민 들이 많았음을 보여주는 하나의 예라고 볼 수 있다. 선교사들이 초기에 세운 교회들이 평양중앙교회를 비롯하여 성장하기 시작했다. 교회가 성장하는 만큼 재정 또한 자립할 수 있는 교회들이 늘어갔다.[44]

그러나 너무도 빠른 성장을 해서 그런지 초기 장로교 선교사들은 한국 교회에 대한 중장기적으로 또는 질적으로 만족시킬만한 계획은 없었던 것 같다. 단지 네비우스 선교 정책에 따른 전도 중심의 교회, 전도된 이들을 위한 성경 공부방 운영, 그리고 또 다른 교회를 개척하는 일들뿐이었다.[45] 1907년 독노회가 조직되었을 때에는 12신조를 채택했었는데 1912년에는 총회가 조직되었고, 총회에서 헌법을 기초하고 그 기초가 되는 것은 웨스트민스터 신앙고백과 장로교주였다.[46]

이때부터 서서히 초기 선교사들이 본국에서 배웠던 장로교회의 모습을 보이기 시작했다. 교회의 목적과, 장로교 헌법, 신앙고백, 신경 등의 글은 1920년대부터 시작되었고, 평양신학교 「신학지남」에 교회관에 관한 글이 실리게 된다. 곽안련의 <조선야소교 장로회신경>, <본장로교회 신헌법>, <교회정치의론>, <교회정치에 관한 문답>, 이눌서의 <교회의 목적> 등이다.

맥코믹신학교에서 평양신학교 교수들이 공부할 때는 교회론 과목이 있었다. 그 내용은 교회 정치, 훈련과 성례, 웨스트민스터 신앙고백 등이다. 프린스턴신학교에도 교과 과정에 교회론 과목이 있었는데 교회의 진정한

---

44 S. A. Moffett, "*Pyeng Yang Central Church*", KMF, (1905년 11월), 8.
45 조경현, 『초기 한국 장로교 신학 사상』, 272.
46 이호우, "곽안련 선교사의 생애와 신학 사상", 「역사신학논총」 제5집 (2003년), 172.

의미, 교회 조직, 교회의 머리, 교회의 직임 등의 내용을 다루었다. 대부분의 내용이 칼빈주의적 개혁주의 교회론이다.[47] 칼빈이 남긴 업적 가운데 오늘날의 개신교의 핵심이요 장로교의 전부라고 할 수 있는 것은 개혁신학을 정립한 것이다. 칼빈은 구체적으로 실제적으로 개혁 교회의 제도와 법규를 정착시켜 놓았다. 칼빈은 목사 안수를 비롯하여 성도들의 권징에 이르기까지 교회의 조직과 독자적인 권한을 규정하는 내용을 교회 법령(Ecclesiastical Ordinances)을 통하여 확고히 제정한 신학자이다.[48] 장로교회의 기원은 칼빈이 세운 것이다. 칼빈은 성경에 기초한 장로주의의 교리들과 원리들을 만들어 장로교회를 조직한 것이다.

김재성은 다음과 같이 말한다.

> 1559년 판 『기독교 강요』 제4권은 우리가 예수 그리스도와 교제를 나누게 하려고 성령이 취하는 외적 수단들 또는 보조 수단들에 관한 문제를 다루고 있으니, 교회에 관한 문제를 다루는 데 집중하면서 모두 함께 취급한다[49]

칼빈은 『기독교 강요』에서 교회의 역할에 대해 제1장의 서두에서 소개하고 있다.

> 우리들의 미숙과 무지 때문에, 나는 거기에다가 우리 마음의 허무함을 추가하고자 하는데, 우리의 믿음이 단계적으로 싹트고 성장하고 발전하기 위해서는 외적인 도움이 필요한데, 하나님께서는 우리의 나약함을 도와주시기 위하여 우리들에게 이것을 제공하여 주시기를 잊지 않으셨다. 그리고 복

---

[47] 오덕교, 『장로교회사』(서울: 합동신학교출판부, 1995), 204.
[48] 김재성, 『개혁 신학의 전통과 유산: 개혁 신학 광맥』(용인: 킹덤북스, 2012), 146-147.
[49] 김재성, 『칼빈: 그의 신학 사상의 근원과 발전』(고양시: 크리스챤다이제스트, 1999), 353.

음의 전파가 계속되게 하기 위하여 하나님께서는 이런 보배를 자신의 교회에 맡기셨다. 그는 목사와 교사를 세우셔서 그들의 입을 통하여 우리를 가르치신다. 간단히 말하여, 하나님께서는 우리 가운데 믿음과 선한 질서 안에서 거룩한 일치를 진척시키기 위하여 도움이 되는 것은 무엇이든지 빼놓지 않으셨다. 무엇보다도 그는 성례를 제정하셨는데, 우리들의 경험을 통하여 아는 바와 같이, 우리의 믿음을 양육하고 강화하는데 매우 유용한 수단이다.[50]

위에서 보는 바와 같이 장로교회의 교회관은 칼빈의 교회관에 기초하고 있다. 칼빈은 교회의 목적은 우리가 하나님의 부르심에 응하기 위한 도구이자, 우리의 성화에 필요한 도움이 되는 것이라고 했다.[51] 칼빈은 교회에서 목사들이 행하는 복음의 설교는 믿음을 우리에게 전하기 위한 일상적인 수단이요, 그것에 의해서 믿음이 우리에게 전달되어 진다고 했다. 칼빈은 우리의 모든 영적 생활과 성화를 위하여 교회를 의지한다고 주장하였다.

나의 현재 의도는 가시적 교회(the Visible Church)에 관하여 말하고자 하는 것이기 때문에, 교회를 어머니라고 부르는 것까지라도, 교회를 아는 것이 우리에게 얼마나 유익한 것이며, 또한 실제로 얼마나 필요한 것인가를 배우도록 하자. 바로 그 어머니의 모태에서 우리가 잉태되고, 양육을 받고, 그의 가슴에서 먹여 주시고 기르심으로써 마침내 우리가 우리의 육신을 벗어버리고 천사처럼 될 때까지 우리를 보호하고 돌보아주시지 않는다면, 우리는 결코 영생으로 들어 갈 수 없다는 것을 알자. 왜냐하면 우리는 연약한 존재이기에 일평생 동안 배워야 하므로 자신들의 존재를 학교로부터 벗어나게 할 수

---

50   *Inst*, IV, 1, 1. 김재성, 『칼빈: 그의 신학 사상의 근원과 발전』, 353-354에서 재인용.
51   김재성, 『칼빈: 그의 신학 사상의 근원과 발전』, 354.

없기 때문이다. 또한, 교회의 품을 떠나서는 어느 누구도 죄사함이나 구원에 대한 어떠한 소망도 기대할 수 없다는 사실도 주목하여야 한다.[52]

프린스턴신학교의 알렉산더 찰스 핫지, 워필드도 칼빈의 영향을 받은 학자들이다. 프린스턴 신학의 영향을 받은 평양신학교 교수들은 당연히 칼빈주의에 입각한 교회관을 배웠음이 틀림없을 것이다. 평양신학교 교수들은 교회관에 대하여 글을 많이 남기지 않았다. 그러나 이눌서는 1927년 처음으로 교회관에 관한 "교회의 목적"에 대해서 글을 남겼다.

교회의 목적을 자세히 알고자 하면 교회의 설립자이신 예수의 말씀을 살펴볼 것이니(마 28:18-20), 그 (교회) 목적은 모든 백성으로 제자를 삼으며 삼위의 일을 함으로 세례를 주고 주의 분부한 것을 가르쳐 지키게 함이라 그 목적을 이룰 능력은 다만 성신의 감동이니 교회의 직분 위임시키는 이는 성신이시니 사역도 시키시고 교회의 결정도 주장하셨다. 그 목적을 이룰 방법은 전도나 바울과 같이 성신이 나타나심과 권능으로 하면 목적을 성취하리라.[53]

이눌서는 교회의 목적에 관해 성경의 말씀을 그대로 주장했다. 모든 백성으로 제자를 삼고 삼위의 이름으로 세례를 주고 주님의 말씀을 가르쳐 지키게 하는 것이다. 그는 교회의 유기체를 강조하면서 교회는 구원하는 일, 교육하는 일, 진리를 파수하는 일 그리고 모든 교인이 덕을 세우고 하나님께 영광을 돌려야 함을 강조하였다.[54] 이눌서는 성경을 따르는 칼빈주의적 개혁주의 신학 사상을 따르고 있다. 그는 경건주의적이며 보수주

---

52 *Inst*, IV, 1, 5. 김재성, 『칼빈: 그의 신학 사상의 근원과 발전』, 356-357에서 재인용.
53 이눌서, "교회의 목적", 「신학지남」 36권 (1927), 127; 조경현, 『초기 한국 장로교 신학 사상』, 274에서 재인용.
54 조경현, 『초기 한국 장로교 신학 사상』, 274-275.

적 칼빈주의자이었다.

　김홍만은 그 당시에 북장로교 선교사들이 교회의 경건을 확보하기 위해 한 사역들에 대하여 몇 가지 정리했다.

> 첫째로, 학습 교인 제도. 학습 교인 제도 자체는 진정한 회개와 회심을 요구하는 것으로 죄의 질책과 회개의 필요성을 보여줌으로써 그 성질상 대부흥에 공헌하는 요소가 된다.… 이 원리에 대해 조나단 에드워즈는 "주의 깊게 교회의 회원으로 받아들이는 것은 부흥을 준비하는 중요한 수단이 된다. 그는 반드시 회심을 경험한 자이어야 하며 이것을 통해 교회는 순결하게 되고 하나님의 성령을 부어 주심을 받기 위한 준비가 된다"고 했다.[55]
> 둘째로, 북장로교 선교사들의 청교도 신학에 근거한 교회 사역 중 주일 성수 강조는 그들의 신학적 전통의 배경 속에서 매우 중요한 것이었다. 주일 성수는 죄인들에게 하나님을 알고 공경해야 할 것을 증거하는 수단이 되며 자연적으로나 도덕적으로나 그들의 양심을 흔들어 놓는다. 더욱이 주일 성수는 십계명의 4계명으로서 이것을 통해 하나님의 법의 거룩성을 증거하며 더 나아가 거듭나지 못한 자들에게 죄가 무엇이라는 것을 알려주고 질책하는 기능을 한다 ….
> 셋째로, 북장로교 선교사들의 교회를 정결하게 유지하려는 노력은 그들의 징계의 시행으로부터 분명하게 볼 수 있었다. 징계의 시행은 한국 장로교의 대부흥에 공헌하는 요소가 되었다. 왜냐하면 교회의 징계 시행은 교회로 하여금 경건의 능력을 배양하게 했을 뿐만 아니라 세상과 구별되는 교회의 거룩성을 증거하는 기능을 했기 때문이다.……

---

[55] William Arnot, *The Godly life of believer in Lectures on Revival* (1840, reprint Richard Owen Roberts, 1980), 162.

넷째로, "심령을 살피는 것"(Heart Searching)이다. "심령을 살핀다"라는 말은 북장로교 선교사들에게는 매우 일반적인 단어였다. 이것은 사람들의 심령을 살펴서 그들이 회심하였는지, 혹은 죄의 질책 중에 있는지, 그리고 아직 회개하지 않은 세상적인 자인지를 살피고 그 영적 상태의 원인을 조사해서 의원이 병을 고치듯이 영적 질병을 고치려는 태도와 사역을 말한다 ….
다섯째로, "부흥을 위한 기도"이다. 이것은 제1차 영적 대각성을 체험한 후 조나단 에드워즈의 겸손한 시도의 영향을 받아 형성된 부흥 신학 중 하나이다. 북장로교 선교사들은 대부흥이 고조에 달하기 전 부흥을 위해 기도하기를 가르쳤다. 조나단 에드워즈는 부흥을 위한 기도의 중요성을 언급하면서 "하나님께서 예외적으로 기도의 영을 부어 주시는 때가 오는 것은 이 땅에서 약속된 하나님 나라의 진전을 위해서이다"라고 말했다.[56]

북장로교 선교사들은 교회가 청교도 신학에 근거하여 경건한 교회가 되기를 갈망했다. 그러한 교회관을 바탕으로 한 영적 대각성 및 부흥의 역사적 유산이 한국 교회에 꽃을 피운 것이다.[57] 평양신학교의 교회관은 곧 북장로교 선교사들의 신학과 맥을 같이하며 칼빈의 전통을 잇는 청교도 신학과 그 선을 잇는 프린스턴 신학 위에서 세워진 교회관인 것이다.

3) 부흥론

평양신학교의 핵심 교수단이었던 북장로교 선교사들은 미국 본토에서 맥코믹신학교와 프린스턴신학교를 통하여 부흥을 통한 구원의 역사를 배웠고, 경험했으며 한국에서도 하나님이 주시는 놀라운 부흥의 역사가 일

---

[56] 김홍만, 『초기 한국 장로교회의 청교도 신학』, 150-156.
[57] 김홍만, 『초기 한국 장로교회의 청교도 신학』, 157.

어나기를 바랬을 것이다. 그들은 청교도 신학에 근거한 전도 사역을 통하여 교회가 부흥되기를 갈망했고, 교회를 통한 부흥을 통하여 구원에 이르게 하는 역사가 이루어지기를 원했던 사람들이었다.[58] 청교도 개혁주의 신학자인 제임스 패커(J. J. Packer)는 부흥에 대해서 이렇게 정의했다.

> 부흥은 성령에 의한 하나님의 사역으로서 하나님의 말씀을 통하여 영적으로 죽은 자들을 그리스도에 대한 믿음으로 살아나게 하고 잠자는 그리스도인의 내적 삶을 갱신시킨다. 부흥 속에서 하나님께서는 묵은 것을 새롭게 하시고 율법과 복음에 새로운 능력을 주시고 마음과 양심이 눈감기운 자들과 강퍅하며 심령이 차가운 자들에게 새로운 영적 인식력을 주신다. 따라서 부흥은 교회를 생동력 있게 하고 그리스도인들로 그 사회에 영적, 도덕적 충격을 준다.……부흥은 하나님의 주권적 능력이 나타나는 복합적 현상으로 자신의 백성을 방문하고 그의 나라를 확장시키며 그의 이름을 영화롭게 한다.[59]

미국 북장로교 선교사들은 부흥이 한국 교회에 많은 회심자와 경건을 가져다줄 수 있는 가장 강력한 수단으로 확신했다. 부흥을 통해 한국에 수많은 사람이 구원할 계획을 가지고 있었던 것이다. 1894년에 마포삼열도 사역을 시작하면서 부흥을 갈망하게 된다. 하나님께서 선교사들의 경건한 사역 위에 성령을 쏟아부어 주실 것을 믿고 있었다. 그래서 선교사들은 평양신학교에서의 교수 사역과 또한 한국 장로교회의 성도들에게 부흥에 대한 것을 직접 가르쳤다.[60] 1902년 도티 선교사는 서울 여자 성경반에서 부

---

58 김홍만, 『초기 한국 장로교회의 청교도 신학』, 125.
59 Packer, James. *A Quest for Godiness: The Puritan Vision of the Christian Life, Crossway Books: Wheaton,* 1990, 36. 김홍만, 『개혁주의 부흥신학』 (서울: 도서출판 옛적길, 2002), 12-13.에서 재인용.
60 김홍만, 『초기 한국 장로교회의 청교도 신학』, 125.

흥을 위한 기도를 가르쳤다.

> 추수의 주인 되신 주께서는 우리가 전혀 예상할 수 없을 정도로 이 백성을 위한 계획과 목적을 가지고 계십니다. 이 도시의 하나님의 자녀들, 즉 지도자와 백성들을 위해 기도하십시오. 그래서 우리의 삶과 사역 속에서 우리가 성령의 능력으로부터 오는 지혜를 갖도록 말입니다. 또한, 아직도 하나님을 모르는 수천의 사람이 있습니다. 그렇지만 그들이 구원을 얻어 하나님을 영화롭게 되도록, 그들을 위한 하나님의 계획과 목적이 방해받지 않도록 기도하십시오.[61]

선교사들을 통한 청교도 신학에 근거한 부흥운동은 회심자들을 통한 구원의 역사와 교회의 경건을 위하여 지치지 않고 계속적으로 이어졌고, 전도 사역과 문서 전도로 인하여 확장의 일로에 서 있게 되었다. 그래서 1893년까지 북장로교 선교사들은 서울, 부산, 원산에서 선교본부를 설치했다. 그리고 평양에 선교본부를 열어서 1894-1896년까지 북장로교 선교사들은 2000명의 학습 교인, 236명의 세례 교인, 73개의 미조직 교회를 얻었다. 1897년부터는 선교사들의 사역에 더욱 많은 열매를 얻게 되는데 그때의 연례보고서는 이렇게 말한다.[62]

> 하나님의 성령의 역사가 그 힘과 범위에 있어 결코 줄어들지 않았다. 오히려 그의 복된 에너지가 보다 풍성하게 나타나고 있다. 복음의 효과가 지속적으로 그리고 안정적이며 빠르게 그리스도를 믿는 자 안에서 보여지고 있으며 한국인의 많은 고백자의 삶의 급진적인 변화는 의심의 여지가 없는 확

---

[61] S. A. Doty, 1902. *Private Letter of S. A. Doty. The Korea Field*. 김흥만, 『초기 한국 장로교회의 청교도 신학』, 126에서 재인용.

[62] 김흥만, 『초기 한국 장로교회의 청교도 신학』, 126.

실한 표식이다. 그들의 그리스도인의 성품으로의 성장은 분명하며 그들 모두는 예수의 함께하시는 능력과 그의 이야기와 사랑을 신선하게 증거하고 있다.[63]

미국 북장로교 선교사이면서 평양신학교의 교수들이었던 그들은 이러한 영적 흐름이 부흥의 전조라고 생각하면서 하나님이 주실 부흥 준비를 하였다. 북장로교 선교사들은 복음을 전파하면서 교리적으로는 죄의 질책, 진정한 회개와 회심, 거룩한 삶을 더 강조하고 또한 교회에서는 징계의 시행을 통한 부흥의 역사를 맞이할 준비를 했다. 선교사들은 항상 부흥을 갈망했다.

김홍만은 다음과 같이 말한다.

부흥은 갑작기 돌발적으로 일어나는 것이 아니라 많은 사람들이 상당한 기간 동안에 죄의 질책을 받고 그것을 해소하려고 애쓰는 가운데 일어난다.[64]

미국의 제1차, 2차 영적 대각성도 그러했고, 1857-1858년의 대부흥도 경건한 목회자들의 상당한 준비가 있었던 가운데 하나님께서 주신 것이었다.[65] 한국 부흥운동의 흐름을 간추리면 다음과 같다.

첫째, 북장로교 선교사들의 사역 속에서 공식적으로 보고된 첫 번째 부흥은 1903년 2월 부산 선교부의 보고였다. 부산 선교부의 사이드보담(R.

---

[63] 1898년 북장로교 해외선교 연례보고서, 153. 김홍만,『초기 한국 장로교회의 청교도 신학』, 127.에서 재인용.
[64] 김홍만,『초기 한국 장로교회의 청교도 신학』, 127.
[65] 김홍만,『초기 한국 장로교회의 청교도 신학』, 128.

H. Sidebotham) 선교사는 시작 단계의 부흥을 보고했는데 1890년에 선교부가 개설된 이래로 1902년까지 성장이 없다가 1903년부터 사람들이 기도회와 예배에 열심히 참석하면서 부흥의 역사가 시작되었음을 미국총회에 보고했다.

둘째, 1903년 2월에 아더 웰본(Arthur Welbon) 선교사도 배천에서 10일 동안 있었던 성경 공부반에서 강한 성령의 나타나심으로 사람들이 죄로 인한 괴로움과 슬픔의 눈물을 흘렸으며, 하나님의 놀라운 사랑을 체험하고, 죄에 대해 보다 분명하고 무서운 결과를 깨닫는 새롭고 놀라운 체험들을 했다고 보고했다.[66] 웰본 선교사가 강원도 순회 전도의 결과에 대해서도 그곳에 복음이 들어간 지 3년밖에 되지 않았는데 영적 각성이 일어나서 마을마다 주일을 엄격히 지키고 교회에 헌신한다고 했다.

셋째, 이러한 역사는 1904년 1월 평양 선교부 역시 부흥에 대한 초기 단계의 역사를 맞이한다. 이때의 평양의 상황은 성경 공부반이 개설되었다. 아침에는 참석자들이 성경을 공부하고 오후에는 전도 책자를 평양 시내 곳곳에 배포하였고, 저녁에는 집회를 열었다. 서서히 부흥의 열매가 자라기 시작했다. 총회연례보고서는 그해에 선교 역사상 1436명이라는 회심자를 기록하고 이러한 영적 움직임이 계속될 것이라고 보고함으로 부흥의 시작을 알리게 된다.[67]

넷째, 1905년 1월 로스(Cyril Ross) 선교사는 웨일즈에서 있었던 성령의 역사를 평양에서 만나고 있다고 증언했다.[68] 평양 부흥의 소식을 들은 대구 선교부의 부르엔(H. M. Bruen) 선교사는 평양에서와 같이 대구에서도 그러한 성령의 부흥의 역사가 있기를 소망했다. 이와 같은 일들이 여러 지역에서 일어나자 북장로교 선교사들은 더욱더 주님께 기도했다. 부흥의 불

---

66 A. G. Welbon, *Each the Chief of Sinner*, The Korea Field(1903), 1:101.
67 1904년 선교연례보고서, 200.
68 Cyril Ross, *Causes for reporting*, The Korea Mission Field(1906), 2: 44-47.

길이 전국으로 번지기를 소망하며, 하나님께서 성령을 더욱 쏟아부어 주시기를 기도하였다.[69]

다섯째, 1906년 1월에 평양 선교부는 신년 성경 공부방을 개설하여 예년과 같이 전도와 집회를 병행하였는데 성령의 나타나심 가운데 수많은 사람이 죄의 질책과 회심을 경험하게 되는 일이 있었다. 서울 선교부에도 그해 1월에 전도 집회를 열었는데 영적으로 각성한 영혼들이 뜨겁게 자신의 죄를 고백하고 새로운 삶을 시작하였다. 평양과 서울의 놀라운 역사로 북장로교 선교부는 2000명의 회심자를 얻었다. 이제 북장로교 선교사들은 1906년 8월을 고비로 하나님이 주시는 더 큰 강력한 대부흥을 만나기를 원했다.[70]

그 이유는 학습 교인과 교회에 출석하는 사람들이 많아졌으나 세례 교인들의 숫자가 상대적으로 적어서였다. 선교사와 교회의 지도자가 부족했다. 평양신학교가 더욱더 중요해지지 않을 수 없었다. 1906년 12월에 들어서면서 평양 선교부는 1857년-1858년의 뉴욕에서 시작한 대부흥 때처럼 매일 정오 기도 모임을 시작하였는데 이 모든 일들이 대부흥을 갈망하는 기도였다. 하나님께서는 평양 선교부의 선교사들이 갈망한대로 그들에게 대부흥을 주셨다.

여섯째, 1907년 1월 첫째 주에 중앙교회, 북교회, 서문교회, 남문교회에서 성경 훈련반이 열렸는데 이 주간에 부흥이 일어날 것을 선교사들은 고대하고 있었던 것이다. 1월 8일, 성경 훈련반의 8일째 되는 날 선교사들은 모여 기도했고, 약 2000명 정도가 참석하였다. 윌리엄 헌트 선교사의 설교가 끝난 직후 그래함 리 선교사가 회중을 향하여 다 함께 기도하자고 요청했다. 그리고 나서 회중은 성령의 임재하심을 느낄 수 있었다.[71]

---

69 김홍만, 『초기 한국 장로교회의 청교도 신학』, 130-131.
70 J. s. Gale, *Korea in Transition* (Nashvile, 1909), 201.
71 김홍만, 『초기 한국 장로교회의 청교도 신학』, 134-135.

서울 지역의 부흥은 1907년 2월 17일 서울의 중앙교회에서 시작되었다. 평양에서 부흥을 경험했던 길선주 목사가 설교하는 가운데 성령이 크게 역사하였다. 회중이 고꾸라지면서 그들의 죄로 인해 울었고 그중 어떤 자들은 죄의 괴로움 때문에 마루를 구르면서 용서해 달라고 울부짖었다.[72] 이렇게 죄의 질책으로 낮아져서 용서를 구하던 은혜받은 자들은 예수 안에 있는 죄의 용서함을 발견하였고 성령이 충만함 가운데 각자의 교회로 돌아갔다.

일곱째, 평양이 부흥을 만나고 있을 때 부흥의 중심에 아직 들어가지 않은 곳이 있었는데 그곳은 다름 아닌 평양신학교였다. 아직 학교가 방학 중이었기 때문이었다. 평양신학교 교수들은 75명의 평양신학교 학생들을 위해 기도했다. 신학교 운영위원회는 학기 동안에 매일 밤 저녁 집회를 계획하였다. 오직 성령의 역사가 평양신학교에 역사하시어 한국 교회의 지도자들이 될 평양신학교 학생들이 성령충만하기를 바랐던 것이다.

드디어 학기가 시작되었고 수업 첫째 주간의 저녁 집회에 성령의 역사가 나타나기 시작했다. 학생들 위에 성령의 질책이 쏟아졌고 숨은 죄들이 드러나기 시작했다. 그래서 학생들은 죄로 인하여 괴로워하기 시작했다. 학생들은 울면서 기도했다. 그러한 가운데 하나님이 주시는 회개의 역사가 일어났고, 죄의 짐을 해결하고 그리스도를 통하여 하나님과 화평을 이룰 수 있게 되었다. 그들은 하나님께 감사했다.

결국 평양신학교의 부흥은 하나님께서 내리신 한국 교회의 복이었고 이러한 지도자들을 두어야 하는 한국 교회들의 복이었다. 미국 부흥의 역사가 그것을 미국에서 경험하며 들으며 배웠던 선교사들을 통하여 그들의 간절한 간구를 통하여 한국에 내려진 축복된 성령의 역사이다. 이렇게 맞

72　C. C. Vinton, *The Hory Spirit in Korea*, Mission Field (1907), 3:25.

이한 부흥은 1903년에 시작해서 1907년에 최고조에 이르렀다.[73] 한국 장로교는 그해 독노회를 조직할 수 있었다. 부흥의 역사가 한국 장로교회에 영적 자원을 제공했고, 그 중심에 평양신학교 교수들과 학생들이 있었다.

한국 장로교회의 대부흥은 선교사들의 사역과 직접적인 관련이 있다. 평양신학교 교수들이자 북장로교의 선교사들이었던 그들은 본인들이 경험하고 배웠던 청교도 신학에 근거하여 경건을 위한 전도와 교회 사역을 감당했다. 김홍만은 "결국, 한국 장로교의 대부흥은 미국의 제1, 2차 영적 대각성, 대부흥과 같이 신학적 연속성을 가진다"라고 말했다. 평양신학교 교수단의 부흥론은 철저히 성경 중심적인 부흥론이었으며 신학적으로는 청교도의 후예들인 프린스턴 신학의 영향을 받은 자들이었고, 환경적으로는 직간접적으로 미국의 대부흥을 경험한 이론과 실기를 겸비한 훌륭한 선교사들이었다.

북장로교 선교사들은 그러한 배경을 바탕으로 부흥의 역사를 기도했고, 기다렸다. 구원의 역사를 갈망했으나 인위적인 부흥이 되지 않도록 청교도 신학을 바탕으로 죄인들의 회심의 과정들을 주의 깊게 살펴보았으며 죄인들의 심령 속에서 성령의 조명, 죄의 질책, 죄의 고뇌로 인한 겸비케 됨, 그리고 예수 안에 있는 용서의 발견이 일어나는지를 살펴보았다.[74] 북장로교 선교사 소안론은 대부흥 때에 성령의 빛으로 인해 영적으로 깨어지는 과정을 다음과 같이 말했다.

> 샅샅이 비추는 진리의 빛이 성령의 능력 아래서 사람들의 영혼 위에 비출 때 그의 진정한 특성으로 죄가 보이게 됩니다. 성령의 조명 아래서 사람들은 자

---

73 김홍만, 『초기한국 장로교회의 청교도 신학』, 141.
74 김홍만, 『초기 한국 장로교회의 청교도 신학』, 144-145.

신들이 너무 더럽고, 몰락한 그리고 무가치한 죄인임을 깨달으면서 자비를 구하기 위해 울면서 하나님께 나아가는 것이었습니다. 이들의 모습은 말로 형용할 수 없을 정도입니다. 오로지 이러한 경험을 통과한 자만이 이러한 방법들이 무엇인지 알 수 있습니다. 집회 가운데 사악한 사람들에게 숨어 있는 것들에 빛을 비추어 그것들을 몰아내는 이러한 능력은 지상에 없는 것입니다.[75]

한국 장로교회의 부흥은 갑자기 일어난 것이 아니다. 북장로교 선교사들이 죄인들로부터 회심을 얻고자 간구하고 기도하며 부르짖었던 수고한 전도 사역에 대한 하나님의 응답이다. 북장로교 선교사들의 전도 사역의 특징은 교리적인 전도였다. 평양신학교 초대 교장이며 설립자이었던 마포삼열은 전도 사역에서 하나님 말씀을 가르친 것이 대부흥을 가져왔다고 직접적으로 말했다.[76]

이와 같은 것은 이미 미국의 제1차 영적 대각성 때 프린스턴대학 설립의 기초인 통나무대학 출신 전도자들의 칭의, 거듭남, 중생, 회심의 교리 중심으로 설교하고 가르친 것과 같은 내용이다.[77] 제2차 대각성 때에도 마찬가지였다. 대각성이 끝난 직후 참된 부흥에 대하여 강조했던 프린스턴신학교의 초대 교수였던 아치볼드 알렉산더는 부흥에 있어서 교리적 가르침의 중요성에 대하여 언급하였다. 참된 부흥의 필요 선제 조건은 복음의 순수성이다. 그리고 교리적으로 먼저 잘 가르침을 받은 자들만이 올바르게 진리를 체험할 수 있다.[78] 그런데 이와 같은 교리의 기본 사상은 칼빈

---

75   W. L. Swallen, *God's Work of grace in Pyeng Yang Classes*. The Korea Mission Field (1907) 3: 80.
76   25주년 기념강연, 25. 김홍만, 『초기 한국 장로교회의 청교도 신학』, 148 에서 재인용.
77   김홍만, 『초기 한국 장로교회의 청교도 신학』, 148.
78   Andrew Hoffecker, *Piety and Peinceton Theologians* (P&R, 1981), 28.

주의 사상에서 온 것이었다. 칼빈을 비롯한 개혁주의 신학자들은 올바른 교리의 가르침만이 올바른 영적 체험을 가져다줄 수 있다고 생각했다.[79] 그와 같은 사상을 물려받은 청교도 신학자들도 신학 자체를 생동감 있고 실천적인 학문으로 보았기 때문에 철저한 교리적 전도와 가르침이 체험의 수단이 된다고 생각했다. 평양신학교 학생들은 이러한 신학을 가진 교수들에게 배웠으며 부흥론에 있어서 참된 부흥을 추구할 수 있었고, 진정한 영적 부흥을 경험할 수 있었다.

4) 구원론

초기 한국 장로교회의 신학적 전통은 청교도 신학과 청교도 신학을 통한 구원이었다. 북장로교 선교사들은 구원의 복음을 전하는 데 있어서 청교도 신학을 통한 성경적인 구원의 역사를 가르쳤고 선포했다. 선교사들은 구원의 복음을 전하면서 심령의 변화와 체험에 매우 주의하였다. 북장로교 선교사들의 구원관은 성경적이었던 것이다. 그들은 성경 공부 시간을 통해 구원의 도를 가르쳤는데 그 내용은 청교도들이 성경을 통해 말했던 내용들이었다. 청교도 신학자인 존 번연은 『천로역정』에서 죄인이 영적으로 깨어나야만 구원에 이르는 길로 갈 수 있다고 말했다. 죄를 인식하고 죄의 결과인 심판과 영혼의 비참함을 깨닫는 것이 필요하다. 자신이 죄인이라는 사실을 깨달음으로써 영적으로 깨어나는 것이다.[80]

『천로역정』에서 크리스천은 책을 들고 있는데 그 책은 성경책이었다. 그 남자는 과거에 성경을 읽지 않았다. 그러나 구원의 길로 가기 위해서 그는 성경책을 손에서 놓지 않는다. 성경을 읽으면서 자신의 영적 상태를

---

[79] 김홍만, 『초기 한국 장로교회의 청교도 신학』, 149.
[80] 김홍만, 『해설: 천로역정』 (서울: 생명의말씀사, 2013), 15.

발견하고, "어떻게 구원을 얻을 수 있습니까?"라고 부르짖으면서 구원받기를 갈망하는 자가 되었다. 그것은 하나님의 구원의 은혜요, 하나님의 섭리인 것이다.

요한복음 3장 5절에서 그리스도가 말씀하신다.

> 예수께서 대답하시되 진실로 진실로 네게 이르노니 사람이 물과 성령으로 나지 아니하면 하나님의 나라에 들어갈 수 없느니라(요 3:5).

여기서 물은 하나님의 말씀으로 우리의 영혼을 씻기는[81] 것이다. 사람이 구원받기 위해서는 진실로 거듭나야 되며 거듭나기 위해서는 하나님의 말씀을 읽어야 한다는 것이 청교도 신학자들의 생각이었다.

그래서 북장로교 선교사들은 구원의 복음을 위해서 선교지인 한국에서 평양신학교에서 성경을 가르쳤다. 그래서 그때의 평양신학교 학생들 간의 대화의 주제도 성경과 그리스도의 개인적 체험이었다.[82] 북장로교 선교사들의 구원관은 청교도의 회심 신학을 따르고 있었다. 그래서 선교사들은 한 영혼이 주께로 돌아오는 과정에 주의를 기울이면서 그들이 온전히 진정한 회개와 믿음을 갖도록 인도하였다. 그래서 그들은 구원의 복음이 먼저 듣는 자들의 성경 교리의 지식에 기반을 두도록 했다. 충분히 하나님의 말씀을 알아야 했다. 하나님의 말씀을 알아야만 성령의 죄에 대한 질책이 일어나기 때문이다.[83] 죄를 깨달으면 하나님의 진노를 무서워하게 되며 이러한지에 대한 심령의 변화를 살폈다.

---

[81] 김홍만, 『해설: 천로역정』, 17-18.
[82] 김홍만, 『초기 한국 장로교회의 청교도 신학』, 82.
[83] 김홍만, 『해설: 천로역정』, 84-85.

그런 예를 살펴본다.

> 본래 관인으로 주색잡기를 일삼더니… 예수의 말씀을 듣고 생각하여 본즉… 죽을 일만 하였도다 탄식하고 가로되… 제 마음대로 행하다가 죄를 상주께 얻어서 지옥 형벌을 면치 못하겠시니 어찌 살기를 바라리요… 어디 가서 살기를 구하리요 영원한 벌을 면치 못하고 영원히 죽었도다 슬프다 사람이 세상에 처하여야 참 이치를 모르고 마귀의 일만 하였으니 상주께 노하심이 항상 우리 머리 위에 있으니 어찌 하리요(그리스도 신문, 1898년 12월 29일자).[84]

이러한 죄의 질책 가운데 심령이 두렵고 떨림이 일어나고 삶의 변화가 시작되는 것을 선교사들은 확인한 것이었다. 다음의 기사가 그러하다.

> 김창순이가 즉시 땅에 엎드려 감히 머리를 들지 못하고 가로되 하늘에 계신 상주여 이 죄인을 살려 주옵소서 성경을 본즉 이 죄인은 지옥 벌을 마땅히 받을 줄을 아옵나이다 하며 기도한 후에 마음이 두려운 생각이 없고 떨리는 것이 차차로 그치는지라 즉시 악행한 곳에 가서 그 사람을 보고 사죄하여 용서함을 얻고 토색한 재물을 다 본처에 주되 무수히 사죄하여 얻어(그리스도 신문, 1897년 10월 21일 자).[85]

선교사들은 구원의 역사에 있어서 죄의 질책과 철저히 낮아지는 단계를 매우 중요시 여겼으며 그들을 전도하면서 그들 자신들이 죄인임을 철저히 자각하고 그로 인해 심령이 가난해지는 것을 발견하려고 애썼다. 그리고 회개치 않은 이유를 "여러 사람이 있어 회개치 아니하는 것은 속에 죄가

---

84 김홍만, 『초기 한국 장로교회의 청교도 신학』, 86.
85 김홍만, 『초기 한국 장로교회의 청교도 신학』, 86.

있는 줄 깨닫지 못하여 죄가 없는 줄만 아느니라"(그리스도 신문, 1906년 5월 3일 자).[86]

북장로교 선교사들은 스가랴 12장 10절과 사도행전 2장 37절을 근거로 "죄인의 기도"를 드리도록 인도했다. 이것은 회심하기 직전의 영적 상태를 알 수 있는 것으로 자신의 구원을 위해 그리스도를 필요로 하는 심령의 준비된 상태를 의미한다.

그리스도 신문에 황주에 사는 조상안이라는 사람의 기도를 살펴본다.

> 상주께 기도하여 가로되 하늘에 계신 우리 아버지여 이 지인이 감히 아버지라 부를 수 없건마는 지금 예수의 말씀을 들은즉 우리 이 죄인과 만물을 내시고 다스리시며 주장하시는 줄을 알고 엎드려 비옵나이다 이 죄인이 세상에 못된 일을 하나도 빼지 아니하고 다 하였은즉 이 죄인을 불쌍히 여기시옵소서 하며 통곡하니 이렇게 통곡하는 것은 제 몸에 죄가 있는 것을 알고 벗으려고 예수의 공로를 생각하니 제 죄를 대신 속하여 주신 줄 확실이 하는 연고라 이 사람이 몇 날을 출입도 아니하고 집에 있어 전에 잘못한 것을 다 생각하여 그곳에 찾아가서 용서함을 빌며 또 갚을 것이 있는 곳마다 찾아가서 철저히 다 갚고 사고한 후에 돌아와서 성경을 공부하며(그리스도 신문, 1897년 9월 30일 자).[87]

"죄인의 기도"는 북장로교 선교사들의 구원의 복음과 전도 사역에서 회심의 결정적 증거로 보았다. "죄인의 기도"를 통해서 영적으로 겸비해짐을 살폈다. 왜냐하면 그리스도의 용서를 체험한 후 계속 자신의 죄와 싸우는 과정이 겸비의 과정을 지나야 생성될 수 있다고 보았다.[88]

---

86 김홍만, 『초기 한국 장로교회의 청교도 신학』, 87.
87 김홍만, 『초기 한국 장로교회의 청교도 신학』, 88.
88 김홍만, 『초기 한국 장로교회의 청교도 신학』, 89.

북장로교 선교사들은 이렇게 죄의 질책을 받고 낮아진 심령의 죄인들이 하나님의 마련하신 예수 그리스도 안에서의 용서함을 발견하고 그리스도께로 달려가도록 도와주었다. 북장로교 선교사들은 청교도의 회심 신학을 그대로 이어받았다. 그들은 청교도의 회심 신학을 따르면서 전도 사역으로 생기는 회심자들이 경건해지기를 기대했다. 19세기 프린스턴신학교 교수들이 경건을 위해서는 회심과 거듭남이 필수라고 말했던 신학을 선교지에서 실천한 것이다.[89]

---

[89] 김홍만, 『초기 한국 장로교회의 청교도 신학』, 92-93.

제5장

평양신학교의 신학 사상 평가

1. 청교도적 개혁주의 신앙

　초기 한국 장로교회의 신학적 전통은 칼빈주의 전통을 잇는 청교도 개혁주의 신학이라 할 수 있다. 초기의 평양신학교 교수진을 구성하고 있는 선교사들의 출신 학교인 맥코믹신학교나 프린스턴신학교도 다 그와 같은 학풍과 신학을 가지고 있는 학교들이다. 평양신학교도 그러한 출신의 선교사들이 세운 학교이며 세계 장로교 역사에 드물게도 정통 신학을 그대로 받아들인 학교이다. 주님께서 한국 땅에 주신 놀라운 역사가 아닐 수 없다.

　미국 북장로교 출신의 선교사들이 주력인 평양신학교의 신학은 선교사들이 교육받았던 미국 장로교 신학교의 모습일 것이다. 프린스턴 신학에 바탕을 두었다. 성경의 초자연적 계시와 성경의 절대적 권위를 믿고 존중하는 사람들이었다. 그것은 분명히 청교도 전통인 것이다. 성경이 오류 없는 하나님의 말씀이라는 청교도 전통에서 훈련받은 분들이었다. 자유화되기 이전의 칼빈주의 신학 사상을 이어받은 그들은 대륙으로부터 밀려오는 자유주의 운동과 고등비평의 태풍 속에서도 진리를 사수해야 하는 하나님이 남기신 그루터기의 학교에서 신학을 배웠던 분들이었다.

곽안련은 1934년 한국 선교 희년식에서 선교사들에 대하여 이렇게 말했다.

> 그들은 성경에 제시된 것을 초자연적인 계시로 받아들였고, 성경을 권위의 책으로 믿었다. 그들은 복음의 메시지가 세상에서 독특하고, 기독교는 하나님을 찾는 몇몇 합리적인 종교 가운데 하나가 아니라 계시를 통해 그를 발견해 온 유일한 종교라고 믿었다.[1]

선교사들은 정통 신학의 기초 위에서 복음에 대한 열정과 확신으로 한국에 왔다. 한국에 파송된 북장로교 선교사들은 본국에서의 그러한 신앙적 분위기 속에서 성장하였고, 프린스턴 신학 교육을 받았다. 신학에 대한 확고한 입장에 서 있었다.

곽안련의 다음 언급에서도 나타난다.

> 초기 선교사들 대부분은 스코틀랜드 옛 언약자들의 후손이었다. 그들은 그들의 선조들이 믿고 가르쳤던 것처럼 성경을 믿었고, 믿고 있다. 그들은 이 사상을 한국 교회에 굳게 심어 주었다. 이것이 현재까지도 너무 견고한 나머지 성경을 권위로 받아들이지 않는 책은 대부분의 교인들에게 금물(禁物)이었다. 그들은 기독교 복음을 하나님으로부터 주어진 유일한 계시의 메시지로 여긴다. 그들에게 기독교 복음은 위대한 여러 종교들 가운데 하나가 아니었다. 선교사들은 자신들의 신앙을 담대하게 증거한다. 여기에는 아무런 거리낌도 없고, 수줍어 머뭇거리지도 않는다.[2]

1　Charles Allen Clark, *"Fifty Years of Mission Organization Principles and Practice"*, 56, 박용규, 『한국 기독교회사 Ⅰ』, 464-465에서 재인용.

2　Charles Allen Clark, *The Nevius Plan for Mission Work Illustrated in Korea*, 137. 박용규, 『한국 기독교회사 Ⅰ』, 465에서 재인용.

칼빈주의와 청교도 개혁주의 환경에서 자란 위대한 선조들을 둔 선교사들은 그러한 교육을 가르치는 전통적이며 보수적인 학교를 나왔다. 그러한 교육을 받은 그들은 한국에서도 당연히 그것들을 가르쳤고 한국의 평양신학교 학생들은 배웠다. 그것이 하나님께서 주신 청교도 언약 사상이며 선택과 유기 중에 택한 백성들이라는 것을 자연스럽게 성령의 감동을 통해서 그들은 프린스턴 신학을 통해서 배웠다. 이들의 보수적인 신앙과 신학의 배경에는 선교사들의 신학 사상의 배경이었던 미국의 구학파(Old School) 전통의 신학과 청교도적인 전통이 흐르고 있기 때문이다.

청교도 개혁 신앙은 청교도 운동으로부터 시작된 신앙이다. 청교도 운동은 16세기와 17세기에 영국에서 일어난 교회개혁과 경건운동이다.[3] 제임스 패커(James Packer)는 청교도의 특징을 "청교도들은 거룩한 삶을 추구하였고, 뛰어난 영적 경험들을 소유하였으며, 교회갱신을 위해 노력을 기울인 사람들이라고 말했다."[4] 청교도들은 철저히 하나님 말씀의 중심에 서 있었다. 청교도들의 설교의 특징은 성경 구절 속에 들어있는 중요한 교리들을 하나도 빠트리지 않고 강해하는 것이다. 청교도들은 삶에 관련된 모든 것을 하나님 말씀으로부터 가르침을 뽑았다.[5]

이 정도만 이야기해도 초기 한국 장로교회의 사상이 청교도 사상이요 청교도주의라는 것을 자유주의 사상에 물들지 않았다면 알 수 있을 것이다. 프린스턴 신학의 성경관이 성경 중심이고 성경의 권위를 믿으며 성경이 무오하고, 성경 기자들을 통한 유기적 영감으로 성경 말씀이 나왔으며 그와 같이 해석해야 한다는 사상은 곧 청교도 사상이다.

평양신학교 교수였던 박형룡 박사는 청교도적 개혁 신학에 대하여 다음과 같이 정의했다.

---

3 김홍만, 『청교도 열전』 (서울: 도서출판 솔로몬, 2009), 14.
4 김홍만, 『청교도 열전』, 14.
5 김홍만, 『청교도 열전』, 15.

"구주대륙의 칼빈 개혁주의에 영미의 청교도 사상을 가미하여 웨스트민스터 표준에 구현된 신학이다."[6]

더 나아가서 청교도적 개혁주의 신학의 특징을 다음과 같이 이야기했다.

첫째, 성경의 신성한 권위를 믿는 신념이다.
둘째, 하나님의 주권과 유효 소명(구원에 이르게 하는 하나님의 사역)에 대한 확신이다.
셋째, 안식일의 성수와 경건 생활에 치중함이다.
넷째, 복음 전도의 중요성을 모든 신도에게 강조하는 직접 전도하며 걸으면서 외치는 신학이다.[7]

박아론 박사는 말하기를 박형룡 박사는 한국 장로교회의 신학적 전통이 청교도적 개혁주의 신학이 되도록 하는 데 크게 공헌한 분이라고 말했다.[8] 박아론 박사는 한국 교회의 신학적 전통이 되는 박형룡 박사의 청교도적 신학 사상을 이렇게 설명했다.

> 청교도적 개혁주의 신학은 위대한 종교개혁자 존 칼빈의 개혁주의 신학의 충실한 계속인 동시에 특히 17세기의 영국인 청교도 신학자들로 말미암아 작성된 웨스트민스터 신앙고백서와 대소요리문답서 등에 나타난 교리적 입장과 신학 사상을 추종하는 신학이며, 좌로는 성경영감을 부인하는 인본주의적 자유주의에 치우치지 아니하고 우로는 방언, 묵시, 입신 등을 일삼는 기도원적 신비주의에 치우치지 아니하는, 성경적인 진리의 정도를 걸어가는

6　박형룡, "한국 장로교회의 신학적 전통", 11.
7　박형룡, "한국 장로교회의 신학적 전통", 17.
8　박아론, "박형룡의 신학 사상", 18.

바른 신학이라고 할 수 있을 것이다.⁹

박형룡 박사는 메이첸의 가르침을 받고 그에게 많은 영향과 감화를 받는다. 프린스턴에서 3년이라는 기간 동안 수학하면서 메이첸 교수와 교분을 나눌 수 있었다. 메이첸은 박형룡 박사의 학문적 자질에 대하여 매우 만족했던 것 같다.¹⁰

프린스턴에서의 시간들은 메이첸과 박형룡을 더욱 가깝게 했고 미래의 신학적인 동지라고 할 수 있는 관계까지도 갈 수 있었던 계기가 되었다. 제자는 스승을 닮아간다고 할 수 있다. 자기도 모르는 사이에 박형룡은 스승의 학문적인 것과 실천적인 것도 닮게 된다. 박형룡 박사가 메이첸의 영향을 많이 받았는데 그의 저서인 『교의 신학-서론』에서 그의 스승인 메이첸을 언급한다. 교의의 필요성을 논의하는 중에 교회는 교리를 근본으로 한다는 것을 설명하기 위해 언급했다.

"메이첸 박사가 그의 저서 『기독교와 자유주의』(*Christianity and Liberalism*)에서 역설한 바와 같이 기독교란 사신(使信)에 기초한 생의 방식이다".¹¹

또 박형룡 박사의 교의 신학 중에서 언급한 곳이 있는데 구원의 서정(Ordo Salutis) 중 신앙을 다루는 부분에서다.

"신앙의 대상의 실재성에 관한 지식에 확실성이 있어야 신앙이 헛되지 않을 것이나, 많은 사람이 이 사실에 대하여 실명하고 있다"는 점을 메이첸이 탄식하여 말하는 부분이다.

---

9   박형룡, "한국 장로교회의 신학적 전통", 권두언 중.
10 Soltau, Yan Yang Korean Voices, 66: "*Dr J. C. Machen later told me that Henry Park was the brightest oriental that had ever studied under him and he was delighted with the quality of his work*".
11 박형룡, 『교의 신학-서론』 저작전집 I (서울: 한국기독교교육연구원, 1988), 37.

전 고통은 신앙이 그것의 대상의 실재성 혹 비실재성에는 관계없이 영혼의 자선적 품질로만 고찰됨이니 신앙이 그 방식으로 고찰되게 되는 때 바로 그 순간에 그것은 파괴된다.… 노골적으로 말하면 사람이 그리스도인이 됨에 최저 한도의 교리적 필요 조건들이 무엇인가?"라는 메이첸의 말을 인용하고 있다.[12]

위와 같이 박형룡 박사의 생애와 저작 속에 나타나는 메이첸의 영향력이 적지 않음을 알 수 있다. 박형룡 박사의 신학은 정통 보수 신학이라고 말할 수 있다. 미국 북장로교 선교사들의 영향을 받았고 또 그들이 다녔던 신학교를 다녀서 초기 평양신학교 교수단의 신학적인 후계자라고도 할 수 있다. 그는 신학적으로는 조직신학자로서 『교의 신학』이라는 7권으로 된 책을 저술하였고, 기독교 변증학에도 관심이 많아서 연구를 많이 했다. 그가 귀국하여 평양신학교 교수로서 가르친 과목도 변증학 과목들이었다.[13] 박형룡 박사의 신학을 더 깊숙이 들어가면 그가 청교도 개혁주의 신학자라고 할 수 있겠다. 1976년 「신학지남」 가을호에 기고한 <한국 장로교회의 신학적 전통>이라는 글에서 한국 장로교회의 신학적 전통을 '청교도적 개혁주의'라고 하는 데에서 찾아볼 수 있다.[14]

박형룡 박사의 신학 사상 중 성경관은 성경무오 사상에 입각한 비타협적 보수주의 신학이다. 그는 하나님의 초자연적 계시의 말씀인 성경이 무오함을 믿는 신앙이 신학의 기초요, 본질적 요소라고 한다.[15] 박형룡 박사는 말하기를 "한국 장로교회는 성경을 과연 무오한 하나님의 말씀으로 믿고 신학교의 각종 사경회와 성경학교와 주일 오전 공부 등을 통하여 열심

---

12 박형룡, 『교의 신학-구원론』, 252. 이상웅, "박형룡 박사와 J. G. Machen의 신학적인 관계" 「신학지남」, Vol, 79 No.2 (2012), 165에서 재인용.
13 박아론, "박형룡의 신학 사상", 「신학지남」 Vol.25 No (1979년), 14.
14 박형룡, "한국 장로교회의 신학적 전통", 「신학지남」 제43권3집 (1976년 가을호), 19-22.
15 박아론, "박형룡의 신학 사상", 213.

히 공부하였다"라고 했다.¹⁶

박아론은 다음과 같이 말한다.

> 그는 성경을 초자연적 영감으로 기록된 정확 무오한 하나님의 말씀으로 생각하고 그것을 열심히 연구하고 신앙과 생활의 법칙으로 삼아온 한국 장로교회의 전통적 신앙을 가장 잘 대변하는 대표적인 신학자이다.¹⁷

박형룡 박사의 신학 활동의 목적에 대해서 너무 보수적이라서 창의적이지 못하고 새로운 것이 없다고 하는 사람들과 신학자들이 있는 것 같다. 오늘날은 자유주의 신학과 다원주의 신학이 세상을 뒤덮고 있다. 박형룡 박사 같은 분이 더욱더 필요한 시점이다. 그가 자신의 신학적 입장을 대변한 말을 인용한다.

> 칼빈주의 개혁파 정통 신학을 그대로 받아서 전달하는 데 있고 감히 무엇을 창작하려는 것이 아니다. 이것은 옛사람이 말한바 述而不作¹⁸ 태도라 할 것이다. 80년 전 이 땅에 선교사들이 와서 전하여 준 그대로의 바른 신학을 새 세대에게 전달하는 것이 필자의 염원이기 때문이다.¹⁹

초기 한국 장로교회의 신학적 전통을 이끌어온 미국 북장로교 선교사들은 복음을 전하고 가르치는데 있어서 청교도 신학과 영적 대각성의 유산을 그대로 물려받았다. 그들은 청교도들의 마음 종교를 이어받았기 때문

---

16 박형룡, "한국 장로교회의 신학적 전통", 「신학지남」, 16.
17 박아론, "박형룡의 신학 사상", 213.
18 述而不作(술이부작)- 성인(聖人)의 말을 술(述)하고(전하고) 자기(自己)의 설(說)을 지어내지 않음. 述(펼술), 而(말 이을이), 不(아니 부), 作(지을 작).
19 박형룡, 『교의 신학』, 제1권 서론 (서울: 백합출판사, 1964), 1. 박아론, "박형룡의 신학 사상", 22.에서 재인용.

에 선교사들은 복음을 전하면서 심령의 변화와 체험에 주의하였다. 그들은 성경의 진리들이 그 심령 속에서 자라고 있는지를 살폈고, 그들이 인도하던 성경 공부 시간에 영적인 지식과 체험을 가르쳤다. 배우는 학생들도 대화의 주된 내용은 성경과 그리스도인의 개인적 체험이었다. 그 [20]체험 또한 교리적인 것이었다.[21] 평양신학교 설립자인 마포삼열 선교사도 북장로교 선교 20주년 회의에서 전도의 정책과 방법에 대해서 강의했는데 그 내용이 다분히 청교도적인 체험과 교리적인 복음 전도의 내용들이었다.[22]

북장로교 선교사들의 전도 목표는 단지 믿음을 고백하거나 교회에만 출석하는 자를 얻는 것이 아닌 진정한 회심자를 얻는 것이었다. 이와 같은 것은 청교도 신학에 근거한 것으로서 다음과 같은 특징을 김홍만은 3가지로 설명한다.

> 첫 번째는, 회심을 위한 전도: 북장로교의 전도 신학은 청교도의 회심 신학을 따르고 있어서 회심의 과정을 따라 전도 대상자를 돌보는 것이 곧 전도의 과정이었다. 그래서 선교사들은 한 영혼이 주께로 돌아오는 과정에 주의를 기울이면서 그들이 온전히 진정한 회개와 믿음을 갖도록 인도하였다.
>
> 두 번째는, 진정한 회개와 믿음: 북장로교 선교사들은 청교도의 회심 신학을 전도 신학에 적용하면서 복음을 듣는 이가 회심에 이르도록 하였다. 북장로교 선교사들은 회심의 과정에서 반드시 참된 회개와 믿음이 그 산물과 증거로 나타나야 한다고 생각했다. 그래서 그들은 복음을 듣는 자들의 입술의 고백과 행함이 일치되는가를 확인하였다. 즉, 믿음의 증거가 행함 가운데 나타나야 그 진정성이 인정되었다. 선교사들은 위선자나 단순한 입술의 고백자

---

20 김홍만, 『초기 한국 장로교회의 청교도 신학』, 83.
21 김홍만, 『초기 한국 장로교회의 청교도 신학』, 81-82.
22 Samuel Moffett, *Policy and Methods in Evangelization of Korea,* The Korea Field, 1904, 193-198.

나 거짓 고백자를 철저히 경계하였고, 정결한 신부와 같이 단장된 강력한 교회를 한국에 세우고자 했다.

세 번째는, 철저한 교리 전도: 북장로교 선교사들의 전도 사역의 목표는 회심을 얻기 위한 것이었다. 북장로교 선교사들은 청교도 신학과 영적 대각성의 유산을 이어받았기 때문에 회심의 수단으로 매우 철저하고 심각하고 무거운 교리 전도를 했다. 그들의 전도는 교리의 가르침이었다. 그들은 전도를 통해 죄, 회개, 믿음, 용서, 구원을 주된 주제로 가르쳤다. 따라서 믿음의 도는 죄를 벗는 도로 대중에게 인식 되어졌다.[23]

끝으로 북장로교 선교사들의 교회 사역인데 북장로교 선교사들의 교회 사역 또한 청교도 신학과 영적 대각성의 신학적 유산에 뿌리를 두고 있다. 교회 회원의 요건, 세례 받는 요건, 끊임없는 안식일 준수의 강조, 교회의 징계 사역들이 청교도 신학에 근거를 두고 있다.[24]

2. 미국 북장로교 구학파의 신학(Old School)

초기 한국 장로교회에 가장 큰 역할을 했고 평양신학교를 통해서 한국 장로교 신학을 형성했던 선교사를 배출한 선교부는 미국 북장로교 선교부이다. 처음 미국 북장로교 선교부가 한국에 왔을 때 그들이 처음 한 일들은 순수 복음 선교와 의료 선교였다.[25]

미국 북장로교 선교부가 해외에 선교사들을 파송할 때에는 본국인 미국 장로교에서는 보수파인 구학파(Old School)와 진보파인 신학파(New School)

---

[23] 김홍만, 『초기한국 장로교회의 청교도 신학』, 83-103.
[24] 김홍만, 『초기한국 장로교회의 청교도 신학』, 104.
[25] Harry A. Rhodes, ed., *History of the Korea Mission*, 625-632.

가 서로 대립적인 관계를 보이고 있을 때였다. 이런 대립적 양상은 미국 장로교회 분열기인 1837년에서 1870년의 분열과 재연합의 역사에서도 나타나고 있다. 구학파(Old School)와 신학파(New School)의 차이점은 구학파(Old School)는 칼빈주의와 웨스트민스터 신앙고백을 하는 청교도 개혁주의 신학과 신학파(New School)는 찰스 피니(Charles G. Finney)의 자유주의 신학과 나다니엘 테일러(Nathannael Taylor)의 뉴디비니티(New Divinity) 신학에 근거하였다.

1909년 당시 40명의 북장로교 선교사들의 출신 신학교는 프린스턴이 16명, 맥코믹 출신이 11명으로 구학파(Old School)의 배경이 지배적이었다. 구학파를 알려면 구학파(Old School)의 역사를 알 수 있어야 한다. 한국 장로교회가 어느 곳에 뿌리를 두고 있느냐의 문제이다. 대부분의 사람은 보수주의와 복음주의라는 말을 가지고 한국 장로교 신학을 말하지만 정확한 표현은 아닌 것이다.

한철하는 한국 장로교회의 신학적 뿌리를 규명하기 위해서 미국 장로교회의 역사로 돌아가서 구학파(Old School)와 신학파(New School)의 신학적 차이를 살피고, 역사적으로 더 거슬러 올라가 구파와 신파의 차이들을 살폈는데 그 살핀 내용이 한국 장로교회의 신앙이 신파(New Side)와 신학파(New School)의 경향이 짙다고 하였다. 그 이유가 한국 교회가 부흥주의를 귀중히 여겼고, 목사의 수준도 처음 평양신학교 때 낮았다고 생각하여 미국의 구학파(Old School)의 전통과 다르다고 평가한 것이다.[26]

미국의 영적 대각성 때(1730-1747)에 신파가 부흥운동을 주도한 것은 사실이다. 제1차 영적 대각성(1741) 때에 장로교는 부흥에 대한 태도로 인해 신파(New Side)와 구파(Old Side)로 갈라졌었다. 신파(New Side)는 영적 대각성과 부흥을 지지한 반면 구파(Old Side)는 반대했었다. 영적 대각성 초

26　한철하, "보수 신학의 어제와 오늘", 99.

기에 부흥운동을 주도한 목회자들은 통나무대학(Log College) 출신의 뉴브런스윅노회(New Brunswick)였다.[27] 이들이 1741년 신파(New Side)를 구성했는데 조나단 디킨슨(Jonathan Dickinson)이 신파(New Side)를 지지했다. 신파(New Side)와 구파(Old Side)가 갈라지게 된 가장 큰 이유를 김홍만은 신파(New Side)가 청교도의 회심 신학을 전도 신학으로 사용했기 때문이라고 했다. 그 증거로서 1741년 대회 때 구파는 7가지 교리 문제를 내세웠는데 청교도 신학에 반발하는 것이었다. 곧 그들의 주장은 성령이 영혼 속에서 일하는 것을 인식할 수 없다는 것이다.[28]

구파(Old Side)는 신파(New Side)가 목회자의 교육 수준을 중요시 여기지 않았다고 주장했다. 그것은 신파(New Side)의 통나무대학에서 개인적 신학 훈련을 받은 것을 가지고 말하는 것이다. 그러나 그곳에서 훈련받은 자들은 교육 수준이 낮은 것이 아니었다. 존 테넌트가 그곳에서 신파(New Side)의 뉴브런스윅노회 목회자들의 대부분을 훈련시켰는데, 그의 아들인 길버트 테넌트(Gilbert Tennent)는 예일대학에서 문학 석사까지 받은 학문성이 우수한 인재였다.[29]

또한, 그들은 통나무대학에서 청교도의 깊은 곳까지 배운 정통 실력자들이었다. 그러한 그들을 구파(Old Side)에서는 낮게 평가하면서 비판하고 무시했다. 그러나 시간이 지나면서 신파(New Side)는 구파를 압도하기 시작했다. 당대 최고의 신학자이며 프린스턴대학의 전신인 뉴저지대학의 학장이었던 조나단 에드워즈가 신파를 지원했고, 영국의 복음전도자이며 대서양을 횡단하면서 복음을 전파했던 조지 휫필드(George Whitefield) 역시 이들의 편이었다. 신파(New Side)를 통하여 통나무대학은 발전했으며 1747년에 이 통나무대학이 뉴저지대학이 되고 다시 이 뉴저지대학이 나중에 프

---

27 김홍만, 『초기 한국 장로교회의 청교도 신학』, 22.
28 김홍만, 『초기한국 장로교회의 청교도 신학』, 22.
29 김홍만, 『초기한국 장로교회의 청교도 신학』, 23.

린스턴대학이 되었다. 이러한 일련의 상황들을 볼 때 신파(New Side)의 신학 수준이나 교육 수준은 매우 높았다고 할 수 있겠다.

대부분의 많은 신학자가 교파를 초월하여 신파(New Side)와 신학파(New School)가 연속성을 가지고 있다고 생각한다. 김홍만은 그와 같은 일은 사실이 아니며 신학적으로도 거리가 멀다고 말한다.[30] 1837년 미국 장로교회는 구학파(Old School)와 신학파(New School)로 분리가 된다. 여기에는 6가지의 이슈들이 연결되어 있다. 6가지 이슈 중 가장 논쟁이 되었던 것은 펠라기우스 신학이다. 이 펠라기우스 신학으로 기울어졌던 뉴해븐 신학(New Haven Theology)을 신학파(New School)가 따랐고, 찰스 피니가 감정주의를 수단으로 하여 부흥주의를 이끌었는데 구학파(Old School)는 이것에 반대했고, 이로 인해서 교회 정치와 선교 문제로 분리된 것이다.

부흥과 부흥주의는 다르다. 부흥주의는 인간의 감정을 부추겨 마치 그것이 성령의 은혜인 것처럼 집회를 인도하였다. 인간의 감정을 부추기기 위해 여러 가지 수단들을 동원했다. 여기에 대한 예를 김홍만은 몇 가지 들었다.

첫째, 집회 가운데서 이름을 부른다.
둘째, 은혜를 받을 수 있는 특별한 좌석을 만들어 그곳에 사람을 앉힌다.
셋째, 비정상적인 영적 현상(웃음, 쉴새 없이 춤추는 것, 고개를 쉴새 없이 끄덕이는 것) 등을 은혜의 수단으로 간주했다.

구학파인 프린스턴 교수들 특히 아치볼드 알렉산더, 애쉬벨 그린(Ashbel Green), 사무엘 밀러(Samuel Miller)는 잘못된 신학과 부흥주의를 경고했다.

---

30   김홍만, 『초기 한국 장로교회의 청교도 신학』, 24.

이러한 프린스턴 교수들과 구학파(Old School)의 목회자들은 제1차 대각성 때(1730-1747)의 신파(New Side)의 청교도 신학과 부흥 신학으로 돌아갈 것을 신학파(New School)에게 말했지만 결국 따르지 않아서 분리되고 만다.[31] 대부분의 신학자들이 구파(Old Side)와 구학파(Old School)가 연결성을 갖고 신파(New Side)와 신학파(New School)가 연결성을 갖는다고 생각한다. 그러나 구학파(Old School)는 신파(New Side)에 근거를 두고 있다고 김홍만은 말한다.[32]

초기 한국 장로교회의 신학과 부흥은 신파(New Side)로부터 내려와서 구학파(Old School)에 이른 것이다. 그것이 바로 청교도 신학이며 구학파(Old School)의 참된 부흥을 추구하는 신학이다. 청교도 신학은 부흥을 준비하는 신학이었고, 교회 안에서 청교도 신학이 강조될 때마다 부흥의 역사를 경험하게 된다. 이러한 바탕에서 미국 북장로교 선교사들이 청교도 신학을 한국에서 가르치게 되었고, 한국 교회의 부흥과 평양대부흥의 역사가 있었다.

초대 한국 장로교회의 선교사들의 신학적 전통에 대해서 잘못된 해석들이 있는 것 같다. 그중에 하나가 한국 장로교회의 신학적 특징이 구학파의 특징과 신학파의 특징이 함께 나타난다고 보는 관점이다. 홍치모 교수는 구학파(Old School)의 심오한 특징이 칼빈주의 신학과 철저한 장로교회의 장로 정치 원리의 실천을 강조하는 데서 찾아볼 수 있다며 신학파(New School)는 부흥과 전도에 역점을 두었다고 말했다.[33] 홍치모는 구학파(Old School)는 부흥에 대해서 소극적인 태도를 취했고, 신학파(New School)는 부흥에 대해서 적극적인 태도를 가졌던 것으로 이해하고 있다. 그러나 김홍만은 이것이 사실이 아니라고 말한다. "구학파(Old School)가 부흥을 반대

---

31 김홍만, 『초기 한국 장로교회의 청교도 신학』, 25.
32 김홍만, 『초기 한국 장로교회의 청교도 신학』, 26.
33 홍치모, "초기 미국 선교사들의 신앙과 신학", 「신학지남」 51권 (1984년), 132.

한 것이 아니라 부흥주의를 반대한 것이다"[34]라고 했다. 그 예를 들어서 설명하면 루이스 치즈맨(Lewis Cheeseman)은 구학파와 신학파가 갈라설 당시 구학파(Old School) 신학자인데 이렇게 말했다.

> 구학파에 대한 잘못된 인상 하나가 팽배하고 있는데 그것은 구학파가 부흥을 믿지 않고 있다고 보는 것이다. 그러나 그것은 잘못된 것이다. 구학파와 신학파의 차이점은 부흥의 사실에 있는 것이 아니라 그것들의 진정성에 대한 증거를 어떻게 보느냐에 있다.[35]

구학파(Old School)가 원하는 것은 진리 안에서 진정성을 갖는 것이다. 무엇을 하든지 참되어야 하며 그 안에서 하나님의 역사가 성경에서 말하는 대로 일어난다는 것이다. 이것이 곧 참된 부흥의 역사인 것이다. 구학파가 제1차 영적 대각성 때 추구했던 신학이고, 이러한 신학은 칼빈주의 전통과 그것을 잇는 청교도 신학에 바탕을 둔 것이다.

구학파(Old School)의 최고의 신학교는 프린스턴신학교이다. 구학파(Old School)는 프린스턴신학교를 통하여 많은 부흥의 역사를 경험하게 된다. 그것은 맥코믹신학교도 마찬가지였다. 이호우는 맥코믹신학교출신들의 영향으로 형성된 한국 장로교회의 신학은 구학파(Old School)적이지만 신학파(New School)적인 요소를 가지고 있는 것으로 주장하였다. 그 근거로 제시하였던 내용이 맥코믹신학교 교수진 중에 진보적인 사상을 추구한 신학자에 대해서 언급했다. 당시 맥코믹신학교의 진보적인 교수는 존슨(Herrick Johnson)이 있었는데 그는 웨스터민스트 신앙고백 개정운동에 참여한 인물이었다. 그는 또한 구학파(Old School)를 대항하는 인물로 1889년에 「프레

---

[34] 김홍만, 『초기 한국 장로교회의 청교도 신학』, 27.
[35] Lewis Cheeseman, *Difference Beween Old and New School Presbterians* (Rochester, 1848), 150. 김홍만, "초기 한국 장로교회의 청교도 신학", 27.에서 재인용.

스비터리언』지에 실렸었다.³⁶

또한, 스티븐슨(J. Ross Stevenson)과 제노스(Andrew C. Zenos) 역시 비평신학을 견지한 신학파(New School)에 속한 인물이었는데 스티븐슨은 1897년부터 1902년까지 그리고 제노스는 1895년부터 교수하였으므로 한국 선교 초기에 입국한 맥코믹신학교 출신 교수들인 마포삼열과 소안론, 배위량 등은 직접적인 영향을 받지 않은 것 같다. 그러나 나머지 대부분의 교수들은 구학파(Old School) 전통에 우뚝 서 있었다.³⁷

이호우가 말한 또 한 가지는 선교사들이 맥코믹신학교에 있을 때 무디의 영향을 받았다는 것이다.³⁸ 그들이 구학파(Old School) 신학의 영향을 더 받았지만 전도 열정과 부흥 방식에서는 신학파의 방법을 취했기 때문에 양자의 요소를 취하고 있다고 했다.³⁹ 무디는 한국 교회에 파송된 선교사들의 신학에 대해서 언급되는 인물이다.⁴⁰ 특히, 무디와 학생자원운동인데, 이 운동의 신학적 성격이 복음주의(Evangelicals)로 해석하는 것인데 이유는 미국 장로교의 구학파(Old School) 신학보다는 신학파(New School)의 신학에 가까운 것으로 보기 때문이라 한다. 그러나 정작 무디는 프린스턴신학교의 교수들에게 지도를 받았다고 한다.⁴¹

실제로 1876년 맥코쉬(McCosh)와 찰스 핫지의 초청으로 프린스턴신학교 집회를 인도하였다. 김홍만은 무디와 피니의 방식이 구별되는데 "무디는 인간의 죄의 부패성과 중생이 오직 하나님의 역사인 것과 신자의 구원

---

36 Herrick Johnson, *"Is Confessional Revision Inexpedient?"* The Presbyterian(12 Oct., 1898), 6.
37 이호우. 『초기 내한 선교사 곽안련의 신학과 사상』, 53-67.
38 이호우. "맥코믹 출신 선교사와 한국 장로교회의 연구," 93.
39 이호우. "맥코믹 출신 선교사와 한국 장로교회의 연구," 108.
40 김홍만, "한국 장로교회의 신학적 뿌리에 대한 논쟁들",「개혁논총」Vol. 22 No (2012), 215.
41 김홍만, "한국 장로교회의 신학적 뿌리에 대한 논쟁들", 216.

은 확실하며, 취소될 수 없음을 강조하였다"고 말한다.⁴² 이러한 사실들로 보아서는 맥코믹신학교 선교사들은 철저한 구학파(Old School)의 사상과 청교도 사상을 가지고 있는 것이 확실하다.

김재성은 『오! 놀라운 복음 전도자, 무디』에서 맥코믹신학교와 프린스턴신학교 출신을 비롯한 많은 청년 자원이 무디의 지도와 도전과 격려를 통해서 부흥과 전도에 열심을 지닌 우수한 청년들이 한국으로 달려왔다고 한다. 특히, 맥코믹과 프린스턴신학교 출신들은 미국 북장로교 선교사들로서 구학파(Old School) 전통에 확고하였고, 무디와 같이 부흥운동을 일으키는데도 적극적이었다고 말한다.⁴³

북장로교 선교사들이 다닐 때의 신학교들은 참된 부흥에 대한 열망이 가득했다. 프린스턴신학교 교수인 알렉산더는 1848년 뉴저지의 테넌트교회에서 부흥이 일어났을 때 학업을 중단하고 신학생들을 보낼 정도였다.⁴⁴ 구학파(Old School)는 제2차 영적 대각성이 일어났을 때에도 부흥 신학을 주도했다. 1860년 구학파의 총회록에는 제2차 영적 대각성이 교회에 참된 경건을 가져다 주었다고 보고했다. 프린스턴 최고의 신학자중 하나인 찰스 핫지는 참된 부흥을 지지하면서 신학파(New School)의 부흥주의에 대해서 말하기를 "감정주의이며 부흥의 참된 열매인 경건을 얻을 수 없다"고 말했다.⁴⁵ 구학파(Old School)가 진정한 부흥을 추구한 반면 신학파(New School)는 부흥주의를 추구했다.

신학파의 부흥주의는 찰스 피니 방식을 옹호했고, 찰스 피니의 부흥주의는 신학적으로 나다니엘 테일러(Nathaniel Taylor)의 신신학(New Theology)

---

42 김홍만, "한국 장로교회의 신학적 뿌리에 대한 논쟁들", 216.
43 김재성, 『오! 놀라운 복음 전도자, 무디』 (용인: 킹덤북스, 2013), 9.
44 David Calhoun, *Princeton Seminar* Vol. 1 (Edinburgh, 1994), 233-234.
45 Charles Hodge, *Conference Paper* (New York, 1879), 338-340.

을 근거로 했다.⁴⁶ 나다니엘 테일러는 스코틀랜드에서 발생한 상식 철학을 도입하여 종종 인용하였는데 그는 속죄론과 원죄론에 있어서 펠라기우스의 논법을 따랐다. 즉, 인간은 선을 선택할 능력이 있는 한 악을 선택하는 죄를 범할 수 없다는 것이다.⁴⁷

신학파(New School) 신학자인 사무엘 베어(Samuel Baird)는 찰스 피니의 방법을 옹호하면서 그의 신학은 테일러주의, 실천적인 펠라기우스주의라고 했다. 이것만 봐도 구학파(Old School)와 신학파의 차이점을 알 수 있을 것이다. 당연히 구학파(Old School)의 신학자들은 신학파(New School)의 이단적인 펠라기우스주의와 완전주의(Perfectionism)와 같이 갈 수 없었을 것이다. 그래서 프린스턴의 위대한 신학자들은 알렉산더를 위시해서 그들의 찰스 피니적인 부흥 신학과 방법론의 위험성에 대하여 알렸다. 찰스 피니의 부흥주의는 사람들로 하여금 위험한 자기 신뢰와 잘못된 거짓 확신에 거하게 하므로 교회에는 거듭나지 못한 자들로 가득 찰 것이라고 경고했다.⁴⁸

신학파(New School)의 부흥주의는 구학파의 부흥과는 많이 다르다고 할 수 있다. 존 로드(John Lord)는 이렇게 말했다.

> 구학파 장로교에 대해서 널리 퍼져 있는 인상들은 그들이 신앙의 부흥들을 믿지 않는다는 것이다. 그러나 이것은 잘못된 것이다. 구학파와 신학파의 차이는 부흥의 사실에 대한 것이 아니라 참된 증거들이다.⁴⁹

---

46 George Marsden, The Evangelical Mind and the New School Presbyterian Experience(New Haven, 1970), 51-52.
47 신종철,『신학적 입장에서본 장로교회사』(서울: 도서출판 그리심, 2012), 57-58.
48 김홍만,『초기 한국 장로교회의 청교도 신학』, 29.
49 John Lord, Difference between Old and New School Presbyterians (Rochester: Eratus Darrow, 1848), 150.

프린스턴신학교 초대 교장인 아치볼드 알렉산더는 부흥의 여러 양상들 중 참된 것과 거짓된 것을 구별해야 한다고 했다. 가르치는 교리들, 받아들이는 방편들, 나타나는 열매들로 진위를 구분해야 한다고 말했다. 알렉산더는 사도 요한의 말을 인용해서 "사랑하는 자들아 영을 다 믿지 말고 오직 영들이 하나님께 속하였나 시험하라"고 말하고 있다.[50] 또한, 알렉산더는 말한다.

> 참된 부흥이 진리와 정통과 짝하듯이, 거짓된 흥분은 오류와 편당을 조성하는데 가장 효과적인 수단입니다. 교회가 언제나 부흥이라는 말을 듣는다고 해서 유익한 것은 아닙니다. 오히려 어떤 경우에는 동요의 효력이 폭풍이 지나간 자국을 방불케 하는 폐허를 만드는 수가 있습니다. 저는 격렬한 종교적 흥분을 나타냈던 사람들에게서처럼 감수성이 무딘 사람들을 보지 못했습니다. 그들은 믿는다고 한때는 큰소리를 쳤고, 부흥의 기간에 가장 선두에서 달리던 사람들이 거만함과 나태함과 불경건에 있어서 가장 큰 잘못을 범하는 것을 보았습니다.[51]

찰스 피니의 부흥주의와 구학파의 신학인 부흥과는 이렇게 차이가 있는 것이다. 프린스턴신학교 교회사 교수인 사무엘 밀러(Samuel Miller)는 아무리 신중하고 경건한 목회자가 목회를 하는 교회라도 그리스도의 은혜로 깨우침을 받은 사람들을 근심케 하는 일이 일어나지 않을 정도로 강력하고 심오한 신앙부흥이 일어난 적은 없다고 했다. 선한 의도를 가지고 출발한 공적 예배가 어느 정도 원래의 목적을 상실할 정도로 지나친 적도 많

---

50 William Sprague, *Lectures on Revivals" of Religion*, 서문 강 옮김 (서울: 이레서원, 2007), 350.
51 William Sprague, *Lectures on Revivals" of Religion*, 357.

다고 밝히고 있다.[52] 부흥의 진정성은 꼭 필요한 것이다. 구학파(Old School)는 그러한 부흥을 이끌었다. 뉴저지대학의 학장이었던 애쉬벨 그린(Ashbel Green)은 부흥은 매우 교리적이며, 복음의 위대한 교리들을 강조하는 가운데 일어난다고 하였다.[53] 그는 중생의 진정한 성질-복음적인 믿음, 순전한 회개, 새로운 순종의 진정한 본질 등을 효과적으로 설명해야 하며, 예증해서 말해야 된다고 하였다.[54] 그는 부흥은 새로운 방법을 사용하여서 일어나는 것이 아니라, 하나님의 주권에 의해서 일어나는 것이라고 하였다.[55]

프린스턴신학교는 신학파(New School)와 구학파(Old School)로 분리된 후에 찰스 피니와 그의 신학을 분명하게 반대하였지만, 개혁 신학과 에드워즈 신학에 근거를 둔 전통적인 부흥에 대해서는 지지했다.[56] 대부흥 가운데 구학파(Old School) 입장에서 제임스 알렉산더(James Alexander)는 구학파(Old School)의 신학이 신파의 신학과 연속성을 가지고 있다고 말했다.[57] 프린스턴신학교의 찰스 핫지는 부흥을 신학적으로 다루었는데 부흥은 성령의 놀라운 역사로서 많은 영혼을 회심시키는 것인데, 성령의 사역과 일치되는 것이라고 하였다.[58]

구학파(Old School)는 신파(New Side)의 신학적 전통 아래서 청교도 신학을 견지하고 있었으며 그 신학적 바탕 아래 복음 전도에 열을 올리고 참된 부흥을 추구했다.[59]

---

52 William Sprague, *Lectures on Revivals" of Religion*, 283.
53 William Sprague, *Lectures on Revivals" of Religion*, 555.
54 William Sprague, *Lectures on Revivals" of Religion*, 556.
55 William Sprague, *Lectures on Revivals" of Religion*, 562-564.
56 Calhoun, *Princeton Seminary: Faith and Learning* 1812-1868, 234.
57 James Alexander, *The Revival and Its Lessons*: A Collection of Fugitive Papers, Having Reference to the Great Awakening (New York: anson D. F. Randolph, 1859), 14.
58 Charles Hodge, *Coference Papers*(New York: Charles Scribner's Son, 1879), 339.
59 김홍만, 『초기 한국 장로교회의 청교도 신학』, 30.

3. 미국 남장로교 신학(Old School)

미국 남장로교의 교리적 기초는 철저한 칼빈주의 신학이다. 미국 남장로교 선교사 출신으로 한국에 온 이눌서(William D. Reynolds)는 유니온신학교를 나왔는데 이눌서가 평양신학교 교수로서 있었던 1920년대 이후의 행적을 보면 그가 매우 보수적인 신학을 견지했다고 볼 수 있다.

그는 「신학지남」을 편집했던 교수였고, 교수 과목으로는 조직신학을 강의했다. 그가 「신학지남」에 기고한 글을 보면 그가 칼빈주의와 구학파적인 사상을 가지고 있다고 볼 수 있다. 그가 「신학지남」에 남긴 글 중에 몇 편을 소개하면 1922년 5월에 <신학 변증론>, 1928년 7월에 <주일과 안식일론>, 1931년 7월에 <성경의 유전>, 1934년 7월 <칼빈 신학과 그 감화>, 1934년 9월 <진화론을 부인하는 제사실>, 1937년 5월에 <예수 부활의 여러 증거> 등 그의 기고 글만 보아도 칼빈주의적이며 보수주의적이고, 구학파(Old School)적인 색채가 확실함을 알 수 있다. 그런 그의 신학이 미국 남장로교의 신학적 노선과 궤를 같이 하고 있다. 그가 바로 초기 한국 장로교회에 남장로교의 신학을 펼치고 가르치며 소개한 선교사였다.

그러면 미국 남장로교의 교리적 기초가 칼빈주의라고 말했는데 칼빈주의의 기초는 무엇인가?

19세기까지 많은 칼빈 연구가는 오직 단순한 사실만을 가지고 칼빈을 판단하려고 했다. 칼빈의 신학은 마치 예정론(Predesstination)이 전부이며, 이를 토대로 해서 구성된 하나님의 주권(the Sovereignty of God)이라는 대주제로만 해석해 왔다.[60] 그러나 존 맥네일(John T. McNeill) 교수가 지적한 바

---

[60] Richard A. Muller, *Christ and the Dedree*: Christology and Predestination in Reformed Theology from Calvin to Perkins. Studies in Historical Theology 2 (Durham, N. C.: The Labyrinth Press, 1986), 17. 김재성, 『칼빈과 개혁 신학의 기초』(경기도: 합동신학대학원출판부, 2003), 122에서 재인용.

『기독교 강요』에는 "하나님의 주권"(Sovereignty of God)이라는 용어조차 등장하지 않는다고 한다. 또한, 1536년 판에는 예정론이 독립된 장으로 다루어지지 않고 있으며, 1559년 최종판 제3권 21장에 "영원한 선택"이라는 항목에 나타난 예정론에 대하여 들어 있지만 칼빈의 관심은 다른 논문들 가운데에서 섭리론 등의 다른 주제보다도 훨씬 더 큰 비중을 두었다고 보기는 어렵다고 김재성은 말한다.[61]

19세기 자유주의 신학자들은 칼빈을 마치 인정 없고 메마른 교리 중심의 신학자라는 이미지를 갖게 만들었다. 이런 편견에 일대 전환점이 된 것은 프린스턴의 조직신학자 워필드 박사에 의해서이다. 워필드는 예정론은 칼빈주의를 결정짓는 규범적인 교리도 아니고, 근원에서 나온 뿌리도 아니라고 강조하였다.[62] 20세기에 들어와서 칼빈의 신학에 대한 재검증이 시도되었다. 김재성은 칼빈 신학의 근본 원리에 대하여 몇 가지를 이야기 한다.

> **첫째**, 이중적 지식(Duplex Cognito Dei)에 대하여 말하면서 칼빈 신학의 기초는 하나님을 아는 것과 우리 자신을 아는 것이다. 아는 방법은 성경을 통해서 얻은 지식과, 인간에 대한 이중적 지식, 하나님은 창조주이시라는 것,
>
> **둘째**, 계시의 특성-인간 수준으로 낮아지심(Accommodation)- 인간의 수용 능력(Haman Capacity), 이해의 특성, 신지식의 확실성 인간 지식의 한계에 대해 말한다.
>
> **세째**, 경건- 하나님을 아는 지식의 윤리적 귀결, 칼빈에게 있어서 경건이란 하나님을 두려워하며 그를 경외하는 것이다. 성령께서 성도를 부르시고 교

---

61 김재성, 『칼빈과 개혁 신학의 기초』, 122-123.
62 Benjamin B. Warfield, *"John Calvin: The Man and His Work"*, Methodist Review 58 (1909): in Calvin and Augustine, ed. by samuel G. Craig(Philadelphia: Presbyterian and Reformd, 1956), 291-292.

회 안에서 거룩하게 하시는 역사 속에서 이 경건은 능력 있게 발휘된다고 한다.[63]

이와 같은 칼빈 신학을 남장로교 출신의 평양신학교 교수들은 이눌서를 위시해서 가지고 있었다. 곧 그것이 청교도 신학에서 구학파(Old School) 신학으로 연결되며 남장로교 출신 선교사들이 본국 신학교에서 배웠던 사상이다. 또한, 그들은 1880년대와 1890년대에 불어닥친 신학 흐름에 도전 받아야만 했다. 전통적인 성경의 권위와 역사성에 대해서 비판하는 자유주의 비평신학과 싸워야 했다. 남장로교회 출신의 선교사들을 가장 많이 배출한 미국 유니온신학교 교회사 교수인 존슨(Thmas C. Johnson) 교수는 미국 남장로교회의 신학적 특징 6가지를 말했다.

첫째, 교회의 영성 유지 및 예수 그리스도의 절대적 권위이다.
둘째, 영감 된 하나님의 말씀으로서의 성경이다.
셋째, 죄인을 구원하는 것이다.
넷째, 장로회주의의 완전한 형태는 이론이 아니라 실재적인 것이다.
다섯째, 흑인을 향해 어떤 특정한 태도로서 흑인에 대해 교회와 구별시킨다.
여섯째, 엄격한 교회 구성이다.[64]

여기에서 세 번째 죄인을 구원하는 것 가운데 본질적인 부분을 진정한 칼빈주의라고 했다. 남장로교회의 신학은 웨스터민스터 표준 문서들을 엄격히 따르고 있었다. 그들은 오직 그리스도만이 교회의 머리가 되신다는 잉글랜드 청교도 및 스코틀랜드의 교리를 지켰다. 미국 남장로교는 1861

---

[63] 김재성, 『칼빈과 개혁 신학의 기초』, 129-139.
[64] Thomas Cary Johnson, *The Presbyterian Church in The in The United Stated*, USM. Vol. XI, (1900), 289-293. 조경현, 『초기 한국 장로교 신학 사상』, 81에서 재인용.

년 출발한 이래로 칼빈주의와 청교도 신학을 통해서 성경은 영감되고 무오하며, 투철하고 열정적으로 칼빈주의를 사람들에게 전파해야 한다고 생각했다. 청교도 정신인 이론과 실천 모두를 통한 선교를 지향했다. 교수 중에 사우스웨스턴장로교대학교 명예총장을 지냈고 1891년에 유니온신학교 교수로 봉직했던 허스만(Charies. C. Hersman)은 성경 문헌과 신약해석학을 가르쳤는데, 그는 철저한 성경의 영감과 권위를 인정하는 프린스턴신학교 출신이었다.[65]

또 남장로교의 신학이 구학파(Old School) 신학이라고 말하는 대표적인 신학자로는 로버트 답네와 제임스 쏜웰이 있다. 답네는 1853년부터 유니온신학교 교수로서 교회사와 교회정치를 가르쳤다. 답례의 신학은 웨스터민스터 표준을 따랐고, 예정론과 죄의 전가, 종말론에 있어서도 웨스터민스터 신앙고백을 따르고 있다. 답네가 말하기를 "성경이 수정될 필요가 생기기 전까지는 이 신앙고백도 수정될 필요가 없을 것이다"라고 했다.[66]

쏜웰은 1861년 남장로교의 출발 때부터 대변인으로 활약한 사람이었는데 교회론 분야에서 남장로교에 영향을 미쳤던 신학자이다. 그는 다스리는 장로와 가르치는 장로가 힘의 균형을 유지하여야 교회가 유지된다고 하는 장로교론을 피력한 사람이다.[67]

---

[65] 조경현, 『초기 한국 장로교 신학 사상』, 85.
[66] Dabney, "*Doctrinal Contents of the Confeession of Faith*", 94; 이눌서, 『救學工課』(조선예수교셔회, 1915), 89에서 재인용.
[67] 이눌서, 『救學工課』(조선예수교셔회, 1915), 116.

4. 구학파(Old School) 신학의 한국 장로교 형성의 효과와 공헌

한국 장로교회에서 구학파(Old School) 출신의 북장로교 선교사들은 한국 장로교회의 뼈대를 형성했다고 해도 과언이 아니다. 이 세상의 기독교 안에서 독버섯처럼 자라났던 역사 이래 수많은 이단 사상이 생겼다 사라져 갔다. 사도 시대의 영지주의와 교부 시대의 펠라기우스주의 종교개혁 시대 이후의 알미니안주의를 비롯하여 근세에 자유주의와 고등비평학, 그리고 신정통주의 및 다원주의까지 그 안에서 셀 수도 없는 종류의 이단 사상과 교단과 종파가 있었다. 그들은 계속해서 변이를 일으키며 하나님 나라를 좀먹었다. 그러한 중에도 하나님의 구원 역사는 살아 숨 쉬었으며 택한 백성들을 구원하시려고 작정하셨고 그 일을 멈추지 않으셨다.

그러한 은혜로운 복음의 역사가 세상 나라들 중에 가장 가난한 나라이며 작은 나라인 한국에 있었던 것이다. 당시에 한국은 나라마저 빼앗길 처지에 있었던 절체절명의 위기 상황이었고 소망이 없는 상황이었다. 그러한 우리나라에 기독교 복음이 전해졌다는 것은 하나님의 놀라운 섭리이다. 더군다나 사도 시대와 교부 시대를 지나고 종교개혁의 시대마저도 지나서 역사 이래 기독교 신학의 최고 정통 신학이라고 할 수 있는 칼빈주의와 청교도 개혁 사상을 품은 푸른 눈의 선교사들이 이 땅에 발을 디뎠다는 것은 기적과 같은 일이다. 그것도 정통 중에 정통이며 살아있는 신학이라 할 수 있는 프린스턴 신학 사상이 들어 온 것이다.

미국 장로교회의 역사인 프린스턴 신학으로 완성된 구학파(Old School) 사상이 이 땅에 오게 되었다는 것은 하나님의 놀라운 역사가 아닐 수 없다. 미국 북장로교 선교사들이 구학파(Old School) 사상을 통해서 이 땅에 어떻게 역사했는지 알아본다.

김홍만은 초기 한국 장로교회의 역사적 전통과 신학적 특징을 살펴보고 결론을 내린다. 그것은 바로 신학은 구학파(Old School)의 청교도 신학이며,

그것을 통하여 복음 선교를 할 수 있었고, 열매인 부흥의 역사가 있었다는 것이다.[68] 이러한 일이 가능할 수 있었던 배경에는 미국 장로교회의 신학적, 역사적 배경이 있었기 때문이다.[69]

우리는 미국의 장로교 역사를 보면서 하나님께서는 올바른 교리와 신학에 바탕을 둔 교회와 성도들에게 성령의 단비를 내려주셨고 구원의 역사를 주셨다는 것을 알 수 있었다. 미국 장로교회도 청교도 정신으로 돌아갔을 때에는 제1차 영적 대각성을 체험했고(신파, New side) 인디언 선교와 국내 선교에 길이 열렸다. 또다시 어려운 시기를 겪고 교회가 위기와 분열과 나라가 큰 전쟁을 겪었지만 다시금 신앙으로 성경으로 돌아가서 그러한 신학인 청교도 정신을 회복함으로써 제2차 대각성을 맞이했고, 그것의 산물로 해외 선교가 이루어졌던 것이다.[70]

미국은 19세기 중엽에 유럽으로부터 수많은 이민자가 몰렸다. 그러면서 교회들이 질서를 잡지 못하고 여러 가지 부족함으로 영적 타락의 위기를 경험한다. 그때마다 진리를 찾고 성경으로 돌아갈 수 있는 방법을 찾는 자들은 자기를 비롯해서 많은 사람에게 빛과 소금이 될 수 있었던 것이다. 그 방법은 청교도 신학이었다. 다시 한번 진리로 돌아선 것이다. 그래서 1857년에서 1858에 이르는 대부흥을 경험하게 되었고, 미국 내의 선교와 해외 선교에 눈을 돌릴 수 있었다. 그러한 힘이 한국에까지 미쳐서 1884년 한국에까지 복음이 들어오게 된 것이다.[71]

그때에 평양신학교 교수가 된 선교사들의 신학이 구학파(Old School) 신학이었다. 미국 장로교회의 선교사들이었던 그들은 맥코믹신학교에서 프린스턴신학교에서 유니온신학교에서 청교도 신학을 배우고 익혀서 17세

---

68 김홍만, 『초기한국 장로교회의 청교도 신학』, 33.
69 김홍만, 『초기한국 장로교회의 청교도 신학』, 34.
70 김홍만, 『초기한국 장로교회의 청교도 신학』, 34.
71 김홍만, 『초기한국 장로교회의 청교도 신학』, 34.

기 18세기의 청교도 신학자들처럼 영혼을 살리며 치료하는 영혼 구원의 의사들이었다. 그들은 영혼 구원에 있어서 성령이 일하시는 원리를 잘 알고 있었으며 성령이 일하시도록 인간의 책임을 다했다.[72] 미국 교회들이 오랜 세월을 통해 겪었던 세 번의 영적 대부흥의 역사를 우리도 맛볼 수가 있었다. 청교도 신학이 보여주는 것은 동일한 하나님의 역사이기 때문에 영국에서도 미국에서도 인도에서도 역사하셨던 성령님께서 내려주시는 부흥의 역사가 그것을 배운 선교사들을 통해 그들의 신학인 청교도 신학을 통해 부흥의 역사가 한국에도 올 수 있었다.

구학파(Old School) 신학이 한국 장로교회의 형성에 영향을 준 것은 먼저 청교도 신학을 통해서였다고 밝힌 바 있다. 바른 복음이며 말씀에 기초한 복음이고, 전통 위에 서 있고, 오직 성경에 기초하며, 살아있는 양심과 진리의 실천을 하는 사람들이 청교도 신학을 가진 사람들이었다. 그들이 바로 평양신학교 교수이자 선교사들이었다. 그들은 오직 복음을 전파하고 가르쳤다. 그들이 한국 장로교회를 설립하기 전에 했던 일은 청교도 신학을 바탕으로 한 복음 전도였다. 구학파의 전도 신학은 청교도의 회심 신학을 따르고 있어서 회심의 과정을 따라 전도 대상자들을 돌보는 것이 곧 전도의 과정이었다. 그래서 선교사들은 한 영혼이 주께로 돌아오는 과정에 주의를 기울이면서 그들이 온전히 진정한 회개와 믿음을 갖도록 인도하였다.[73]

선교사들이 했던 전도 방법은 복음을 듣는 자들이 성경 교리의 지식에 온전하도록 주의를 기울였다. 회심의 첫 단계로서 교리와 믿음의 도에 대해서 깊이 생각하는 궁극의 단계로부터 그 전도가 시작되었던 것이다. 선교사들은 믿겠다고 하는 자들에게 먼저 충분한 하나님의 말씀에 대한 지

---

[72] 김홍만, 『초기 한국 장로교회의 청교도 신학』, 34.
[73] 김홍만, 『초기 한국 장로교회의 청교도 신학』, 83.

식을 요구했는데, 이는 하나님의 말씀을 읽고 깨닫는 가운데 성령의 죄에 대한 질책이 일어나기를 기대하고 있었기 때문이다. 평양신학교 교수인 선교사들은 이렇게 죄의 질책을 받고 낮아진 심령의 죄인들이 하나님이 마련하신 예수 그리스도 안에서 용서를 발견하고 그리스도께로 달려가도록 도와주었다.[74]

서서히 한국 장로교회를 형성할 수 있는 청교도 신학이 한국 사람들 가운데 예비 된 심령들에 성령의 단비를 뿌려주시려고 작업하고 계신 것이다. 미국 북장로교 선교사였던 조지 데이비스는 그 당시 많은 사람들의 회심의 경우와 그 과정을 기록했는데, 그중에는 한국 장로교회의 지도자였던 길선주의 회심 과정도 있다. 그 기록을 살펴보겠다.

> 나의 친구인 김종서는 모펫 박사의 가르침을 통해 열심 있는 그리스도인이 되었다. 그는 그가 믿고 있는 교리로 나를 인도코자 애썼다. 김은 나에게 『천로역정』을 빌려주었다. 나는 이 책을 읽으면서 울고 또 울었다. 왜냐하면 나는 내가 이토록 중한 죄인이라는 사실을 처음 깨달았기 때문이다. 이때부터 나는 신약성경을 보다 열심히 읽기 시작했다. 나는 점차로 예수가 확실히 하나님이신 것을 알았다. 그리고 하나님께 기도하기 시작했다. 나의 기도는 우리 아버지로서의 하나님이 아니라 단지 우주에 가장 영적으로 힘을 가진 하나님께 기도한 것이다. 이것은 나의 영혼에게 유익을 가져다주지 못하는 것으로 보였다. 어느 날 밤 나는 어떤 음성으로 인해 점점 깨어나고 있었는데 누군가 길선주야! 길선주야! 하며 반복하여 부르는 것이다. 나의 영혼 속에서 이것이 하나님의 음성인 줄 알 수 있었다. 전에는 내가 기도할 때에 두려움과 떨림으로 많이 울면서 기도했었는데 그 이유는 나 자신을 볼 때 구원의 소망이 없는 죄인이었기 때문이다. 그러나 이제는 즉시로 나 자신이 구원받

---

[74] 김홍만, 『초기 한국 장로교회의 청교도 신학』, 83-90.

은 죄인으로 보였고 하나님은 나의 아버지로 보였다. 나는 목이 터지도록 하나님을 찬양하면서 "아버지 하나님! 아버지 하나님!"하고 울었다.… 이렇게 아버지라 외친 후 나는 그리스도가 나의 구주라는 것을 매우 생생하게 인식할 수 있었고 그분께서 나를 위하여 당한 고난을 알 수 있었다. 나는 그분을 나의 개인적인 구주로 받아들였다.…그날 밤 이후 잃어버린 자를 구하여야 한다는 갈망이 나를 누르기 시작했다.[75]

이러한 내용은 구학파(Old School)의 청교도 신학을 선교사들이 그대로 적용하였고 회심과 성화에 대해서 잘 풀어놓은 존 번연의 『천로역정』을 도구로 사용했던 것이다. 19세기 프린스턴신학교 교수들이 가르쳤던 경건을 위해서는 회심과 거듭남이 필수 전제가 되어야 한다고 주장한 신학을 선교지에서 실천한 것이었다.[76]

구학파(Old School) 신학의 선교사들은 청교도의 회심 신학을 전도 신학에 적용시켰다. 선교사들은 회심의 과정에서 반드시 참된 회개와 믿음이 그 산물과 증거로 나타나야 한다고 생각했다. 입술의 고백과 행함이 일치되는가를 확인하였다. 선교사들은 위선자나 단순한 입술의 고백자나 거짓 고백자를 철저히 경계하였고, 정결한 신부와 같은 거룩하고 깨끗한 교회를 한국에 세우고자 했다.[77]

죄를 미워하고 싸우는 것에 대해 선교사들은 가르쳤는데 이것은 청교도 신학과 칼빈주의 신학에서 온 것이다. 회심의 과정 가운데 성령의 죄 질책의 역사와 죄로 인해 낮아지는 현상이 회심 이후에 죄와 싸우는 현상으로 발전된다는 청교도 신학에 근거했다. 구학파 청교도 선교사들은 그 행함에 있어서 열매가 있는가 혹은 경건한가를 매우 주의 깊게 살폈다.

---

[75] George Davis, *Korea for Christ* (Fleming Revell, 1910), 36-37.
[76] 김홍만, 『초기 한국 장로교회의 청교도 신학』, 92-93.
[77] 김홍만, 『초기 한국 장로교회의 청교도 신학』, 93.

또 한 가지 선교사들이 가장 중요하게 여겼던 전도 신학은 그 믿음이 진정한 믿음인지를 알기 위해 복음을 받은 자들의 심령 속에 복음을 모르는 불쌍한 심령에 대한 구령의 불길이 있는지 없는지를 살폈다. 곧 피전도인의 복음 전파의 열망을 그 영혼이 깨어진 증거로 간주하였다.[78] 한국 장로교회를 세운 선교사들은 복음을 듣는 자들이 회심하도록 하였고, 그들이 진정으로 회개하고 믿음을 가졌는지를 그들의 삶 가운데서 확인하였다.

구학파 신학 사상의 핵심인 청교도 신학을 가지고 복음 전도를 했던 선교사들의 목표는 회심을 얻는 것이었고 회심을 통해 주님을 영접하고 전도의 일꾼이 되며 그리스도의 군사가 되게 하는 것이었다. 그렇게 하기 위해서 선교사들은 철저하게 청교도 교리를 가르쳤다. 그들은 전도를 통해 죄, 회개, 믿음, 용서, 구원을 주된 주제로 가르쳤다. 이것은 미국 북장로교를 비롯한 청교도를 근간으로 하는 선교사들이 전도에 있어서 철저히 교리를 전하고 가르친 것은 구학파(Old School)의 청교도 신학의 유산과 전통에 근거한 것이다. 이들이 교리적인 가르침을 전도의 수단으로 삼은 것은 이 방법이 죄인을 회심시키는 유효한 수단으로 보았기 때문이다.[79]

일찍이 미국 북장로교 선교사들은 전도 사역의 수단으로 교리적인 전도 책자를 사용했는데 그것들은 <성교촬리>(1890), <상제진리>(1891), <중생지도>(1893), <장원량 우상론>(1894), <천로지귀>(1894), <구세진주>(1895), <덕혜입문>(1897) 등이었다.[80]

이제 구학파 출신의 청교도 사상을 가진 선교사들에게 남은 것은 한국 장로교회를 세우기 위한 부흥의 역사만이 남은 것이다. 이제는 주님의 뜻대로 가르친 열매를 맺을 때가 된 것이다. 선교사들의 끊임없는 교리를 통

---

78 Samuel Moffett, *Police and Methods in Evangelization of Korea*, The Korea Field, 1904, 196.
79 W. D. Reynolds, "*Christian Literature For Korea*", The Korea Field (1904), 202-203.
80 김홍만, 『초기 한국 장로교회의 청교도 신학』, 101-102.

한 전도와 헌신 그리고 평양신학을 통한 가르침이 현실에서 부흥의 역사로 나타나는 것을 보는 것이었다. 그들이 주님의 도구가 되어서 펼쳤던 한국 교회의 복음의 역사가 몇십 년 만에 이루어지는 것이다. 이제 선교사들의 사역 위에 하나님의 축복이 성령의 유효한 역사로 일어나는 것이다. 이때 가장 필요한 것은 기도이다. 성령의 유효한 역사가 추수기에 성령의 부어주심으로 일어나기를 기도하라는 것은 청교도 개혁 신학의 부흥론이다.[81]

맥코믹신학교 출신의 마포삼열은 한국 장로교회의 형성과 평양대부흥 운동에 상당한 영향을 미친 선교사이다. 마포삼열은 청교도 개혁 신학에 근거를 둔 부흥 신학을 가지고 있었다. 김홍만은 마포삼열이 북장로교 선교 25주년 기념 보고에서 평양대부흥에 대해서 보고를 했을 때 사용한 용어들에 주목했다. 왜냐하면 거기에서 사용한 용어들이 청교도 개혁 신학에 근거한 부흥에 대한 서술이었기 때문이다.[82] 마포삼열의 보고서는 이렇다.

> 1906년 가을에 기도의 영이 선교사들 자신들 위에 오셔서 다가오는 겨울의 성경 연구반 위에 보다 깊고 부요한 축복을 위해 간절하게 울부짖었다. 그리고 1907년 1월 성경 훈련반의 마지막 날들 동안 저녁에 전도 집회에서 성령의 임재의 공적 나타나심이 있었다. 이러한 집회들에서 사람들은 죄의 무서운 결과들을 깨달았으며, 죄가 죄 없는 그리스도를 고통으로 몰아갔다는 것을 알았다. … 하나님의 영은 자신을 놀라운 방식으로 나타내셨다. 이것은 교회를 정화시켰으며, 그리고 수천 사람들의 마음에 새로운 헌신과 새로운 능력과 기쁨을 가져다주었다.[83]

---

81   김홍만, "한국 장로교회의 신학적 뿌리에 대한 논쟁들", 217.
82   김홍만, "한국 장로교회의 신학적 뿌리에 대한 논쟁들", 217.
83   Samuel Moffett, *Evangelistic Work*, 22. 김홍만, "한국 장로교회의 신학적 뿌리에 대한

김홍만은 마포삼열의 보고서에서 <기도의 영>, <성령의 공적인 나타나심>, <죄의 질책과 책망>, <교회의 정화> 및 <회심의 체험들>이라는 용어들이 전형적인 미국 장로교회 구학파 부흥에 대한 용어와 서술들이라고 한다.[84] 마포삼열은 이 보고서의 결론 부분에서 하나님의 주권 사역을 강조했다. 하나님의 주권에 따라서 하나님의 뜻을 성취하기 위해서 성령을 쏟아부어 주신다고 하는 청교도 개혁 신학에 근거한 부흥 서술이다.[85]

마포삼열뿐만 아니라 같은 맥코믹출신 선교사들인 윌리엄 베어드, 이길함, 소안론, 번하이셀은 구학파(Old School)의 부흥 신학을 견지하고 있는 선교사들이었다. 특히, 윌리엄 베어드는 성령을 예외적으로 쏟아부어 주시는 부흥의 중요성을 알고 있었으며, 부흥의 목적이 교회의 숫자에 있는 것이 아니라 영혼이 회심하여 강력한 한국 교회가 설립되어 하나님 나라가 확장되는 것이라고 말했다. 이길함 선교사와 소안론 선교사의 보고서에도 1857년-1858년의 미국 뉴욕에서의 대부흥 때처럼 매일 정오 기도 모임을 했다고 했다. 이 모든 것이 구학파의 청교도 부흥 신학이다.

구학파(Old School)의 신학은 부흥을 추구하는 것이었으며 복음의 교리를 가르치고 하나님의 주권적 성령의 쏟아부어 주심으로 부흥이 일어난다고 믿었다. 이러한 구학파(Old School)의 교리를 통한 복음 전도와 전파, 그것을 통한 많은 사람의 회심의 역사, 마지막으로 기도를 통한 부흥의 열매가 일어나서 한국 교회를 든든하게 세울 수 있었다.

논쟁들", 218에서 재인용.
84   김홍만, "한국 장로교회의 신학적 뿌리에 대한 논쟁들", 218.
85   김홍만, "한국 장로교회의 신학적 뿌리에 대한 논쟁들", 218.

제6장
결론

   필자는 지금까지 평양신학교에 있는 미국 장로교회의 유산이 무엇인지에 대해서 알아보았다. 연구하면서 놀라웠던 것은 이렇게까지 한국에서 세워진 평양신학교가 하나님의 크신 은혜로 세계 기독교사의 정통 뿌리로부터 나온 신학교라는 것이다. 단순하게 복음을 전파받아서 학교가 설립되었다고 하여도 그 어려웠던 19세기 20세기 세계사에서 복 있는 일이 아닐 수 없을 것이다. 하물며 무너져 가는 동방의 작고 자원이 없는 나라였으며 대동아 공영권을 앞세우며 한국뿐 아니라 동아시아 전체를 천황제와 신사참배를 통해 일본이 지배하려고 했고 그 지배의 교두보이자 전진 기지였던 곳이 한국이 아니었던가.

   더구나 서구 유럽 세계에서조차도 잘 알려지지 않은 곳이며 알고 있는 나라가 있다고 하더라도 쇄국정책으로 나라에 문을 꼭꼭 잠그고 있었으며 유교 제사와 미신 숭배 사상으로 하나님을 영접하기에 너무나도 준비가 되어있지 않았던 나라가 한국이었다. 이러한 나라를 하나님께서 알고 계셨고, 기억하고 계셨으며, 우리를 살리려고 구원의 계획을 세우셨다. 먼 나라였던 미국 땅에서 젊고 아름다운 주님의 종들을 훈련시키셨다는 것에서 눈시울이 붉어지지 아니할 수 없다.

   도대체 우리가 무엇이 관대 주께서 한국을 이렇게 사랑하셨을까?

그와 같이 생각하지 않을 수 없다.

일반 선교사분들이 오신 것도 아니요, 칼빈의 후예들이며 미국 땅도 시작점이 아닌 예루살렘과 로마를 넘어서 유럽대륙과 영국에서부터 시작된 진리의 말씀을 풀어서 교리로 만들고 그 교리를 위해서 목숨을 걸고, 시대와 지역을 초월하여 가르치고, 삶의 모든 면에서 실천을 했던 청교도들의 신학인 개혁 신학이 들어 온 것이다. 그것을 지키기 위하여 당대의 최고의 신학자들이 평생에 걸쳐서 연구하고 가르치고 진리를 이단 세력들로부터 방어하고 수호했다. 그러한 미국의 구학파(Old School) 신학이 들어 왔다는 것은 감사하지 않을 수 없다. 지금은 동토의 땅이 되어버린 평양에 하나님이 세우신 세계 최고의 신학교가 한국의 평양 땅에 있었다는 사실을 많은 기독교인이 알아야 한다는 생각을 했다.

북장로교 선교사분들의 그토록 열정적인 전도와 복음 전파와 평양신학교를 통한 말씀의 가르침, 그리고 그 열매인 평양대부흥의 역사가 118년 전에 평양에서 있었다. 지금의 평양은 하나님을 믿을 수 없는 땅이다. 우리가 얼마나 편하게 교회를 다니고 있는지 한 번쯤은 생각해야 한다. 복음을 은혜라는 수단으로 거저 받았다. 값으로 따질 수 없는 귀한 것이며 우리뿐만 아니라 소중한 사람들에게 가장 귀한 생명을 살릴 수 있는 주님의 선물이다.

오늘날 우리는 평양신학교를 통하여 하나님이 주신 유산을 잘 보존해서 기독교의 발전은 물론이거니와 진리가 무엇인지를 통해서 다시 한번 이 땅에 부흥의 역사가 있기를 기도해야 할 것이다. 평양신학교는 미국의 맥코믹신학교나 프린스턴신학교를 옮겨 놓은 거나 다름없다. 미국 북장로교 출신 선교사인 마포삼열에 의해서 설립되어 맥코믹과 프린스턴 출신들이 대부분 교수 사역을 맡아서 그들이 배운 대로 청교도 신학을 가르쳤다. 처음에는 너무도 어리고 경험이 없었던 선교사들은 중국에서 활동했던 네비우스 선교사에게 선교 방법을 배웠고, 네비우스 선교 정책을 도입하여 선교에 나섰다.

초기 한국에서의 선교는 여러 사람의 선교사들의 헌신으로 성공할 수 있었다. 필자는 강력하게 주장한다. 하나님의 역사는 맥을 같이하며 하나님의 말씀은 시대를 통해서도 변하지 않는다는 것이다. 그것이 말하는 논점은 그 당시 평양신학교 교수 사역과 선교 사역을 병행했던 선교사들이 미국에서도 성공했던 청교도 신학을 그대로 적용하였다. 미국에서도 교회가 어려울 때마다 사회가 혼란스럽고 어지러울 때마다 오직 성경으로 돌아가서 성경이 우리에게 가르쳐주는 말씀으로 구체적인 실천을 했다. 그럴 때마다 하나님께서는 성령의 단비를 내려주셨고 성령을 쏟아부어 주셨다. 그 당시의 구학파(Old School) 신학을 가진 선교사들이 그와 같은 실천을 하였다.

칼빈주의를 통해 기초를 세웠고 청교도들을 통해서 성령의 유효한 역사를 알고 진정한 믿음으로 다가가고 프린스턴 신학을 통해서 신학의 체계를 확립하고 기독교를 변증하고 방어하였던 역사가 그대로 평양신학교를 통해 한국의 복음 사역에도 펼쳐졌었다. 프린스턴의 초대 교장이었던 아치볼드 알렉산더와 그 제자인 찰스 핫지, 그리고 벤자민 워필드, 메이첸에 이르기까지 한국 땅에서 배울 수 없는 최고의 신학 사상을 그분들의 제자이며 구학파(Old School) 신학을 가진 선교사들을 통해서 배울 수 있었고, 또한 그분들의 제자들인 초기 한국의 교회 지도자들과 그 당시 한국의 최고의 신학자였던 박형룡 박사와 박윤선 박사도 그분들을 통해서 배웠다.

그래서 오늘날 한국에도 장로교가 뿌리를 내릴 수 있었다. 그 모든 일이 그 당시 평양신학교를 중심으로 있었다. 프린스턴 출신의 선교사인 라부열, 함일돈, 어도만, 윌리엄 헌트, 맥코믹신학교 출신인 마포삼열, 소안론, 곽안련, 이길함, 윌리엄 베어드, 유니온신학교의 이눌서, 구레인등 구학파(Old School) 신학 사상인 청교도 신학을 중심으로 그들이 미국에서 배운 대로 가르쳤고 전도했다. 그들이 「신학지남」을 통해 기고한 글들이나 그들이 남긴 책을 통해 청교도 신학을 확인할 수 있었고 성령의 유효한 역사가 정확한 교리를 통해서 일어난다는 것을 알았다.

청교도들의 회심 신학을 통해서 복음을 전파받은 사람들은 회개에 이르게 되었고 진정한 믿음을 갖게 되었으며 그 믿음을 고백하고, 그 열매인 영혼 구원에 앞장섰다. 평양대부흥은 그 열매인 것이다. 한국 장로교회는 이러한 과정을 거쳐서 이루어지게 되었고, 형성되었다. 오늘의 한국 교회에서는 각종 이단이 난무하고 정통 교회를 자부하는 곳에서도 교리가 실종되고 윤리가 실종되는 일들이 비일비재하다고 할 수 있다. 어느 곳에서 신학을 배웠든지 상관없이 모이면 똑같아지고 진정성이 없으며 진실 되지 못하다.

진실 되지도 못한데 진리를 어떻게 가르칠 수 있을까?

현재의 교회들은 영혼을 구원하기도 어려운데 유지하기도 급급한 실정이다. 다시 한번 성령의 놀라운 역사를 바란다면 초기 한국 장로교 신학교인 평양신학교에서 가르쳤던 청교도 신앙으로 돌아가야 한다. 죄를 지어도 죄를 알지 못하고, 교회에서는 징계하지도 않으며 그리스도가 아니라 하더라도 구원이 있다는 다원주의 시대에 살아가는 교회의 모습은 답이 될 수 없다. 124년 전, 평양신학교 설립 초기의 순수했던 배움의 자세로 돌아가서 다시 배워야 한다. 이 땅에 하신 성령의 역사를 위해 목숨을 바치고 헌신했던 선교사들을 통해 하나님이 주신 거룩한 유산을 받아들이고 유지하며 발전시켜나가야 한다.

평양신학교를 통해 남긴 미국 북장로교회의 유산은 지금도 청교도 신학을 통해서 유지되고 있으며 뜻있는 학자들과 깨어있는 성도들이 발전시키고 보급시키려 하고 있다. 남은 자들을 통해서 다시 한번 부흥의 역사를 기도하면서 글을 맺는다.

참고 문헌

1. 국내 서적

곽안련. 『영감. 마가복음: 표준 성경 주석』. 서울: 대한예수교장로회 총회종교교육부, 1958.

_____. 『장로교회사전휘집』. 경성: 조선예수교서회, 1918.

길자연 강웅산. 『찰스 핫지의 신학』. 서울: 도서출판 솔로몬, 2009.

김길성. 『메이첸 박사 전집』. 서울: 총신대학교출판부, 2003

김재성. 『개혁 신학의 전통과 유산: 개혁 신학 광맥』. 용인: 킹덤북스, 2012.

_____. 『칼빈: 그의 신학 사상의 근원과 발전』. 고양시: 크리스챤다이제스트, 1999.

_____. 『칼빈과 개혁 신학의 기초』. 수원: 합동신학대학원출판부, 2003.

_____. 『오! 놀라운 복음 전도자, 무디』. 용인: 킹덤북스, 2013.

김홍만. 『초기 한국 장로교회의 청교도 신학』. 서울: 옛적길, 2003.

_____. 『청교도 열전』. 서울: 솔로몬, 2009.

_____. 『해설: 천로역정』. 서울: 생명의말씀사, 2013.

김남식. 간하배. 『한국 장로교 신학 사상사』 제1권. 서울: 도서출판 베다니, 1997,

김충남. 박종구. 『예수 천당-최권능 목사 생애』. 서울: 새한기획출판부, 1997.

김원모. "한미외교사 연구: 민영익의 대미자주외교와 세계일주 여행". 이현회 외, 『한국사의 이해』. 서울: 도서출판 신서원, 1991.

김영재. 『교회와 신앙고백』. 수원: 합동신학대학원출판부, 2005.

_____. 『기독교 신앙고백』. 수원: 도서출판 영음사, 2011.

김민영. 『한국 초대교회사: 한국 초기 선교사들의 활동과 선교 정책』. 서울: 쿰란출판사, 1998.

김승태·박혜진 편. 『내한선교사총람: 1884-1984』. 서울: 한국기독교역사연구소, 1993.

대한예수교장로회 총회. 『대한예수교장로회 총회 백년사』. 서울: 대한예수교장로회 총회출판부, 2006, 1권.

대한예수교장로회 총회. 『100주년사』. 서울: 대한예수교장로회 총회, 2013.

류대영. 『개화기 조선과 미국 선교사: 제국주의 침략, 개화자강, 그리고 미국 선교사』. 서울: 한국기독교역사연구소, 2004.

마포삼열. "서문". 욥기-시편: 표준주석성경, 곽안련 저, 서울: 조선예수교장로회 총회 종교교육부, 1937.

마포삼열박사전기편찬위원회. 『마포삼열 박사 전기』. 서울: 대한예수교장로회 총회교육부, 1973,

박용규. 『한국 기독교회사 1권』. 서울: 생명의말씀사, 2004.

_____. 『한국 장로교 사상사』. 서울: 총신대출판사, 1992.

_____. 『평양대부흥운동』. 서울: 생명의말씀사, 2004.

_____. 『죽산 박형룡 박사의 생애와 사상』. 서울: 총신대학교출판부, 1996.

박형룡. 『세계견문록』. 저작전집 XVII. 서울: 한국기독교교육연구원, 1988.

_____. 『교의신학-서론』. 저작전집 I. 서울: 한국기독교교육연구원, 1988.

백낙준. 『한국 개신교사』. 서울: 연세대출판부, 1973.

신종철. 『신학적 입장에서본 장로교회사』, 서울: 도서출판 그리심, 2012.

오덕교. 『장로교회사』. 수원: 합동신학대학원출판부, 2006.

옥성득. 『Sources of Korean Christianity 1832-1945』. 서울: 한국기독교역사연구소, 2004.

이눌서.『救學工課』. 죠선예수교셔회, 1915.

이만열.『한국 기독교 수용사 연구』. 서울: 두레시대, 1998.

이호우.『초기 내한 선교사 곽안련의 신학과 사상』, 서울: 생명의말씀사, 2005.

장동민.『박형룡 박사의 신학 연구』. 서울: 한국기독교역사연구소, 1998.

조경현.『초기 한국 장로교 신학 사상』. 서울: 도서출판 그리심, 2011.

차재명.『조선예수교장로회사기: 상』. 경성: 조선기독교창문사, 1928.

한국교회100주년준비위원회사료분과위원회 편.『대한예수교장로회 백년사』. 서울: 대한예수교장로회 총회교육부, 1984.

한국기독교역사연구소.『한국 기독교의 역사』제1권. 서울: 기독교문사, 1996 .

허순길.『한국 장로교회사: 장로교회(고신) 50주년 희년 기념』. 서울: 대한예수교장로회 총회출판국, 2002.

홍치모.『영미 장로교회사』. 서울: 개혁주의신행협회, 1998.

황재범 외 6인.『초기 한국 장로교회사』. 서울: 한국장로교출판사, 2012.

(국내 정기간행물)

곽안련. "청년의 최고 이상(설교)". 「신학지남」77권 16-5호 (1934. 9): 66-70.

구례인. "청직이에 복음". 「신학지남」44권 11-2호 (1929. 3): 13-16.

김명배. "윌리엄 베어드의 삶과 사역에 나타난 신학과 사상에 관한 연구",「한국개혁신학」39 (2013): 56-88.

김재성. "프린스턴 신학의 유산과 과제". 「신학정론」21권 2호 (2003): 463-511.

_____. "1884년, 미국 북장로회 한국 선교와 그 역사적 의미".「개혁주의 선교신학」(2014. 8): 400-430.

_____. "한국의 개혁 신학, 그 근원과 초기 정착",「Icrefc」(2013. 5): 186-219.

김홍만, "한국 장로교회의 신학적 뿌리에 대한 논쟁들". 「개혁논총」 Vol. 22 No (2012): 197-232.

김의환. "메이첸과 한국 보수 신학의 형성". 「칼빈논단」 (2004): 1-23.

나용화. "칼빈주의적 복음주의 신학과 한국 장로교회". 「신학지남」 통권 268호 (2001년. 가을호).

라부열. "마포삼열 목사의 생애와 그 사업". 「신학지남」 77권 16-5호 (1934.9): 23-27.

_____. "성경의 난제론". 「신학지남」 6권 (1919.7): 18-26.

박아론. "박형룡의 신학 사상". 「신학지남」 Vol.25 No. (1979): 14-26.

박용규. "평양장로회신학교 1901-1910". 「신학지남」 68권 2집 (2001): 30-79.

_____. "한국 장로교회의 뿌리". 「신학지남」 통권268호 (2001. 가을): 277-297.

_____. "개혁주의 역사신학적 입장에서 본 12신조". 「신학지남」 통권298호 (2009. 봄).

박형룡, "한국 장로교회의 신학적 전통". 「신학지남」 제43권 3집 (1976. 가을): 11-22.

이눌서. "칼빈 신학과 그 감화". 「신학지남」 76권 16-4호 (1934. 7.): 49-54.

_____. "가서 제자를 삼으라". 「신학지남」 67권 15-1 (1933): 20-23.

_____. "성경의 유전". 「신학지남」 58권 32 (1931): 32-34.

_____. "교회의 목적". 「신학지남」 36권 (1927): 127-130.

이상웅. "박형룡 박사와 J. G. Machen의 신학적인 관계". 「신학지남」 Vol, 79 N (2012).

이종성. "한국 교회 성서 이해". 「기독교 사상 14」(1970. 7): 101-109.

이재근. "맥코믹신학교 출신 선교사와 한국복음주의 장로교회의 형성". 「한국 기독교와 역사」 제35호 (2011. 9. 25): 5-46.

이호우. "맥코믹 출신 선교사와 한국 장로교회의 연구". 「개혁논총」 2권 (2004): 88-111.

_____. "곽안련 선교사의 생애와 신학 사상". 「역사신학논총」 제5집 (2003): 170-187.

어도만. "성경 기사의 사실성에 대한 새로운 증거".「신학지남」통권 86권 18-2호(1936. 3): 13.

정성구. "평양장로회 신학교 교수 약전".「신학지남」68 No.2 (2001): 80-98.

차종순. "미국 남장로교회의 호남지방 선교 활동".「기독교 사상 연구」Vol. -No. 5 (1998): 107-127.

편하설. "교회의 신앙규율".「신학지남」90권 18-6 (1936): 21-25.

한철하. "보수 신학의 어제와 오늘".「기독교 사상」통권146호 (1970. 7): 92-100.

함일돈. "칼빈주의".「신학지남」95권 19-5호 (1937. 9): 19-23.

홍치모. "초기 미국 선교사들의 신앙과 신학".「신학지남」51호 (1984. 3): 128-139.

홍철. "한국 장로교회 초기 미국 선교사들의 신학적 성격".「개혁논총」11권 (2009. 9): 283-311.

황재범. "대한장로교회 신경" 혹은 "12신조의 작성 및 수용 과정에 대한 연구".「기독교 사상」(2006. 9): 200-224.

〈국외 번역서〉

Clark, Charles Allen.『한국 교회와 네비우스 선교 정책』. 박용규, 김춘섭 옮김. 서울: 대한기독교서회, 1994.

Fred G. Zaspel.『한권으로 읽는 워필드 신학』. 김찬영 옮김. 서울: 부흥과개혁사, 2014.

Geisler, Noman L. ed.,『성경무오: 도전과 응전』. 권성수 옮김. 서울: 엠마오, 1988.

Hoffecker, W. Andrew.『프린스턴 신학』. 홍치모 옮김. 서울: 한국로고스, 1991.

James Heron, D.D.『청교도 역사』. 박영호 옮김. 서울: 기독교문서선교회, 2005.

Machen, J. Gresham.『기독교와 자유주의』. 김길성 옮김. 고양시: 크리스챤출판사, 2004.

Moffett, Samuel A. 『마포삼열 목사의 선교편지(1890-1904)』. 김인수 옮김. 서울: 장신대학교 출판부, 2000.

Sprague, William. 『참된 영적 부흥』. 서문 강 옮김. 서울: 이레서원, 2007.

Stonehouse, Ned B. 『메이첸의 생애와 사상』. 홍치모 옮김. 서울: 그리심, 2003.

Randall Balmer and John R. Fitzmier. 『미국 장로교회사』. 한성진 옮김. 서울: 기독교문서선교회, 2004.

Wells, David F. ed. 『프린스턴 신학』. 박용규 옮김. 서울: 엠마오, 1992.

2. 국외 서적 및 정기간행물

Biblical and Theological Review, 8, no.4(1836).

Chun, Sung Chun. *Schism and Unity in the Protestant Churches of Korea*. Yale University Ph.D. thesis. May. 1955.

A Discourse Delivered at the Re-opening of the Chapel.

Fiftieth Anniversary Celebration of the Korea Mission of the Presbyterian Church in the U.S.A, June 30-July 3, 1934.

"*Korea-Our New Mission Station.*" USM, No. 1, Sep. -Oct., 1892.

Moore, W. W. "*Union Seminary Men in Korea.*" USM, No, 4, Mar., 1898.

_____. "*Historical Sketch of Union Theological Seminary.*" USM, No.4. Mar-Apl., 1898.

Rhodes, Harry A. ed., *History of the Korea Mission, Presbyterian Mission*, U.S.A. Vol. Ⅰ 1884-1934. Seoul: Chosen Mission Presbyterian Church, U.S.A.., 1934.

Sauer, Charles August, *Within the Gate*. Seoul: Y.M.C.A. Press, 1934.

Underwood, H. G "*The Progress of Mission in Korea.*" USM, No. 4,Mar.-Apr., 1892

〈영문 서적〉

Ahlstrom, Sydney E. "*The Scottish Philosophy and American Theology.*" Church History, 24(1955)

Ahlstrom, Sydney E. *A Religious History of the American People.* New Haven: Yale University Press, 1972.

Alexander, Archibald. "*The Bible, A Key to the Phenomena of the Naturil World.*" the Biblical Repertory and Princeton Riview 1 (1829): 101-120. idem, "*The Evidences of Christianity.*" the Biblical and Princeton 2(1830)

Alexander, James W. 1850. *The Spiritual Vitality of the Truth.* in The Misionary Offering. Auburn: Derby, Miller Co.

_____ . *The Revival and Its Lessons: A Collection of Fugitive Papers, Having Reference to the Great Awakening.* New York: Anson D. F. Randolph, 1859

Appleby, James. " Rebuilding" The Days of Our Years, 1812-1962 Rich Mond Virginia, 1962.

Arnot, William. 1840. *The Godly life of believer in Lectures on Revival.* Reprint, Wheaton: Richard Owen Roberts, 1980.

Blair, Herbert E *"Fifty Years of Development of the Korean Church."* in the Fifty Anniversary Celebration of the Korean Mission of the Presbyterian Church in the U. S. A., June 30-July 3, 1934.

Cable, E. M. *"Beginning of Methodism in Korea."* in Within the Gate, ed. Charles A. Sauer (Seoul: The Korea Methodist News Service,1934.

Calhoun, David B. *Princeton Seminary*, vol. 2, Edinburgh: The Banner of Truth Trust, 1996.

_____. The Last Command: *Princeton Theological Seminary and Mission*(1812-1862).

Ph.D. Dissertation, Princeton Theological Seminary, 1983.

Calvin , John. *Institutes of the Christian Religion.* edited by John T. McNeil. Translated by Ford Lewis Battles. Philadelphia: Westminster Press, 1960.

Catalogue of Theological Seminary of the Prebyterian Church, Ninetieth Year, 1901-1902, Princeton, N. J, 1901.

Clark, Allen D. ed., "*All Our Family in the House.*" Minneapolis, MN: Privately typewritten, 1975.

Clark, Charles A. *Digest of the Presbyterian Church of the Korea(Chosen)*, Korea Religious Book & Track Society, Seoul, 1918.

_____. "*Fifty Years of Mission Organization Principle and Practice.*" in the Fiftieth Anniversity Celebration of the Korea Misson of the Presbyterian Church in the U. S. A., June 30-July3, 1934, Ed., Harry A. Rhodes H. Baird, 56-57 Seoul: YMCA Press, 1934.

Cheeseman, Lewis. *1848. Difference Beween Old and New School Presbterians. Rochester*: Erastus Darrow.

Davis, George. *Korea for Christ.* Fleming Revell Co, 1910.

Edwards, Maurice D. *History of the Synod of Minnesota, Presbyterian Church U. S. A.* n.p.: Synod of Minnesota, PCUSA, 1927.

Edward D. Griffin, *Letter to the Rev*. Ansel D. Eddy of Canandaigua, N. Y. on the narrative of the Late Revival of Religion in the Presbytery of Geneva 1832.

Gale, James. *1909. Korea in Transition. Nashvile*: Publishing House of the Methodist Episcopal Church.

Gerstner, John H. "*Jonathan Edwards and the Bible.*" *in Inerrancy and The Church,* edited by John D. Hannah. Chicago: Moody Press, 1984.

_____. "*The Contributions of Charles Hodge, B. B. Warfield, and J. Gresham Machen to the Doctrine of Inspiration.*" In Challenges to Inerrancy: A Theological Response, edited by Gorden Lewis and Bruse Demarest. Chicago: Moode Press, 1984.

Halsey, Le Roy J. *A History of the McCormick Theological Seminary of the Presbyterian Church, Chicago*: Pub. of by the Seminary, 1893.

Hart, Phillipsburghart, D. G. Defending the, New Jersey: P&P Publishing Company, 2003.

Hodge, A. A. *Evangelical Theology*. Edinburgh: The Banner of Truth Trust, 1890, reprinted, 1990.

_____. "*The Life of Charles Hodge.*" New York: Charles Scribner's, 1880.

_____. and B. B. Warfield, "Inspiration." *The Presbyterian Review*, 6. April, 1881.

Hodge, Charles. "*Hodge's Systematic Theology(vol.I).*" The New Englander 31(April 1872): 254-261.

_____. "*Finney's Lectures on Theology.*" Biblical Repertory and Princeton Review 19. 1947.4.

_____. *Systematic Theology* . *Vol.I.* Grand Rapids: WM. B. Eerdmans Publishing Company, 1952.

_____. *Conference Paper* (New York, 1879), 338-340.

Hodge, Archibald A. and Warfield, Benjamin B. "Inspiration." *in Princeton Theology*, ed. Noll.

Harry a. Rhodes, ed., *History of the Korean Mission, Presbyterian Church*, U.S.A., 1884-1934 Chosen Mission, Presbyterian Church, U.S.A. 1934.

Hoffecker, W. Andrew. "Benjamin B. Warfield." *in Reformed Theology,* ed. Wells.

James Turner, *Without God, Without Creed:* The Origins of Unbelief in America (Baltimore: John Hopkins Press, 1985).

Johnson, Herrick. *"Is Confessional Revision Inexpedient?"* The Presbyterian 12 Oct., 1898.

Leonard J. Trinterud, *"Christianty and Culture."* in Machen: Selected Shorter Writings.

Loetscher, Lefferts A. *The Broadening Church*: A Study of Theological Issues in the Presbyterian Church Since 1869. Philadelphia: University of Pennsylvania Press, 1957. 30.

Lord, John. *Difference between Old and New School Presbyterians*. Rochester: Eratus Darrow, 1848.

Machen, J. Gresham "Liberalism or Christianity." *Princeton Theological Review 20* January 1922.

_____. "Christianity and Liberalism." *New York:* Macmillan, 1923; reprint, Grand Rapids: William B. Eerdmans, 1946.

_____. *Selected Shorter Writings*. E.d, D. G. Hart, Phillipsburg, New Jersey: P&P Publishing Company, 2003.

_____. *The Christian Faith in the Modern World. Grand Rapids*, Michigan: WM. B. Eerdmans Publishing Co., 1947.

_____. "History and Faith.." *The Princeton Theological Review* (July, 1915): 337-339.

Marsden, George. *The Evangelical Mind and the New School Presbyterian Experience*. New Haven: Yale University Press. 1970.

McCaughey, Robert C. *"A Survey of the Literary Output of McCormick Alumni in Chosen."* B. D. thesis, McCormick Theological Seminary, 1940

McClure, James King. *The Story of the Life and Work of the Presbyterian Theological Seminary*, Chicago, Founded by Cyrus H. McCormick, as told briefly and swiftly by J. G. K. McClure, for the Centennial Celebration. Chicago: The Lakeside Press, R. R. Donnelley and Sons Co., 1

Moffett, S A. *1904*. Policy and Methods in Evangelization of Korea, *The Korea Field 1*: 193-198.

_____. "*Pyeng Yang Central Church*." KMF, 11월, 1905.

_____. *Police and Methods in Evangelization of Korea*, The Korea Field, 1904, 196.

Moffett, Samuel H. "*1829-1954: McComick and Missions-Then and Now.*" McCormick Speaking 8, December 1954.

Muller, Richard A. *Christ and the Dedree:* Christology and Predestination in Reformed Theology from Calvin to Perkins. Studies in Historical Theology 2(Durham, N. C.: The Labyrinth Press, 1986), 17.

Nevius, Helen. *1895. The life of John Livingston Levius New York*: Fleming H. Revell Company.

Noll, Mark A. "*Introduction.*" in Charles Hodge: The Way of Life. ed. Mark A. Noll. New York: Paulist Press, 1987. 1-44.

_____. "*Princeton and the Republic.*" 1768-1822 Princeton, NJ: Princeton University Press, 1989, 47.

_____. "*Edwards' Theology after Edwards.*" in The Princeton Companion to Jonathan Edwards, edited by Sang Hyun Lee. New Jersey: Princeton University Press, 2005.

Packer, J. I. "John Calvin and the Inerrancy of Holy Scripture." *in Inerrancy and The Church*, edited by John D. Hannah Chicago: Moody Press, 1984.

Reynolds, W. D. "*The Native Ministry.*" The Korean Repository, May 1896.

_____. *Christian Literature For Korea,* The Korea Field, 1904.

Ross, Cyril. *1906. Causes for reporting.* The Korea Mission Field(1906), 2.

Speer, Robert E., "The Contribution of the Seminnary to Foreign Mission." *The Alumni Review of McCormick Theologycal Seminary(January 1930)*: 145-161.

Stevenson, J. Ross. *"Benjamin Breckinridge Warfield."* The Expository Times 33, no. 4(1922): 152-153.

Sweeney, Dauglas A. *Jonathan Edwards and The Ministry of the word.* Downers Grove, Illinois: IVP Academic, 2009.

Turrettin, Francis. *The Doctrine of Scripture* edited and translated by John W. Beardslee III Michigan, Grand Rapids: Bakers Book House, 1981.

Vander Stelt, John C. "Philosophy and Scripture." *A Study in Old Princeton and Westminster Theology*. Marlton, N. J.: Mack Publishing Compane, 1978.

Vinton, C. C. *1907, The Hory Spirit in Korea.* The Korea Mission Field 3: 25.

Warfield, Ethelbert. "Biographical Sketch of Benjamin Breckinridge Warfield." *Revelation and Inspriation*, By B. B. Warfield (N. Y.: 1927): V - i x

Warfield, Benjamin B. *Selected Shorter Witings of Benjamin B. Warfield. vol. 2.* Ed. Jone. E. Meeter. Phillipsburg, New Jersey P&R Publishing Company, 1980.

_____. "John Calvin: The Man and His Work." *Methodist Review 58 (1909)*: in Calvin and Augustine, ed. by samuel G. Craig. Philadelphia: Presbyterian and Reformd, 1956.

Wells, David F. "The Stout and Persistent 'Theology' of Charles Hodge." *Christianity Today, August30,* 1974.

Whittemore, N.C. "Fifty Years of Comity and Co-operation in Korea." *The Fiftieth Anniversary Celebration of the Korea Mission, PCUSA,* June 30-July 3, 1934.

Yan Yang Soltau, *Korean Voices, 66*: "Dr J. C. Machen later told me that Henry Park was the brightest oriental that had ever studied under him and he was delighted with the quality of his work."

(선교 보고서)

Doty, S. A. 1902. *Private Letter of S. A. Doty. The Korea Field.*

Board of Directors of the Presbyterine Theological Seminary of Chosen, feb. 1, 1920.

Report of 50th Anniversary Celebration of the Korea Mission of the U. S. A Presbyterian Church, June 30-Jury 3, 1934.

Speer, Robert E. *Report on the Mission in Korea of the Presbyterian Board of Foreign Mission, The Board of Foreign Mission, Presbyterian Church in the U.S.A,* 1897.

Standing Rules and By-Laws of the Korea Mission, 1891.

The Korea Missionof the Prebyterian Church in U.S.A. at The Annual Meeting in Pyeng Yang, Quarto Centennial Papers Read before. 1909.

(학위 논문)

Sung Chun Chun. "*Schism and Unity in the Protestant Churches of Korea.*" Yale University Ph.D. thesis, May, 1955.

Lee, Howoo. "*Charles Allen Clark(1878-1961): His Contribution to The Theological Formation of the Korean Presbyterian Church.*" Westminster Theological Seminary, Ph.D., 1999.

국문초록

평양신학교에 끼친
미국 장로교의 신학적 유산연구

이 금 석
교회사 Th. D.
국제신학대학원대학교

평양신학교는 1901년 미국 북장로교 선교사들이 설립한 우리나라 최초의 장로교 신학교이다. 한국 장로교 최초로 세워진 평양신학교를 통해서 오늘날 정통성을 상실해 가고 있는 장로교회들에게 정확한 신학과 신학적 유산이 무엇인지를 제시해 준다. 평양신학교는 미국 북장로교의 구학파(Old School) 신학의 신학적 유산에 의해서 형성되었다. 한국 장로교회의 신학은 평양신학교를 통해서 이루어졌다. 평양신학교는 미국 북장로교 출신의 선교사들을 통해서 세워졌다.

북장로교 선교사들이 미국에 있었던 때의 미국의 상황은 급진적이고 변화가 심했던 시대였다. 미국인들의 가치관이나 윤리가 변하는 시기였고, 실용주의가 등장했으며 독일에서 건너온 자유주의 사상이 팽배해 있었다. 자유주의 사상은 성경을 고등비평하고 성경의 영감과 무오 교리를 부정한다. 또한, 진화론은 기독교의 근본 신앙인 창조론을 거부했다. 그 대표적인 책인 찰스다윈의 『종의 기원』(The Origin of Species)이 출간되어서 많은 기독교인을 혼란하게 했다.

그 시대에 자유주의나 알미니안주의 같은 잘못된 교리가 더욱 시대에 편승하여 발전하였다. 이와 같은 때에 프린스턴신학교와 맥코믹신학교는 웨스터민스터 신앙고백을 따르고, 신학적으로 칼빈주의와 청교도 사상에 근거하여 가르치고 있었다. 그것을 또 한편으로는 구학파(Old School) 신학이라고도 부른다. 평양신학교는 구학파(Old School) 신학에 근거하여 세워진 신학교인 것이다.

이때가 19세기였다. 19세기는 평양신학교 교수들이 태어났던 시기이며 제3차 영적 대각성 때이기도 했다. 미국 북장로교는 한국에 가장 많은 선교사를 파송했다. 1945년 해방 이전까지 총 339명을 파송했었다. 북장로교 선교사들은 주로 맥코믹신학교와 프린스턴신학교 출신이 주류를 이루었다. 그 당시 미국 장로교회 안에는 보수파인 구학파(Old School)와 진보파인 신학파(New School)가 서로 대립적 관계에 있었다. 구학파와 신학파의 중요한 차이는 부흥관의 차이이다. 구학파(Old School)는 진정한 부흥을 추구했고, 신학파(New School)는 인위적인 부흥을 추구했다. 구학파(Old School)는 칼빈주의와 청교도 신학을 따랐고, 신학파(New School)는 펠라기우스주의와 알미니안주의에 가까웠다.

미국 북장로교 출신 선교사들은 청교도 신학과 영적 대각성의 유산을 그대로 물려받은 사람들이다. 그들은 성경의 진리들이 그 심령 속에 얼마나 깊이 자리 잡고 있는가를 살폈다.

한국에 파송된 초기 미국 북장로교 선교사들은 신학적으로 개혁주의 청교도 신앙을 지닌 경건한 선교사들이었다. 그들은 젊었고 열정적이었으며 언어적으로도 뛰어났다. 그러나 그들은 선교 경험이 부족했다. 그러던 중 중국에서 활동하던 존 리빙스턴 네비우스(John Livingston Nevius) 선교사의 도움을 받았고, 네비우스 선교 정책을 도입했다. 네비우스 선교 정책은 그의 청교도 신학에서 나온 것이라 할 수 있다. 그는 청교도인 리처드 백스터와 존 플라벨의 작품들을 성경 다음으로 중요하게 여기던 사람이었다.

초기 미국 북장로교 선교사들을 배출한 대표적인 학교인 맥코믹신학교는 뛰어난 개혁주의 청교도의 학문성을 추구하였고, 동시에 불타오르는 가슴을 가지고 복음대로 살며 전도할 것을 학생들에게 요구했던 신학교였다. 19세기 후반 복음주의 부흥운동이 미국에서 일어났을 때에 선교운동 또한 각 신학교에 바람이 불었는데 맥코믹신학교도 그 학교 중에 속했다. 그 신학교 교수였던 크레이그 교수의 영향이 컸다. 그가 학생들에게 한국 선교를 권장했고, 그 영향으로 많은 선교사가 한국에 오게 된 것이다. 맥코믹신학교는 구학파(Old School)의 전통을 따랐다. 또한, 그 출신 선교사들은 개혁주의 전통과 웨스터민스터 신앙고백에 충실한 사람들이었다. 주요 맥코믹 출신의 선교사는 마포삼열, 이길함, 곽안련, 윌리엄 베어드가 있다.

프린스턴신학교는 맥코믹신학교와 쌍벽을 이루는 19세기 미국 보수주의 신학을 대변하는 신학교이다. 프린스턴은 사도들의 정통 성경신학을 변증한 교수들과 신학 사상을 가지고 있었던 신학교였다. 곧 프린스턴은 미국 장로교 신학을 대표하고, 청교도 개혁 신학을 대표하는 신학교이다. 또한, 한국 최초의 신학교인 평양신학교의 신학 사상에 가장 많은 영향을 주었다. 프린스턴을 대표하는 신학자는 아치볼드 알렉산더(Archibald Alexander), 찰스 핫지(Charles Hodge), 벤자민 워필드(Benjamin Breckinridge Warfield), 메이첸(Jone Gresham Machen)이 있다.

알렉산더는 그의 저서 『변증학』에서 성경이 확증적이고, 영감을 받아 기록된 것이라고 내부적인 증거와 외부적인 증거들을 요약해서 변증했다. 찰스 핫지는 프린스턴 신학의 중심 인물로서 세계 4대 칼빈주의 신학자로 꼽히고 있다. 그의 저서는 『조직신학』(Systematic Theology)이 유명하다. 그는 칼빈주의 정통을 미국에 심어준 학자이며 역사적 신앙고백서들을 활용하여 개혁주의 학문의 영역을 확장한 인물이다. 그에게 영향을 끼친 사상은

17세기 제네바에서 꽃핀 개혁주의 사상과 신학을 집대성한 프란시스 튜레틴의 『변증신학의 체계』(Institutio Theologiae elenticae)이었다. 벤자민 워필드는 19세기 후반과 20세기 초반의 대표적 개혁주의 신학자이다. 워필드는 프린스턴의 가장 뛰어난 변증신학자이다. 그는 저서인 『영감』(Inspiration)이라는 책을 A. A. 핫지 교수와 함께 공저했고, 『성경의 영감과 권위』라는 책을 출간하기도 했다. 메이첸은 구프린스턴의 마지막 주자이며 구프린스턴과 웨스터민스터 신학의 연결고리에 있는 신학자이며 평양신학교의 한국인 교수이었던 박형룡, 박윤선 박사의 스승이기도 하다. 그의 유명한 저서는 『자유주의인가 기독교인가』책이 있다.

프린스턴의 신학교 출신의 주요 선교사는 라부열, 함일돈, 어도만, 윌리엄 헌트가 있다.

미국 북장로교에 이어 미국 남장로교 출신 선교사와 그들을 배출한 신학교가 있다. 버지니아 리치몬드에 있는 유니온신학교는 한국 선교에 큰 공헌을 한 남장로교 선교사들이 다닌 신학교이다. 유니온신학교도 교수들이 칼빈주의에 입각했으며, 청교도적 신학을 이어받은 교수들이었다. 유니온신학교의 학생들은 경건 훈련과 기도 훈련에 충실했다. 유니온신학교 출신의 선교사들은 이눌서, 구례인이 있다.

평양신학교의 교육 목적은 학문과 경건이었다. 처음에는 장로교 교역자 양성기관으로 출발하였다. 평양신학교의 교육에 가장 영향을 준 신학 사상은 칼빈주의이며 청교도 개혁주의이다. 선교사들에 의해 교회 수가 증가하고 세례 교인이 증가하자 목회자가 필요했다. 평양신학교는 성경을 통한 교육에 중점을 두었으며 성경의 권위를 인정하고 따랐다. 성경이 하나님의 영감된 말씀이며 모든 행위의 기초라는 것을 믿었다. 평양신학교의 설립자인 마포삼열은 구학파(Old School) 신학과 진정한 부흥에 대한 청교도 신학을 경험한 선교사였다.

초기 장로교 선교사들은 한국의 평양신학교를 통하여 하나님의 교회를 세우고자 했다. 진정한 교회를 세우기 위한 선교사들의 노력은 평양신학교의 교육을 통해 꽃피워졌다. 교육 목표와 과목도 미국의 프린스턴이나 맥코믹신학교와 거의 같았다.

평양신학교의 핵심 교수단이었던 선교사들은 부흥을 통한 구원의 역사를 배웠고, 경험했던 분들이었다. 구프린스턴의 신학인 구학파(Old School) 신학을 따랐다. 구학파(Old School) 청교도 신학에 근거하여 교회가 부흥되기를 갈망했다. 북장로교 선교사들은 복음을 전파하면서 교리적으로 죄의 질책, 진정한 회개와 회심, 거룩한 삶을 강조했다. 하나님께서 미국에 내린 부흥의 역사가 선교사들을 통해 한국에 내려졌고, 평양대부흥과 같은 부흥의 역사가 한국 교회에도 내려졌다.

그 중심에는 평양신학교와 그 평양신학교의 교수들인 선교사들이 있었다. 또 그 뒤에는 미국의 구학파(Old School) 사상이 있었고, 그 사상의 핵심이 칼빈주의와 청교도 개혁 사상이었다.

다시 한번 한국 교회에 성령님께서 역사하시는 진정한 부흥의 역사가 있기를 갈망한다.

ABSTRACT

Theological Heritage of Old School Presbyterianism in Pyongyang Seminary

Lee Geum seok

Th.D. for Church History Major

Kukje Theological University & Seminary

Pyongyang Theological Seminary is the first presbyterian seminary established by the missionaries of Northern American Presbyterian Church of the U.S.A. in 1901. This study on Pyongyang Theological Seminary will provide the Korean presbyterian churches which are losing the legitimacy with an insight on authentic theology and its genuine theological legacy. Pyongyang Theological Seminary was formed by the theological legacy of the Old School of the Northern Presbyterian Church in the U.S.A. The theology of the Korean Presbyterian Church has been formed by the Pyongyang Theological Seminary, which had been established by the missionaries from the Northern Presbyterian Church in the U.S.A. The situation of America when the Northern Presbyterian missionaries stayed there were full of changes and the changes were often rapid. It was the time when American sense of value and ethics changed. Pragmatism arose and liberal thinking surged forth from Germany. Liberal theology put the Bible under the subject of the higher criticism, denying the inspiration and inerrancy of the Bible. The theory of evolution rejected the theory of creation, the fundamental belief of Christian faith. Charles Darwin's *The Origin of Species*, the representative work of the theory was published, bringing confusion to numerous Christians.

During the period such erroneous doctrines as liberal theology or Arminianism developed, jumping on the bandwagon of the age. During this period Princeton Theological Seminary and McCormic Theological Seminary were teaching theology based on Calvinism and Puritanism, following the Westminster Confession of Faith. This is so called "the Old School" theology. Pyongyang Theological Seminary is a seminary established by this Old School theology.

This was the 19th century. 19th century was the time when the professors of Pyongyang Theological Seminary were born and the 3rd Great Awakening occurred. The Northern Presbyterian Church in the U.S.A. sent the most missionaries to Korea. It had sent the total of 339 missionaries to Korea before the independence of Korea in 1945. The missionaries of Northern Presbyterian Church in the U.S.A. were mainly the graduates from McCormic Theological Seminary or Princeton Theological Seminary. At that time in the Presbyterian Church of the U.S.A the conservative Old School opposed to theology of the liberal New School. One of the important differences between the Old School and the New School is their views on the revival. The Old School sought the genuine revival while the New School sought the artificial revival. The Old School followed the Calvinistic and Puritan theology while the New School was close to Pelagianism or Arminianism.

The missionaries from the Northern Presbyterian Church in the U.S.A. were the people who had inherited the Puritan theology and the legacy of the Great Awakening. They searched how deeply the truth of the Holy Spirit took place in human heart.

The early missionaries to Korea from the Northern Presbyterian Church in the U.S.A. were pious missionaries who held Puritan theology of the Reformed Church theologically. They were young and passionate, possessing excellent knowledge of the language. However, they lacked in the missionary experience. After a while they came to receive help from John Livingston Nevius, a missionary working in China. Thus they could introduce the Nevius Mission Plan. It can be said that the Nevius Mission Plan came from his Puritanistic theology. As a Puritan he was a man who held the works of Richard Baxter and John Flavel who were the Puritans, very important next to the Bible.

McCormic Theological Seminary, the major school which produced the early missionaries from the Northern Presbyterian Church in the U.S.A. not only sought the superior academic atmosphere of Puritansim of the Reformed Church, but also demanded the students to live and evangelize, following the command of the gospel with the passionate heart at the same time. Late in the 19th century when the evangelistic movement occurred in America, the fire was also kindled in the missionary movement in every seminary and McCormic was also of them. Professor Craig, who was in the faculty of McCormic exerted a strong influence.

He encouraged the students to give themselves to the missionary call for Korea and by his influence many became missionaries to Korea. McCormic Theological Seminary followed the tradition of the Old School. The missionaries graduated from McCormic Theological Seminary were also the people, faithful to both the tradition of the Reformed Church and the Westminster Confession. The major missionaries turned out by McCormic Theological Seminary were Maposamyol (Samuel Moffet), Lee Gilham (Graham Lee), Gwak Anryeon (Charles Clark), Bae Wiryang (William Baird).

Princeton Theological Seminary along with McCormic Theological Seminary are the two matchless twin stars of 19th American conservative theology. It was a seminary which stood on the faculty who demonstrated the orthodox biblical theology of the apostles through the apologetics. In other words Princeton represented American Presbyterian theology and Puritan Reformed theology. Also It gave the biggest influence to theological thought of Pyongyang Theological Seminary, the first theological seminary of Korea. Among those who represent Princeton Theological Seminary there are Archibald Alexander, Charles Hodge, Benjamin Breckingridge Warfield and John Gresham Machen.

Alexander demonstrated concisely both from the internal proofs and external proofs in his work A*pologetics* that the Bible was written inerrantly by the divine inspiration. Charles Hodge, a leading exponent of the Princeton theology is considered one of the four major Calvinistic theologians of the world. His masterpiece, *Systematic Theology* is famous. He is a scholar who planted the Calvinistic tradition in the American soils and is a figure who expanded the horizon of the scholarship of the Reformed Church, making most of the historical confessions of the Christian Church. The thought that influenced him was Francis Turrentin's *Institutio Theologiae Elencticae* which compiled the reformism and theology which had flowed in Geneva in the 17th century. Benjamin Warfield was a representative Reformist from the late 19th to the early

20th century. Warfield was the most prominent apologetics theologian of Princeton Theological Seminary. He coauthored *Inspiration* with A.A. Hodge and further published a book, *The Inspiration and Authority of the Bible.* Machen is the last runner of Old Princeton. He was the connecting link between Old Princeton and Westminster theology and taught Dr. Park Hyungryong and Park Yoonsun, the Korean professors of Pyongyang Theological Seminary. He wrote the famous *Christianity and Liberalism.* Among the major missionaries produced by Princeton Theological Seminary there are Ra Buyeol, Ham Ildon, Eo Doman and William Hunt.

Apart from the northern Presbyterian Church the southern Presbyterian Church also had its theological seminary which had turned out missionaries. Union Theological Seminary in Richmond, Virginia is a theological seminary which is the Alma Mater of the missionaries of the southern Presbyterian Church who contributed much to evangelize Korea. The professors of Union Theological Seminary are also based on Calvinism, inheriting Puritan theology. The students of Union Theological Seminary faithfully participated in the exercise for piety and prayer. The missionaries turned out by Union Theological Seminary are Lee Nulseo (Reynols), Gu Ryein (Crane).

The educational goal of Pyongyang Theological Seminary was learning and piety. At first it started as an institution to train Presbyterian ministers. One thing that influenced much to the education of Pyongyang Theological Seminary was Calvinism and its Puritan reformism. When the number of the churches increased along with their baptized members, they needed more pastors. Pyongyang Theological Seminary put its emphasis on the education through the Bible, accepting the authority of the Bible and obeying its teaching. The seminary believed that the Bible is the inspired word of God and the foundation of every human behavior. Maposamyol (Samuel Moffet), the founder of Pyongyang Theological Seminary was a missionary who experienced Old School theology and Puritan theology for genuine revival.

The early Presbyterian missionaries tried to build the church of God through Pyongyang Theological Seminary of Korea. These missionaries' effort to build the genuine church blossomed through the education of Pyongyang Theological Seminary. The educational goal and the curriculum of Pyongyang Theological Seminary were almost the same as those of Princeton Theological Seminary or McCormic Theological Seminary.

The missionaries, the core faculty of Pyongyang Theological Seminary had learned the history of salvation and experienced it themselves. They followed the Old

School, the theology of old Princeton Theological Seminary. They yearned for the revival of the church based on the Puritan theology of the Old School. In the aspects of the doctrine the northern Presbyterian missionaries emphasized reproach of sin, genuine repentance and conversion and holy life. The great revival which had occurred in America was also given to Korea through the missionaries by the grace of God. The great works of revival such as Pyongyang's great revival was given also to the Korean church.

At its center there were Pyongyang Theological Seminary and the missionaries who were the professors of the seminary and in its background there was the Old School theology and the core of its theology was Calvinism and Puritan reformism.

It is my earnest desire that the genuine revival will once again occur in the Korean church by the Holy Spirit.

함께 읽으면 좋은 CLC 도서

❶ 간추린 한국교회사
김대연 지음 | 신국판 | 320면

❷ 한국교회사
채기은 지음 | 신국판 | 440면

❸ 한국교회사론
최재건 지음 | 신국판 양장 | 1480면

❹ 초기 한국 교회와 교회개척
최동규 지음 | 신국판 | 320면

❺ 개혁 신학과 한국 장로교 보수 신학
문병호 지음 | 신국판 양장 | 368면

❻ 장로교회의 역사와 신학
홍철 지음 | 신국판 | 320면

❼ 미국 장로교회사
존 피츠마이어 지음 | 한성진 옮김 | 신국판 | 362면